馬場　基著

日本古代木簡論

吉川弘文館

目　次

第Ⅱ部　木簡の作法

凡例

・木簡の釈文の表記方法や記号の使用方法・型式番号等は、奈良文化財研究所編『平城京木簡』に準拠することを原則とした。参考までに、『平城京木簡　三』凡例の関係部分を後掲する。
・一覧表中に木簡の釈文等を掲載する場合、奈良文化財研究所「木簡データベース」に準拠した記載方法と上記の『平城京木簡』を折衷した。
・木簡の釈文は、二〇一七年一月段階で最新のものに依った。ただし、木簡の出典は、『平城宮発掘調査出土木簡概報』では初出の号数等を呈示し、その後の変更履歴は記載していない。

『平城京木簡　三』凡例より部分抜粋

一、釈文の漢字は現行常用字体に改めるのを原則とした。但し、次に掲げるものなどについてはもとの字体のまま翻字した。（　）内は現行常用字体。

實（実）　寶（宝）　證（証）　廣（広）　應（応）　盡（尽）　醫（医）　嶋（島）　龍（竜）　籠（篭）　畫（画）　縣（県）　處（処）

一、釈文下段のアラビア数字は木簡の長さ・幅・厚さを示す（単位はミリメートル）。欠損しているもの及び二次的に加工を受けているものは、現存部分の法量を括弧付きで示した。なお、長さ・幅は木簡の文字方向により、端とは木簡を木目方向に置いた時の上下両端をいう。法量の下の四桁の数字は型式番号で、四桁の最初の六は奈良時代を示すものである。最下段には出土地区を示した。型式番号は次の通り。

6011 型式　長方形の材（方頭・圭頭などもこれに含める）のもの。
6015 型式　長方形の材に孔を穿ったもの。
6019 型式　一端が方頭で、他端は折損・腐蝕などによって原形の失われたもの。原形は 6011・6015・6032・6041・

6051型式のいずれかと推定される。

6031型式　長方形の材の両端の左右に切り込みを入れたもの。

6032型式　長方形の材の一端の左右に切り込みを入れたもの。

6033型式　長方形の材の一端の左右に切り込みを入れ、他端を尖らせたもの。

6039型式　長方形の材の一端の左右に切り込みがあるが、他端は折損・腐蝕などによって原形の失われたもの。原形は6031・6032・6033・6043型式のいずれかと推定される。

6041型式　長方形の材の一端の左右を削り、羽子板上の柄状に作ったもの。

6043型式　長方形の材の一端の左右を削り、羽子板上の柄状にし、左右に切り込みをもつもの。

6049型式　長方形の材の一端の左右を削り、羽子板上の柄状にしているが、他端は折損・腐蝕などによって原形の失われたもの。

6051型式　長方形の材の一端を尖らせたもの。

6059型式　長方形の材の一端を尖らせているが、他端は折損・腐蝕などによって原形の失われたもの。原形は6033・6051型式のいずれかと推定される。

6061型式　用途の明瞭な木製品に墨書のあるもの。

6065型式　用途未詳の木製品に墨書のあるもの。

6081型式　折損・割截・腐蝕その他によって原形の判明しないもの。

6091型式　削屑。

一、編者において加えた文字には次の二種類の括弧を施した。括弧は原則として右傍に加えたが、組版の都合上左傍に施した場合もある。

〔　〕　校訂に関する註のうち、本文に置き換わるべき文字を含むもの。

（　）　右以外の校訂註、及び説明註。

一、本文に加えた符号は次の通りである。

・　木簡の表裏に文字がある場合、その区別を示す。

○　木簡の上端もしくは下端に孔が穿たれていることを示す。

□□□　欠損文字のうち字数の確認できるもの。

［　］　欠損文字のうち字数が推定できるもの。

［　］　欠損文字のうち字数が数えられないもの。

⊔　⊓　記載内容からみて、上または下に一字以上の文字を推定できるもの。但し、削屑については煩雑になるので、この記号は省略した。

■■■　抹消により判読が困難なもの。

〻〻〻　抹消した文字の字画が明らかな場合に限り、原字の左傍に付した。

「　」　異筆・追筆。

＼　合点。

カ　編者が加えた註で、疑問が残るもの。

ママ　文字に疑問はないが、意味が通じ難いもの。

……　同一木簡と推定されるが直接つながらず、中間の一字以上が不明なもの。

----　横材木簡に木目と直交する方向の刻線が施されていることを示す。

〔×　〕　文字の上に重書して原字を訂正している場合、訂正箇所の左傍に・を付し、原字を右傍に示した。

序

1　木簡研究の視点

本書は、日本古代を中心とした木簡(1)の史料学的分析(2)を通じて、木簡の史料学的特徴を帰納的に明らかにし、木簡の分析に新たな視座を呈示するとともに、これらの分析から日本古代史・日本古代社会の解明、ひいては日本文化の基層的要素の抽出と分析を試みるものである。

日本列島における木簡の出土は、点数のみならず、その内容、出土遺跡や出土遺構、出土地域、遺跡の時代など、あらゆる点において拡大の一途をたどっている。この拡大に呼応するように、日本の木簡研究も発展してきた。木簡研究史の全体については、優れた概説が存在するので(3)、本書の「史料学的分析」という問題意識に沿って整理しておく。なお、著者の研究はほぼ本書に所収しており、後に要約しているのでここでは触れない。

一九六一年に平城宮で最初の木簡が発見された時点で、木簡の文字を釈読し、その内容を把握・理解するという「文字資料」としての側面と同時に、「考古遺物としての木簡」という側面の重要性が指摘されいる。「考古遺物としての木簡」での分析に必要な項目として列挙されるものは論者によって若干の違いがあるが、「考古学的」という視点から整理すれば、遺構論と遺物論のそれぞれに対応した理解ということになると考えられる。すなわち、出土遺跡の一部としての把握（＝遺跡・遺構の性格や特徴、供伴する遺物に関する理解等）と、遺物としての把握（＝材質・形状・加工痕跡・使用痕跡、文様や図像の様相・配置〈木簡の場合は文字の「書きぶり」・「配置」等に該当〉）である。

ちなみに、この視点から突き詰めると、遺跡内で発見された遺物である木簡について、その文字を読み取ることは、図像を読み取る（銅鐸や鏡の文様を把握し理解する）行為と同列であり、究極的には木簡は考古学的手法のみによって分析・理解することが可能だと考えられる。[4] 一方、古文書学の方法の中にも、伝来過程や文書群内での位置づけといった遺構論的視点や、文書の料紙に関する検討（紙質・加工・使い方・封等）などに代表される使用に応じた変化や使用痕跡の分析など、上記の「考古学的」方法と同様のものが含まれている。こうした古文書学の立場から考えると、考古資料云々を論じなくても、古文書学的分析を誠実に行おうとすれば、全く同じ手順を踏み成果を挙げることができるはずであり、そもそも「考古資料としての木簡」という表現自体がナンセンスになる可能性が生じる。つまり、突き詰めると、木簡は——あるいはあらゆる文字史料は——考古学的分析からも、古文書学的分析からも、同質・同水準の分析・考察が可能だといえるのではないかと考える。[5] しかしながら、文字が内包する情報量はきわめて多く、通常日本で行われている考古学的な研究手法ではカバーすることが困難だと思われる一方、木簡の「文字情報」は文字史料としては不完全・断片的で分量も少なく、通常の文字史料と比べて文字情報以外の情報の比率が高い資料であり、古文書学的手法のみで解決することも困難だと思われる。「文字資料」でもあり「考古学的遺物」でもある、と称されるのは、木簡を調査・研究する際に双方の学問に「不十分さ」が生じる可能性の指摘だということができるだろう。したがって、「考古遺物としての木簡」の視点の強調は、木簡を考古学側から研究することの重要性ではなく、さまざまな学問分野を融合して総合的に分析する重要性、すなわち木簡の史料学的分析を深める必然性を述べているのである。

2 日本の木簡研究のあゆみ

さて、日本古代木簡研究は、岸俊男氏・田中稔氏・狩野久氏・鬼頭清明氏・横田拓実氏らによって精力的に進められ、それらの中で史料的な特質も深められていった。(6) 東野治之氏は文献にみえる木簡の検討や文字そのものの分析など、多様な角度から木簡の「利用方法」を視野にいれた史料学的研究を展開した。(7) また、地域による材質の違いや筆跡の分析なども盛んに検討された。(8) こうした研究によって一九八〇年代前半までには、木簡の製作・利用方法・廃棄といった一連のあり方に関する研究の基本的な視座が提示されたということができるだろう。

そして、史料学的分析を具体的に推し進めた日本古代木簡の研究として、今泉隆雄氏の研究が挙げられる。木簡の加工・製作に関する詳細な観察研究など、多くの成果があるが、その後の研究に強く影響を与えた視点として「木簡のライフサイクル」が挙げられる。(9) 出土木簡は「廃棄された木簡」＝最終形態であること、したがって木簡を研究する際には作成から廃棄にいたるライフサイクルを視野にいれることが重要であること、を指摘した。

一九八〇年代後半以降、平城京で長屋王家木簡・二条大路木簡が出土し、また各地での木簡出土事例が増えて、木簡の研究状況は大きく変化した。そして、木簡の出土点数増加が、単に「木簡に書かれた文字情報の増加」という効果を越えて、木簡の研究手法そのものの発展・深化をもたらしたのである。

平川南氏の地方遺跡出土木簡・出土文字資料の研究、(10) とりわけ郡符木簡に関する研究は、廃棄状況を整理することから導き出されたもので、出土点数の少ない地方遺跡出土木簡の歴史情報を、限られた文字情報の中から最大限引き出すために、史料学的分析が積極的に行われ、大きな成果を得た研究事例である。

一方、都城出土木簡の廃棄状況や出土遺構との関連からの研究では、寺崎保広氏が式部省関連木簡を、出土遺構・出土位置を詳細に整理することで、時期ごとに整理することに成功した。(11) 出土遺構内の分布による時期や内容の仕分け・整理とそれに基づく研究としては、渡辺晃宏氏による二条大路木簡に関する基礎的な研究も重要な成果である。(12)また都城出土木簡では、利用状況の分析でも成果があり、考選木簡に関する研究(13)なども興味深い成果である。木簡の製作に関連する研究では、山中章氏による加工方法を巡る包括的研究(14)が提示された。

こうした研究の展開を受けて、二〇〇〇年代直前に佐藤信氏によって、木簡研究の新しい視座として、「書写の場」からの分析が提示された。(15)「木簡」だけを考えるのではなく、木簡が存在した空間全体を考察し、音声伝達や紙の利用、筆記用具や什器類、木簡利用の必要性などを総合的に検討しようというものである。古代社会における音声伝達の重要性の指摘や、紙木併用という日本古代の文字環境における紙と木の使い分けへの関心は、従来から存在したが、これらを日本古代という時空間の中に落とし込もうという発想は、きわめて画期的なものである。

この「書写の場」の視点が提示された背景には、一つには「道具木簡」とでも称すべき題籤軸や封緘木簡の事例増加に伴う木簡の利用や紙との共存への関心の高まりがあったと思われる。そしてもう一つには、杉本一樹氏の提示する「仕事論」(16)に代表される、正倉院文書・写経所文書研究の進展に伴う文書行政の具体的解明、とくに業務体系の中での文書の作り方・使われ方に関する理解の深まりがあったと考えられる。文書の「機能」ではなく、「仕事」の中での文書の「使い方」への視点、道具としての文書という観点が明瞭に打ち出されたのである。正倉院文書研究の深化によって、古代社会における文字・文字史料の「相対化」がなされ、社会の営み――行政業務も含む――の中で理解する方向性が示されたことが、木簡の研究にも大きく影響したと思われる。(17)

また、韓国で木簡の発見が相次ぎ、韓国古代木簡の研究が活発になり、日韓木簡の比較研究も積極的に行われるようになった。こうした中、歴史史料としてのみ木簡を捉えるのではなく、さまざまな文化体系の一つとして木簡を捉える「木簡文化」という視点が尹善泰氏によって提示された。(18) 書道学等の観点からの検討の必要性はこれまでも指摘されていたが、(19)「木簡文化」という考え方によって、書道学・文字学・言語学、認知学・美学等、幅広い学問を総合して木簡を検討する必要性が改めて認識されるとともに、これらの学問を総合するための視覚が与えられたと考える。「書写の場」「木簡文化」という二つの考え方によって、木簡の史料学的分析は、新たな段階に入った。

さて、二〇〇〇年代にも、史料学的な観点からの木簡研究は積み重ねられてきている。たとえば、市大樹氏は、東野・今泉・鬼頭清明各氏の研究をふまえた上でその後に出土した木簡を加えて、門牓木簡や召文木簡の再検討、また進上状の分析などを幅広く展開している。(20) 友田那々美氏は、山中章氏の研究を継承しつつ荷札木簡の加工痕跡の再検討を加え、(21) 三上喜孝氏は平川南氏の手法を継承して地方出土木簡の検討を行っている。(22) これらの研究はいずれも興味深い内容を含むが、とりわけ特筆すべきと思われるのは、二〇一〇年頃以降、角谷常子氏を中心とする研究グループによる「東アジア木簡学の確立」を掲げての共同研究と、(23) 佐藤信・籾山明氏を中心とした中国簡牘の共同研究であり、(24) これらの共同研究によって木簡史料学の方法論に大きな展開があったことである。

前者では、日本・中国・韓国の木簡研究者が、それぞれの研究蓄積・方法論を持ち寄って、三ヵ国の木簡について共同で観察や分析・検討を行った。後者では、中国簡牘を日本木簡研究者・中国簡牘研究者が共同で観察・記録・検討を行った。どちらの事例でも、近くて遠かった東アジアの木簡を研究する研究チームが、共同で「現物」の木簡を観察・検討する中で、単なる「研究成果」にとどまらず「研究方法論」にまで踏み込んだ意見交換と交流を行って、大きな刺激と成果を生み出すことに成功した。

一部事例を紹介しよう。前者の共同研究では、冨谷至氏の提唱する「簡牘の視覚的効果」は、日本古代の郡符木簡等の理解とも重なり、これに刺激を受けて市大樹氏が新たな研究を試みたり、渡辺晃宏氏が木簡の分類方法をより即物的な観点から提案している。(25) 後者の研究では、籾山明氏が日本木簡で提唱されている「木簡のライフサイクル」「書写の場」をさらに展開した「簡牘の生態系」(26) という概念を提示した。

このように、日本木簡の出土点数の増加に伴って史料学的分析が事例・方法とも蓄積される一方、正倉院文書等ほかの文字史料研究の発展や、東アジア諸国の出土文字史料との比較、また発掘調査の精緻化や関連遺物研究――たとえば製塩土器研究――の蓄積などによって、木簡の史料学的分析の方法も発展・深化してきている。本書では、こうした研究の成果のうち、とくに「書写の場」「木簡文化」および「仕事論」の視座を積極的に継受する。これは、木簡を以下のように考えるからである。

木簡は、社会で、人間が利用した「道具」である。

利用目的は、他者とのコミュニケーション、手元の備忘、法制度上の手続きなど、さまざまなものがある。いずれにせよ、木簡は何らかの「利用目的」に基づいて、人間が作成した。作成にあたっては、利用目的に合致した木材の整形や、文字の書き込みを、人間が行った。その後、利用目的に沿って、あるいは利用目的から逸脱して、人間が利用した。利用し終わった木簡は、人間が再利用したり、別の木製品に加工したり、焼却したりして、廃棄する。

つまり、木簡を作成したり、そこに機能を付与したりしたのはいずれも「人間」であり、木簡が主体的に「機能」を獲得したり、変化させることはあり得ない。分析の視座の主語は、基本的に木簡と関わりをもった「人間」であるべきだと考える。木簡に「対する」人間側の「意識」「働きかけ」「認識・理解」こそ重要であり、これらに木簡が内包する歴史情報が含まれていると考えるのである。

もちろん、我々が接触し観察することができるのは「木簡」であり、木簡と関わった人間を直接観察したり理解することはできず、あくまでも「想定」になることが多い。また、利用方法や作成方法の多くも、不明とせざるを得ない。これらの点には十分留意する必要がある。だが一方、「ライフサイクル」「生態系」等の語は、あたかも木簡が自ら役割を変化させたり、「機能」を分化させたかのように感じさせてしまう点が問題であろう。

遺物・遺跡と、過去の人間がどう向き合って関わったのか、人間が遺物や遺跡をどう作り（製作技法）、どう使い（使用痕跡）、どう棄てたのか（廃棄状況）を分析し、これらに関わった過去の人間に迫りながら歴史性を抽出する、「モノ」から「ヒト」を経由して「歴史」にいたるという方向性は、考古学では普遍的である。こうした考古学的観点の積極的な導入は、上述のような特性をもつ木簡の、史料学的研究において、きわめて重要なことではないかと考える。

3　本書の構成

以下、部・章ごとに本書で論じた内容をまとめる。

第Ⅰ部では、具体的な木簡の史料学的分析を行った。

第一章では、荷札（貢進物付札）木簡を対象として、「荷札が荷物に装着される」様相、つまり「荷札と荷物の関係」という視点・問題意識を軸に、その具体的な利用状況の解明と歴史的意義づけを試みた。まず、同内容の木簡が複数（二点）出土する事例について、近世の貢納物に関する規定を参考にして、二点のうち一点は荷物の外に装着され、もう一点は中に封入されたと論じた。また、材の共通性等から、二点の木簡が同時に作成されていることを明らかにした。次に、伊豆国荷札木簡の「追記」の位置・内容に着目し、貢納物を準備するどの段階で木簡を作成し、装着したかという具体的な製作・利用状況を検討した。その結果、荷札木簡は帳簿（計帳歴名など）を引き写して作成された「帳簿の分身」であり、貢納物そのものの準備とは別作業で作成されたこと、そして帳簿の分身たる荷札木簡こそが、籍帳支配と現実社会とを繋ぐ役割を果たしていたと考えた。さらに、贄の木簡の分析を通じて、荷札が装着されない贄の存在を指摘した。

第二章・第三章では木簡にまつわる「例外」「ずれ」「違い」からその利用状況を検討した。第二章では、特徴的な形状・書式（杉材・〇三二形式・幅広で短め・割書）が指摘される隠岐国荷札木簡の例外的な木簡（広葉樹・一行書き・端正な文字）を確認した上で、例外の木簡の時期と品目に特徴があることを明らかにした。材や形状、書風が時代や品目と対応しているケーススタディである。第三章「文献からみた古代の塩」では、塩の荷札木簡の整理を通じて、貢進国によって木簡の形状や同文荷札の分布に「違い」があること、遺構の年代観と塩荷札木簡の年紀が「ずれる」場合と「ずれない」場合がある＝都城での塩の保存期間に違いがあると想定されること、木簡に記された塩の貢進地には製塩遺跡が濃密に分布する場合と存在しない場合とがあるという「ずれ」や「違い」、一方都城では塩荷札と製塩土器が一緒に出土する例が見当たらないという「ずれ」を見いだした。これらから、都城にもたらされた塩は大きく三種類、①保存期間長、固形塩、製塩土器生産、籠で輸送、貢納物、荷札装着、若狭（新技術の大型土器で量産）、尾張と三河（従来からの技術で規模を拡大）、②保存期間短、散状塩、鉄釜利用生産か、籠で輸送、貢納物、荷札装着、周防、③製塩土器に詰めて輸送、高級品か、貢納品ではない、荷札なし、大阪湾や紀淡海峡が主、という三種類の塩が存在し、①・②は国家的な塩であり、国家的な塩については、①は律令国家の「富の備蓄」のため、②は日常的な「富の利用」のため、と目的に応じて生産段階から管理していたであろうことを論じた。

第四章・第五章では、木簡の細かな観察と関連情報の融合によって考察を巡らせた。第四章は、二条大路木簡中の京職進上木簡の、出土地点の変化（＝廃棄時期）・内容・穿孔（＝管理状況）を整理し、周辺の遺構変遷と照らし合わせて藤原麻呂邸・皇后宮職の活動の具体的状況を検討した。第五章では、木簡の検討中に生じた疑問（鼠がどの程度平城京内に棲息していたのか）について、正倉院文書・六国史等と合わせて検討し、鼠害の発生が平城京では比較的低調であるが、同時に一定数の棲息は確認できること、こうした状況から考えると「都市性」という点で平城京は平安京の段階とは異なる点を指摘した。

第六章では、木簡の作成・利用・廃棄のそれぞれの段階の事例に史料学的分析を加えた。作成の事例では、広葉樹の木簡は意図的に樹種が選択されたことを、都城出土の大宰府からの木簡と、史跡大宰府出土木簡の比較を中心に論じ、広葉樹選択の目的を端正な文字の書き込みと堅牢性に求めた。利用の事例では、長屋王家木簡中の一点（御田苅木簡）について、出土遺構の位置付け、長屋王家木簡の中での特異性、文字の割り付けの様相などを通じて「口上のひな形」である可能性を考えた。廃棄の事例では、題籤軸の軸部の長さに注目して、題籤軸は「文書の付札」であり「軸」は必須条件ではないことを指摘し、また軸部が完存しない場合の残存長と軸端部の状況、および出土状況の分析から、軸部に文書が巻き付けられたまま題籤部を折り取るという、文書の廃棄方法を想定した。

第Ⅱ部では、第Ⅰ部での分析の中から、「道具としての木簡」「木簡の作法」という観点を提示し、この観点に基づいて日本の木簡の特徴や日本古代の文字継受・文字文化の様相について論じた。

第一章では平城宮・京出土木簡を中心に、出土状況とその史料的特徴を検討・整理した。木簡は平城宮・京各地から出土しているが、出土遺構を詳細に検討すると、出土点数が膨大な場合、建物の建て替えや移転など、何らかの場面・理由による集中投棄が背景に存在することを指摘した。また、木簡には一次史料として大きな強みがあるからこそ、出土遺構や伴出遺物との関係なども含めた総合的な分析・理解や、既往の見方・「常識」にとらわれず、個々の木簡に寄り添った詳細な観察が必要であることも論じた。

第二章では、古代朝鮮半島の木簡の検討を通じて、新羅と百済の木簡にさまざまな相違点が目立ち、新羅と百済では別個の「木簡文化」を有していた考えられることを指摘した。そして、「木簡文化」、すなわち木簡を道具として社会で利用できる条件（=木簡利用の規則・慣習・技術等の共有やその前提となる木簡利用の必然性といった社会的条件）という視点から考えると、朝鮮半島南部で六世紀代に木簡利用が展開していたにもかかわらず、日本列島で木簡が爆発的に増えるのが七世紀後葉まで降ることは、古代日本列島で木簡を広汎に受容する社会的条件が未成熟であったことと対応し、また日本古代木簡が百済木簡に類似することは、百済滅亡に伴う百済遺民の流入が日本古代木簡文化形成に重要な役割を果たしたことを反映していると論じた。文字文化・木簡の社会への「広がり」を重視しつつ、木簡の背景に存在する社会・人・空間（書写の場など）の重要性を主張した。

第三章では、さまざまな議論が重ねられてきた埼玉県稲荷山古墳出土鉄剣について、テキストとしての文字記載=「銘文」と、物体・遺物としての媒体=「鉄剣」の関係という視点からの分析を試みた。そして、通常の剣銘は刀剣そのものの説明（由緒や由来・吉祥句など）である中で、稲荷山古墳出土鉄剣銘は個人の系譜や顕彰に重点が置かれており、きわめて異例な存在であり、その記載内容は剣銘よりもむしろ墓誌銘に普遍的にみられるもので、とくに書式の点もふまえると群馬県山ノ上碑がもっとも類似する点を論じた。

第四章は、記載内容の解釈では説明しきれない木簡の事例を挙げて、そこに「木簡の利用者」を想定する必要性を論じた。そして木簡の形状のメッセージ性の指摘や口頭伝達との関連などもふまえ、木簡製作時や利用時には、木簡上に文字化・言語化して定着されていない（=記載されていない）情報の伝達も内包させられており、木簡の「使い方」=利用法にも何らかのルール・伝達力があったと想定した。そして木簡という「道具」を取り巻くさまざまな総体を捉える概念として、第二章での「木簡文化」の考え方をさらに発展させて、広く社会で共有された「木簡の作法」を考えることが木簡の史料的分析に必須であり、また木簡を用いた研究にも有意義であることを論じた。

第五章・第六章では、木簡製作の最終場面である「文字を書く」部分に注目して、その特徴抽出を行った。絵画資料や日本中世史での研究成果から、日本中世初期に書写媒体を「手で持って」書く場合と「机に置いて」書く場合が存在すること、日本列島では独特の筆の持ち方が伝統的であることを指摘・確認し、それらが日本古代・中国晋代にまで遡る見通しを述べた。字形研究・書道史研究を援用しつつ、この二つの身体技法の存在こそ、二種類の仮名文字が生み出され、使い分けられつつ並存してきた理由であると考えた。また、晋代の古い文字筆記の身体技法――他の東アジア諸国では消滅した――の日本列島での温存から、考古学の成果を援用しつつ、日本列島の文化継受の特性を論じた。

補論は、籾山明・佐藤信編『文献と遺物の境界―中国出土簡牘史料の生態的研究―』の内容をふまえ、簡牘・木簡の特徴や研究の方向性を論じたもの。簡牘・木簡研究でしばしば用いられる「ライフサイクル」という語や、同書で展開された「生態系」という表現に対し、簡牘・木簡は独自に繁殖・成長する「生物」ではなく、あくまでも人間が製作・利用する「道具」である点を強調し、製作から廃棄にいたるまでを人間を主体とし、木簡を客体たる一つの道具として捉える視点たる「木簡の作法」論を展開した。

以上、本書では木簡の史料学的研究を事例と方法の二つの方向から論じ、「木簡の作法論」を提示した。文字は図像であり、木簡は形状を有する点から考えれば、さらに「作法」の奥行きは深い。今後、物体としての木簡や図像としての文字に託された情報やその託し方への注目――たとえばアルフレッド・ジェルの『アートとエージェンシー』

のような視覚——も意識しつつ、木簡が存在した時空間における木簡の位置づけ（作成目的と方法、利用方法と廃棄・再利用の方法、他の伝達手段との役割分担など）に関する分析事例を丁寧に積み重ね、帰納的に「木簡の作法」の理解・木簡の史料学的分析を深めていくことが必要である。そして、こうした古代木簡の史料学的分析を通じて、日本古代社会・国家の特性を、より立体的に解明していきたい。

また木簡は日本古代にのみ存在するものではない。「木簡の作法」の手法を援用して、より多様な地域・社会・時代の木簡を分析することも可能である。さらに、「木簡の作法」の考え方は、紙の文書等ほかの史料（歴史資料）にも広げることができると思われる。史料学的分析を通じて、木簡を史料＝歴史学の素材にとどまらない、広範な学問の素材＝資料へと昇華させていくことも、今後の大きな目標である。

本書は一定の到達点であると同時に、出発点でもあると考えている。

註

（1）「木に墨書したもの」をすべて木簡とする、木簡学会の定義に随う。本書で取り扱うのは、発掘調査によって出土した木簡であるが、本書での方向性は伝世木簡の研究にも応用できると考える。

（2）本書では「資料学」ではなく「史料学」の用字を用いることを原則とする。歴史学的考察を行うための素材は、文字の有無を問わず本来的に「史料」だと考えるからである。また、後述するように、古文書学等文字史料を扱う方法論を軸にすることにもよる。「史料」を文字史料にとどめず、広く考える視点を明瞭に打ち出した見解として、東野治之「史料学の概念と目的」（『日本古代史料学』塙書房、二〇〇五）がある。

（3）木簡の研究史は、たとえば、木簡学会編『日本古代木簡集成』（東京大学出版会、二〇〇三）、や同編『木簡から古代が見える』（岩波書店、二〇一〇）など。

（4）ポンペイを訪問した際、イタリアでは「考古学者」が木簡を取り扱っているとのことで、金石文などは、考古学の一分野として確立していると聞いた。つまり「文字を取り扱う考古学者」というジャンルの研究者が存在している。

（5）今泉隆雄氏も同様の指摘をしている（「木簡研究の成果と課題」『古代木簡の研究』吉川弘文館、一九九八。初出一九八〇）。

（6）たとえば、狩野久『日本古代の都城と国家』（東京大学出版会、一九八四）や、鬼頭清明『古代木簡の基礎的研究』（塙書房、一九九三）にまとめられた諸論文など。

（7）東野治之『正倉院文書と木簡の研究』（塙書房、一九七七）および『日本古代木簡の研究』（塙書房、一九八三）所収論文など。とくに「平城宮出土の木簡」（『日本古代木簡の研究』。初出一九七八〜一九八〇）は木簡の史料学的研究の中でも高度に体系化された視点を提示したものであり（たとえば「情報の集積」や「分散」に木簡が果たす役割、という視点など）、本書も大きく影響を受けている。

（8）東野治之「木簡にみられる地域性」（註7著書『日本古代木簡の研究』。初出一九八二）、佐藤信「古代隠岐国と木簡」（『日本古代の宮都と木簡』吉川弘文館、一九九七。初出一九八三）などが先駆的研究であり、その後も寺崎保広「最近出土した平城京の荷札木簡」（『古代日本の都城と木簡』吉川弘文館二〇〇六。初出一九九〇）などがある。

（9）今泉隆雄「門牓制・門籍制と木簡―木簡のライフサイクル―」（註5著書）。

（10）平川南『古代地方木簡の研究』（吉川弘文館、二〇〇三）などにまとめられている。

（11）寺崎保広「考課木簡の再検討」（註8著書。初出一九八九）。

（12）奈良国立文化財研究所編『平城京左京二条三坊・三条二坊発掘調査報告』（奈良国立文化財研究所、一九九五）。

（13）東野註7著書、寺崎保広「考課・選叙と木簡」（註8著書。初出一九八六）ほか。

（14）山中章「考古資料としての古代木簡」（『日本古代都城の研究』柏書房、一九九七。初出一九九二）。

（15）佐藤信「古代の文字資料と書写の場」（『出土史料の古代史』東京大学出版会、二〇〇二。初出一九九九）。

（16）杉本一樹「古代文書と古文書学」（初出一九八八）、「正倉院文書」（初出一九九四）。いずれも『日本古代文書の研究』（吉川弘文館、二〇〇一）所収。

（17）正倉院文書研究の進展と木簡研究の進展の関係性については、本書第Ⅰ部第五章参照。

（18）尹善泰「木簡からみた漢字文化の受容と変容」（工藤元男・李成市編『東アジア古代出土文字資料の研究』雄山閣、二〇〇九）。

(19) 「書」や文字の書き方という観点からの成果をまとめた事例として、東野治之『書の古代史』(岩波書店、一九九四)などがある。
(20) 市大樹『飛鳥藤原木簡の研究』(塙書房、二〇一〇)。
(21) 友田那々美「古代荷札木簡の平面形態に関する考察」(『木簡研究』二五、二〇〇三)。
(22) 三上喜孝『日本古代の文字と地方社会』(吉川弘文館、二〇一三)。
(23) 研究の経緯と成果は、角谷常子編『東アジア木簡学のために』(汲古書院、二〇一四)にまとめられている。
(24) 研究の経緯と成果は、A籾山明・佐藤信編『文献と遺物の境界—中国出土簡牘史料の生態的研究—』(東京外国語大学アジア・アフリカ言語研究所、二〇一一)、B『同 Ⅱ』(同、二〇一四)にまとめられている。
(25) いずれも角谷常子註23編書所収。
(26) 籾山明「序論—出土簡牘史料の生態的研究に向けて—」(籾山明・佐藤信註24A編書)。

第Ⅰ部　木簡の位相

第一章　荷札と荷物のかたるもの

はじめに

諸国からの貢進物に付けられた荷札木簡は、(1)日本古代の収取や地方支配等、さまざまな問題を解く鍵を握る重要な資料である。そして、記載内容のみの検討が多くなりがちな木簡研究の中で、荷札木簡は書風や筆跡、加工のパターンといった現物に即した資料学的分析と検討が多く積み重ねられてきた希有な分野であり、またこうした分析をふまえての研究も豊富である。(2)これらの成果の驥尾に付しながら、新たな視点を導入することで、研究の進展をはかりたい、というのが本章の目的である。

研究者ごとの荷札木簡の研究については、吉川真司氏の適切な整理があるので、(3)あらためて全体的ななぞり直しは行わない。ただし、本章の問題関心と関わる範囲で確認をし、かつ問題点を整理しておきたい。なお、議論の上で必要な各説の詳細な内容は本文中で適宜引用・紹介する。

荷札木簡に関する研究は、出土状況・加工痕跡・書風・同筆関係および記載内容といった木簡そのものの分析の積み上げを基礎として、律令格式・他の調庸墨書銘との比較や収取体系の研究成果との比較などを通じて行われている。主たる論点は、荷札の作成主体を国郡郷のいずれの段階とみるかという点と、荷札の機能をいかに理解するか、という二点である。前者については、国郡郷がそれぞれ役割を担っていた、という見解が今日通説的である。ただし、どの段階にどのようなウェイトを置くか、という点では見解が分かれる。また、次に述べる機能との関わりでも意見が割れる。

荷札木簡の機能は、大きく勘検・検収・貢納物表示説の三つに分類できる。通常の研究史整理の中で、勘検説と検収説は峻別されない傾向にあるように感じられる。しかし、勘検とは、荷物を代表・表示する荷札を、帳簿と照らし合わせて、未進等の確認をする行為であり、勘検説は荷物と荷札の関係自体には何ら変化を及ぼさないと考えられる行為を想定するのに対して、(4)検収説では検収時に荷物に複数付けられた荷札の一点を抜き取るという、荷物と荷札の関係に大きな変化をもたらす行為を想定する説である。(5)両者は分けて理解する必要がある。

また、検収説は同文荷札から導き出されたものであり、極端にいうと荷札木簡全般の機能を論じたものではなく、同文荷札の機能を論じたものである。なお、本章ではほぼ同じ内容が書かれ、おそらくは同じ荷物に付けられていたと考えられる荷札木簡が複数出土しているものを「同文荷札」と呼ぶことにする。ただし、勘検説・検収説とも荷札木簡が収取制度の中での実態的役割を果たしたと積極的に評価する点では共通している。

これに対し、貢納物表示説は荷札木簡の基本的性格を「天皇に貢納物を表示する機能」とみなすものである。(6)荷札木簡に記載された個人名もこうした点から理解する。荷札木簡の理念的・儀礼的意義を強調する立場である。

こうした研究状況を踏まえて、本章では、これまであまり注目されてこなかった「荷物と荷札の関係」に重点を置くことで、新しい事実を掘り起こしたい。荷札は荷物に装着されるものであり、この荷物と荷札木簡との関係や貢進物そのものについて考えることも、有効な手段の一部であると考えるからである。

1　同文荷札の作成・装着と機能

検収説とその問題点

同文荷札に関しては、検収札と理解する東野治之氏の見解がもっとも有力といえよう(7)。同文荷札の存在から、一つの荷物に複数の荷札が付けられていたことを指摘し、またその荷札の形状が異なる点を確認する。こうした点をふまえ、中国の事例も含めて検討して、〇三系型式の切り込みを有する荷札は最終消費まで荷物に付けられていたのに対し、切り込みを有さない〇五一型式の荷札は都での検収の際に抜き取られたと考えた。

東野氏の研究以降も、同文荷札の例は増えている。これらの事例をもとに、まず、同文荷札のうちの一枚が検収札として中央に納められた際に抜き取られた可能性について確認しよう。

同文荷札は管見の限りで（資料1）、近江国庸米で一〇組（表1も参照）、伊賀国米（白米）で一組、参河国米（白米）で一組、駿河国調荒鰹で一組、安房国調アワビで二組（うち一例は上総国から分立する以前）、若狭国調塩で四組、能登国調熬海鼠で一組、また因幡国贄鮭で一組ほどである。若狭国の調塩荷札と近江国庸米荷札が多い。同文荷札では、形態が異なる場合が多い。一つは〇三系型式の切り込みを有するもの、もう一つは切り込みを有さない〇五一型式という組み合わせが目立つ。

こうした出土状況から、検収説に対して、疑問となる点が二つある。まず一つは、同文荷札に偏りがみられ、必ずしもすべての荷物に複数の荷札が付されたかどうかが判然としない点である。

税目では調と庸、品目では塩・米・海産物と一見まんべんなく存在する。しかし、米は二条大路出土の近江国坂田郡上坂郷の庸米が圧倒的な比率を占め、塩は若狭国調塩に限定される。たとえば、出土点数で若狭に次ぐ周防国調塩荷札では、同文荷札は確認されていない。海産物も限定的である。必ずしもすべての荷物に複数の荷札が装着されていたとはいいきれず、荷物によって複数の場合も一枚のみの場合も存在した可能性が高い。

貢進物の種類別に検収作業が大きく異なるとは考えがたく、もし検収札であれば、すべての荷物に複数の同文荷札が装着されていなければならない。こうした点から、検収説に疑問が生じる。

もう一つは、もし検収用に一枚が抜かれるべきであるならば、なぜ同文荷札が同一遺構から出土する例が存在するのか、という点である。もし荷物の検収に際して、同文荷札の一点が抜き取られるのであれば、その時点で抜き取られた木簡と荷物の消費時点まで装着される木簡は分離する。したがって、荷物に装着されたままの木簡は荷物の最終消費地と関連する遺構から出土し、検収の際に抜き取られた木簡は検収作業地と関連する遺構から出土すると考えられる。しかし、これまで確認されている同文荷札は、いずれも同一遺構からの出土であり、異なる遺構から出土した例はない。

調庸の実物の確認を行う平城宮大蔵省の遺構は、未だ確認されていないため、抜き取られた木簡が未発見であると考えることもできるかもしれない。だが、最終消費地で同文荷札が発見されているということは、検収時点では抜き取られず、最終消費時点まで複数の荷札が装着されていた荷物が存在することを意味する(8)。

もし同文荷札の一点が検収札であり、かつそれが抜き取られていなければ、「未進」として取り扱われたはずである。未進であれば、勘会は通過せず、綱領郡司は帰国を止められるなど、貢進国にとっては大問題である。たんなる抜き取り忘れや特殊例では済まされない。そして、繊維製品など、荷札の付かない荷物での検収も疑問である。

以上から、検収の際に抜き取られることが、制度的に確立し常に行われていたとはいいがたいのではないだろうか。

検収説は非常に魅力的ではあるものの、完全に首肯しえない問題点が残るのである。

近江国坂田郡庸米同文荷札の作成状況

では、同文荷札はどのように用いられたのであろうか。荷札と荷物の関係に着目した見解として、弥永貞三氏の説がある(9)。資料1B①〜③の三点をもとに、①―貢進者(または郷)、②―郡、③―国という段階に対応するとした。そして荷物との関係では、①は現物にくくられたもので、②・③はいわば添え状であり、②は容器(籠)の中に、③は外に突き刺された、とした。同文荷札にあえて積極的に「機能」を想定せず、貢納作業や梱包作業の所産と考える見方ともいうことができ、大変興味深い。

ただし、このような三点セットの荷札は、その後も他に類例がない。また、弥永氏自身が述べるように、この三点は同筆と考えられるので、貢納の段階に対応すると考えるべきか否かは疑問である。

そこで、類例の多い素材に対象を絞って、同文荷札が作成された場面を復原的に検討したい。素材となるのは、山中章氏も検討材料に用いている、二条大路木簡中の近江国坂田郡上坂郷庸米荷札群である。藤原麻呂邸との関係が深いとされる地区から六二点出土した。

同文荷札が基本的に型式を異にする状況は、ここでもほぼ確認できる。ただし、単純に「〇三系+〇五一型式」というわけではなく、二点とも〇三三型式という場合もある。また、同じ人物の荷札とみられる木簡が最大三点確認できる(表1)。山中章氏は、以上の状況に加え、加工痕跡の観察を行った結果、加工の特徴が同文荷札同士で共通するとして、近江国坂田郡上坂郷庸米荷札は三点一組(〇三三型式二点、〇五一型式一点)が荷物に装着されたと結論づけた(10)。

その後、同木簡群にとって正式報告書である『平城京木簡　三』が刊行された[11]。そこで、坂田郡上坂郷庸米荷札中の同文荷札についても新たな事実が指摘された（表1参照）。それは、以下の四点である。

イ：同材の木簡が含まれること、特に同一の材を切断して作られたことが確実な同文荷札が存在している。また、

表1　二条大路出土近江国坂田郡上坂郷米荷札中の同文木簡一覧

木簡番号	記載内容	型式		材	筆	加工	備考
4889	○	×	033	△	△	△	材の雰囲気はよく似る
4890	○	×	011	△	△	△	
4891	○	○	033	○	○	○	安万呂
4892	○	○	033	○	○	○	安万呂
4893	○	×	051	×	×	×	安麻呂
4903	○	△	033	○	○	△	
4904	○	△	039	○	○	△	
4905	○	○	039	△	○	△	材の雰囲気似る
4906	○	○	039	△	○	△	両面とも脱字有
4912	○	○	051	×	?	×	筆もおそらく異なる
4913	○	○	051	×	?	×	
4914	△	△	051	×	?	?	記載内容も異なる可能性も
4915	△	△	059	×	?	?	
4921	○	×	051	△	△	△	
4922	○	×	039	△	△	△	
4923	○	△	033	○	○	○	藪田虫麻呂
4924	○	×	051	○	○	○	藪田虫万呂
4925	○	△	033	×	×	×	藪田公虫麻呂
4926	○	○	033	△	?	?	
4927	○	○	033	△	?	?	
4932	△	△	019	△	△	?	記載内容が同一かは不詳
4933	△	△	081	△	△	?	

○：同一・ほぼ同一　　△：似ているが確信できない
×：違う　　？：よくわからない
木簡番号は『平城京木簡』の番号

その加工方法は、一枚の木の板を中間で割って二枚にし、その割った部分をそれぞれの上端部として用いている。このほかにも同材と考えられる例があるが、確認できる範囲ではいずれも同じように割った部分を上端にする材の使い方をしている。

ロ：同文でかつ同材の木簡では、文字も同筆とみられる。近江国坂田郡上坂郷庸米荷札は、全般に文字が雑で癖が強い。したがって、同筆

関係が比較的容易に確認できる。

ハ：同文同材の場合、木簡の型式は異なる場合も、同一の場合もある。これまで同文荷札は同文異型式が基本と考えられていたが、そうでないパターンも存在することが改めて確認された。

ニ：ほぼ同文とみられる木簡が三点存在する場合、二点については同文・同材・同筆なのに対し、残りの一点は材・筆ともに異なり、記載内容も若干異なる。

まず同文荷札の点数について確認しておきたい。ここで注目されるのは、資料2のような木簡である。この三点の木簡には、いずれも丸部豊嶋という人物が登場する。だが、①は酒波今麻呂の戸と合成したものであり、②・③とは別の荷物に装着されていたことは確実である。一方、②と③は材もよく似ており、筆も共通するのに対し、①は材・筆ともに大きく異なる。二条大路木簡の近江国坂田郡上坂郷庸米荷札では、同一人物の名前が記されていても、同じ荷物に装着されていたとは限らない状況が存在する。ニの点と、こうした状況を勘案すると、三点一組ではなく二点一組で、残りの一点は別の荷物に装着されたもの、と考えるべきである。同一荷物に装着された荷札木簡は二点で、この二点についてはイ・ロの特徴が指摘できる。

さて、イとロからは、近江国坂田郡庸米木簡中の同文荷札が、それぞれ同じ場所で、同一材から、同じ人物によって作成されたことが明らかであり、おそらく時間的にも同時に作成されたのであろう。そして、二点とも同じ遺構から出土していることから、同じ荷物に装着され、都に運ばれ収納され、消費時に同時に廃棄された。

近江国坂田郡庸米荷札の作成状況がかなり明らかになってきたと思う。ではどのように同文荷札は利用されたのであろうか。

同文荷札と荷物の関係

ここで、「荷札と荷物」という視点に基づいて、すこし視野を広げてみたい。中国の事例との比較はこれまでもなされてきている。空間ではなく、時間をずらして類例を求めることはできないであろうか。米の荷札木簡といえば、大坂・広島藩蔵屋敷出土木簡など、近世の出土点数も多い。

じつは、近世の米納入に伴う規定に、非常に興味深い史料がある。『徳川禁令考』[12]には享保三年（一七一八）徳川家継高札として「条令拾遺」から、

納俵ハ俵コトニ其地百姓ノ名ヲ記載シタル札一枚ヲ入ルヘシ。

という命令を引用する。「其地百姓ノ名ヲ記載シタル札」とは荷札にほかならず、これを「俵コトニ」「入ルヘシ」と規定されている。入れる、という行為が、具体的にどのような行為なのか判然としないが、単純に考えれば俵の中に封入する行為のように思われる。同じく『徳川禁令考』には文化三年（一八〇六）九月の達しとして「牧民金鑑」から、

年貢皆済以前ハ米ヲ他所ニ出スヘカラス。若シ良米ヲ売却シ、悪米ニ易ヘテ貢納スル時ハ、本人ヨリ名主、五人組マテ曲事ニ処スルハ定法ナルニ、近年俵拵特ニ悪ク、或ハ良米ヲ売テ悪米ヲ貢納スル者アリ。貢米ハ俵毎ニ中札アリ、誤認スヘキノ理ナシ。畢竟吟味粗略ナルヲ以テナリ。向後右等ノ事無ラシムヘシ。

という命令を引用している。年貢米の質が低下していることについて、年貢米の質が低下した場合には名主から五人組にいたるまで処罰されるべき規定になっており、しかも年貢米の俵には俵ごとに「中札」が入っているから、誰の年貢かわからないはずもない。したがって、きちんと処罰もでき、品質が維持されるはずなのに、品質が下がるのは吟味がきちんとしていないからである、今後はこのようなことがないようにせよ、と命じている。年貢米には「中

札」があり、貢納者がわかるようになっており、そしてこの「中札」こそ米の品質を維持し、責任の所在を明確にする決定版であったらしい。中札は、文字通り理解すれば中に入れられた札であろう。家継高札で述べられている札もこの中札であった可能性が考えられる。

近世後半以降多く作成された農政の解説的手引き書である「地方書」で、もっとも優れたもののひとつとされる『地方凡例録』[13]には「五人組帳前書」が収められている。「五人組帳前書」はそこに五人組の名を添えて提出する、五人組が守るべき「制禁大法」を記したものである。そしてこの中に、

一　御年貢の儀随分米症相撰ミ、荒・砕・粃・青米等の分撰ミ出し、縄俵念入れ、二重莚小口絨等一領同様に仕立、升目欠減無之様念入れ計り立、中札に国郡・村名・年号月日・庄屋・升取名印仕、改め役人姓名印形致し、外札は竹にても木にても表の方に何の年御年貢米、何国何郡何村の某納め、裏の方に貫目相記し、荏大豆も同然たるべし、（後略）

という規定がある。ここに中札が登場し、俵の外に付ける「外札」に対して俵の中に封入するものであったことが知られる[14]。

近世には、責任の所在を明確にし、年貢米の品質を確保するために「中札」を俵の中に入れ、一方、外に内容物を示すために「外札」を装着する、という利用方法が存在していた。そして、日本古代にも俵の中に札を封入するという荷札の利用方法が存在していた。鈴木景二氏が『木簡研究』二九号で紹介した『筱舎漫筆』[15]によれば、

（前略）内にもみ殻俵おほくこめたり。その俵をひらきみしに、木札ありて寛治元年といふ文字ありしとぞ。（後略）

と籾俵から、平安時代の年号を記す木簡が出てきた例が知られる。各地から出土する種子札も、俵の中に封入された可能性が指摘されている[16]。

近世での中札と外札、古代での種籾俵に封入するいわば「中札」の存在を考えると、いささか飛躍があるが、古代社会にも「中札」と「外札」を用いる方法が存在したのではないだろうか。同文荷札の一方が荷物の中に封入され、もう一方は外に装着される。消費時点で、外の木簡ははずされ、中に封入されていたものも取り出され、共に廃棄された。外札は俵に装着する便宜から、必ず切り込みが必要だが、中札はどちらでもよい。実際、木簡の作成を行ってみると、切り込みの作成は最も容易な加工である。このように考えると、近江国坂田郡上坂郷庸米荷札については非常に理解しやすい。

以上から、近江国坂田郡上坂郷における庸米荷札の作成と荷物の関係は次のようになる。まず、三〇ｾﾝ程度の長さの木片を用意する。そしてこれを二つに割って、二片に分ける。適宜加工を施し、どちらかまたは両方の木片に切り込みを入れる。端部を尖らせる作業は、あるいは二片に分ける前に行っていた可能性もある。そして、この二片の木片に同じ内容を書き込む。一方、米は開封された状態で準備される。そこにこの二枚の木簡が用意され、一枚を中に封入した後、俵の梱包が行われる。荷造りが終了した段階で、外に残った一枚が外側装着され、荷造りが完了する。

では、こうした近江国坂田郡上坂郷庸米での様相は、他の同文木簡についても同様なのであろうか。また、あらゆる荷札木簡について、同じような役割が想定できるのであろうか。項を改めて、確認していきたい。

古代の中札

まず、同文荷札が同材・同筆の傾向にある、という点について。若狭国の同文荷札で三組同文同材のものがあり（資料１Ａ①〜⑥）、他の同文荷札も同傾向である。一方、おそらく同文とみられるものの材も筆も異なる例が若狭国で一組ある（資料１Ａ⑦⑧）。基本的に同文荷札は、同一材から作られ、同じ人によって同時に文字が書かれた、ということができる。[17]そして、同文・同材・同筆が基本であるとすると、近江国坂田郡上坂郷同様、同文荷札は同じ場所で同時に、同一人物によって作成されるのが通例であったと考えることができる。同文荷札は古代の中札と外札である可能性は高まるのである。

こうした中札の役割はどのようなものだったのだろうか。種子札を俵の中に入れる例から考えると、外側の札がはずれてしまった場合でも、確実に荷物の由来を伝えるという役割が想定できる。一方、近世の年貢の例から考えれば、荷物の品質保証という役割が想定される。

古代の中札という観点については、かつて友田那々美氏に口頭で述べたことがあり、同氏が論文中でふれ[18]、さらにそれを吉川真司氏が引用し、調庸布の両端に墨書を命じた賦役令調随近条の[19]「凡調。皆随㆑近合成。絹絁布両頭。及糸綿嚢。具注㆓国郡里戸主姓名年月日㆒。各以㆓国印㆒々之。」という規定と同文荷札が対応する、という理解を提示された[20]。調庸布の奥になされた墨書は、布を反物状にすれば内側に巻き込まれてしまうことになるから、たしかに荷物のもっとも内側に入り込んだ墨書であり、中札に類似する。また、もし外側から布を利用していけば、奥に書かれた墨書は布の最終消費まで残り、荷物の中に封入された木簡も荷物が無くなるまで残りえるので、どちらも「最後まで残る墨書」という意味でも類似するといえるかもしれない。この観点に立てば、むろん先に述べたような役割も担っている可能性があるが、何よりも賦役令の規定にしたがった木簡の作法ということができるであろう。そして、賦役令の忠実な実現であれば、すべての荷物に同文荷札が付けられていた状況が望ましい。

しかし、検収説に対する疑問で述べたように、同文荷札には偏りがある。米の荷札でも、あらゆる米の荷札で同文荷札が確認されているわけではない。塩の同文荷札が確認できるのは若狭国のみで、出土点数で若狭に次ぐ周防ではまったくみられない[21]。すべての荷物に必ず複数の荷札が装着されていた、と断定するには、いささか躊躇せざるをえない。

むしろ、同文荷札が確認できるのが、米の場合封戸からの庸米が中心であり、塩の場合は若狭に限られている点に注目すると、特定の場合に同文荷札が求められたと考えることもできるのではないだろうか。米の同文荷札が封戸中心である点は、品質の確保という点から考えることができると思う。通常の国郡機構を通じての収取より、さらに積極的にとくに品質に対して封主が関心をもっていた可能性が想定できる。(22) また、若狭国調塩は、周防国の塩などに比べ長期保存を前提としていた点などから、外札がはずれてしまった事態に備えた可能性も想定できる。

現状では荷物の品質の確保、および荷物の情報の確実な伝達、という近世にも共通する役割を中心的なものと考えたい。ただし、可能性として、両端に墨書せよという賦役令の規定が背景にあったことを完全に排除するものではない。

以上、荷物と荷札の関係を検討することで、検収で抜き取られたという見解の問題点を確認し、同文荷札の片方が「中札」でありもう一方が「外札」である、という可能性を提示した。同文荷札の具体的な様相が明らかにできたと思う。そして、同文荷札の作成が二点とも同じ場でなされ、荷物への封入・装着もまた二点とも同じ場でなされた点は重要であり注目される。次に、こうした作業の場について、調の荷札に絞って検討したい。

2　伊豆国調荷札の作成と荷物

寺崎・山中説に基づく伊豆国調荷札の作成過程

伊豆国は、調として「荒堅魚」(23) を貢進していた。平城宮・京からは鰹の貢進に伴う木簡が大量に出土している。寺崎保広氏・山中章氏・樋口知志氏によって、これらの伊豆国調木簡の作成過程が詳細に検討されている。

寺崎氏は、木簡の同筆関係を中心として分析を行った(24)。伊豆国調荒堅魚の荷札は、

国＋郡＋郷＋里＋戸主＋戸口＋税目（「調」）＋品目（「荒堅魚」）＋重量（「十一斤十両」）＋数量＋年月

という記載をとる（資料3参照）。重量は賦役令調絹絁条の規定に基づく一人あたりの分量である。「荒堅魚」は今日の鰹節もしくはなまり節に類するものと考えられているので、重量をそろえると鰹の大きさによって品物の数は変化する。数量は、その具体的な形状と個数を示している。

この記載のうち、国・郡および郷名の記載について、同筆関係が確認され、それはすべて同一郷内で収まる。「郷」字以下の重量までの記載は国名・郡名・郷名とは同筆ではない。また、数量を示す部分は、郷を越えて同筆関係が確認され、郡内で収まるとみられる。こうした検討をふまえ、伊豆国調荷札の作成過程として、

郷　　国＋郡＋郷名を書いた木簡を複数用意する

←　「郷」字以下を重量まで手分けして書き込む

←　郡段階以上　実際の荷物と照らし合わせて数量などを追記する

というものを提示した。

山中氏は、主として切り込み部分や端部の形状から木簡の作成者を検討し、同一郷内で共通する一方、郷を越えての共通性がないことを指摘し、やはり郷での木簡作成を指摘した(25)。さらに樋口氏は資料3⑤のように分量の少ない荷札木簡に注目し、この「一斤十五両」が正丁一人あたりの重量である一一斤一〇両の六分の一に当たること、棄妾郷

内にのみみられることなどから、郷内での収取に関わって用いられた木簡が都まで付いてきた可能性を示唆し、やはり郷レベルの役割を重視した。ただし、寺崎氏は、荷札木簡が郷レベルから段階的に作成されたことを主張しているのであり、郡の役割も高く評価している。樋口氏も、郷レベルの役割に注目しつつも、実際の木簡作成は郡である可能性を述べている。(26)

さて、以上のように作成過程が復原されるとして、本章の問題関心からは、「いつ荷物に装着されたか」という点に注目したい。残念ながら、この点については三氏とも明瞭な見解を示しておられず、寺崎氏が「調物の調達や荷札の取り付けにあたっては、郷段階で「国郡郷」名まで書いた札をまとめて用意しておき、それに複数の手によって郷以下を書いて荷札を完成させた。次の郡段階で、その荷物をチェックした時に「〇連〇丸」という追記を行った」(27)と若干言及するのみであり、結局いつ荷札が取り付けられたのか積極的な見解はみあたらない。

伊豆国調荷札装着の瞬間

そこで、伊豆国調荷札を観察すると、非常に興味深い木簡が存在する（資料3）。注目したいのは、これらの木簡の「〇連〇丸」という追記の場所である。これらの追記は、切り込み部分の真横に書き込まれる。この場所は、切り込み部分に紐をかければ紐の下になる。したがって、「〇連〇丸」という書き込みは、荷札に紐がかけられる前になされたはずである。紐がかかっていなければ、荷札は荷物に装着されていなかったと考えられる。だから、これらの木簡が荷物に取り付けられたのは、数量の追記がなされたあと、ということになる。荷物に荷札が装着された状態で、追記がなされたわけではない。

一方、数量を書き込むためには、実際にその品物の状況がわからなければ不可能である。荒堅魚が完全に梱包されてしまってからでは書き込むことはできない。荒堅魚の包装の具体的な様相はわからない。「丸」は鰹節一つ一つであり、「連」は鰹節を一〇丸まとめたもの、と理解されている。鰹節が今日のように非常に硬く、保存がきくようになるのは近世に黴を用いた製法が開発されて以降であり、なまり節程度の加工のものを梱包せずに輸送したとは想像しがたい。延喜主計式によれば、伊豆国から平安京へは二二日かかるとされており、奈良時代でも同程度の日数はかかったであろう。最低限、一丸ずつわらなどで包み、さらにそれを束ねて連としていたはずである。だが、そのままではやはり輸送に適しているとは思われず、籠に詰める等、さらに丁寧に梱包されたと考えたい。

また、静岡県曲金遺跡の東海道側溝から常陸国鹿島郡の荷札木簡が出土している例などもふまえると、(28)荷札は場合によっては落ちてしまうような場所、すなわち梱包された荷物の外側に付けられた。すると、鰹節の数量の追記は、こうした梱包がなされる前でなければならない。

以上から、伊豆国調木簡が荷物に取り付けられたのは、梱包以前や追記以前ではなく、追記・梱包の直後である。追記は、梱包される前に限定することができるであろう。そしてこの追記は、郷を越えての同筆関係が確認される一方、郡を越えての同筆関係は確認できていないから、(29)郡レベル（もしくは郡単位）で行われたものである。追記されてからいつまでも梱包を留めておくとは考えがたく、追記─梱包─装着は一連の作業として行われたとみられるので、荷物への荷札の装着もまた同じ場でなされたことと考えられるのである。この様子は、同文荷札作成と封入・装着の場面とよく一致するといえよう。

そして、この取り付けの場面からは、本当に郷で木簡が作成されたのか、という疑問も生じる。(30)郷から郡レベルに荷物を運ぶ場合も、梱包はしたであろう。この際、すでに個人別になっていたとすると、これを郡レベルで開梱し、内容物の状態を確認して、木簡を取り付けたことになる。これはいささか煩瑣に感じられる。一方、郷から郡レベルへ納入する際には、個人別になっておらず、まとめて送られたものを、郡レベルで個人別に分けたという場面も想定できる。この方が作業としては想定しやすいと思う。また、先にみたとおり荷札は郡レベルで装着された。もし郷で木簡をつくっていれば、郷から郡へと納入する際に、前者のように考えれば荷物に荷札を添える場面も想定できるが、後者であれば、荷物と荷札は別個に動いていることになろう。この場合、「郷で作成された荷札木簡」は荷物とはいわば無関係に郡に運ばれていたことになる。もちろんそうした可能性も残るが、より単純に、郡レベルで郷ごとに専当して作業にあたって木簡を用意しており、現物が到着した時点で最終的な追記がなされ、荷物に取り付けられたと考えることもできるのではないかと思う。

荷札の装着にいたる一連の作業場所はどこであろうか。追記―梱包―装着という作業の場は、郡(郡家およびその出先機関など郡関連施設)または国府である。郡であるならば、上記の「郡レベル(郡単位)」を「郡家(または郡関連施設)」と置き換えればほぼそのまま過程が復原できる。一方、国府であれば、A:郡ごとの荷物が総量として運び込まれ、そこで仕分けの後、追記―梱包―装着がなされる、B:仕分けされた荷物と荷札が運び込まれ、そこで個々の荷物に荷札を割り振って追記―梱包―装着が行われる、という二つのあり方が考えられる。追記の筆跡が郡ごとにまとまっているから、いずれの場合も郡ごとに専当なり郡の役人なりが実際の作業にあたったはずである。この点についてはまた後に検討したい。

伊豆国調荷札と計帳

さて、伊豆国調荷札の作成過程と荷物への装着状況を復原した。もう一つ、重要な点が指摘できると思う。それは、本文と追記の質的な差である。国郡郷名以下の、比較的丁寧な文字で記された記載内容に対し、数量記載は乱雑な文字で書き込まれる。前者（本文）は、賦役令の規定に法的根拠をもつと考えられる正式な記載であるのに対して、後者の追記はそうした法的根拠を有さないという差が影響しているのかもしれない。だが、両者には法的根拠以外にも、荷物との関係という点で決定的な差異が存在する。すなわち、本文は荷物の現物がなくても作成できる記載内容であるのに対し、追記は荷物の現物がなければ作成できない記載内容なのである。追記は、現にある荷物そのものに規制された記載ということができる。

では、本文部分はどのように理解できるであろうか。各貢進者が自ら書いたものでも、彼らを呼び出して名乗らせて記載したものでもないことは明らかである。貢進すべき人々の名を記したリストから作成したと考えるべきであろう。このリストとしてもっともふさわしいものは計帳、とくに計帳歴名と考える。今津勝紀氏は、いわゆる貢進物の墨書銘一般について計帳などを参照したのではないか、という指摘をした。[31] 氏は、調庸布墨書銘の検討からこの結論を導いており、荷札木簡については積極的には論を展開しきっておられないように感じるが、この今津氏の見通しは荷札木簡にも共通すると思われるのである。これまで、荷札と計帳の関係は、主として両者を照らし合わせて勘検する、という利用方法で考えられてきた。[32] だが、そもそも荷札を作成するときの資料として、計帳歴名ほどふさわしい帳簿は存在しない。

『神亀三年山背国愛宕郡雲下里計帳』（『大日本古文書』一巻三六三〜三六四頁）の記載をみると、

　戸主大初位上出雲臣筆戸
　　去年帳定良口柒人男四女三
　　　帳後新附壱人緑子
今年計帳定見良大小捌人男五女三

不課口柒人 旧六 新一

男肆人 帳内一 緑子一 小子一 耆老一

女参人 丁女一 少女一 緑女一

課口壱人

見輸壱人 正丁

輸調銭玖文

戸主大初位上出雲臣筆、年柒拾歳、耆老　右頬黒子

男大初位下出雲臣安麻呂、年肆拾弐歳、正丁　眉黒子、北宮帳内

男出雲臣酒麻呂、年弐拾参歳、正丁　頣黒子

女出雲臣稲虫売、年弐拾柒歳、丁女　右腕黒子

女出雲臣多比売、年弐拾歳、少女　左頬黒子

孫出雲臣老、年拾壱歳、小子　右耳黒子

孫出雲臣浄足、年弐歳、緑子

孫出雲臣多須売、年肆歳、小女

のように戸主・戸口の名前や、調の品目・量がすべて記載されており、荷札作成に必要な内容がほぼ網羅されている。むしろ、伊豆国荷札など記載が詳細な荷札は、この部分を抜き出したようにもみられるのである。各正丁ごとにこの記載内容を抜き出し、荷札を作成したと考えると、伊豆国調荷札の本文部分は「計帳歴名の分身」とでもいうべきもので、帳簿そのものであったといってよいだろう。

そして、荷札木簡を帳簿の分身と考えると、これまで疑問視されてきた問題点も理解しやすくなる。貢進者個人名の記載がある一方で郡名や郷名までの調荷札、また郡名から書き始めて国名を記さない調荷札などが存在する点である。

個人名を記載するのは、計帳歴名の抜き書きと考えれば、ごく自然に発生する状況である。個人名まで記しておけば、作成ミスや作成忘れもすぐに確認できる。

一方、郡名までしか記さない主だった例を資料4に挙げた。このうち、鉄・鍬・綿（大宰府）などは個人名まで記載した荷札が発見されておらず、郡名までの記載が原則だったと考えられる物品である。大宰府調綿は、一度大宰府に納めた後にあらためて京進するので、通常の調物とは異なるために記載も異なる。注目したいのが鉄・鍬であり、またその梱包形態である。これらの品々は、正丁一人あたりの調で梱包されるのではない。賦役令や延喜式によれば鍬は一人三口であり、(33)数人の調が合成されて梱包される。この場合、個人ごとの荷札では不都合である。しかも、鍬の荷札では一〇口ごとに荷札が取り付けられており、一〇口でひとまとめにして梱包している。一〇口は、正丁三人分＋一口であり、正丁ごとにまとめているのではなく、実際の輸送や、総量の把握に適した単位とみることができる。こうした木簡は、郡単位で貢進物の総計を荷造り単位で割って木簡を作成した可能性があると考える。そのため、郡名記載までにとどまり、郷名以下は記さないのであろう。なお、『延喜式』の大帳書式をみると、調物の総計は郡ごとには記載するが、国ごとには記載していない。郡レベルでまとめられた帳簿を元に作成されたと考えることができる。(34)

また、国名の省略は次のように考えられる。計帳歴名には、各戸や個人ごとには国郡郷名はいちいち記載されていない。これらは共通項目として、荷札に書き込まれるべき部分である。郡レベルで作業をしていたとしたら、こうした共通項目を郡から書き出してしまったことも自然である。また、寺崎・山中両氏が指摘する郷単位の共通性も、計帳歴名が一郷一巻であることを考慮すれば、これによって手分けして作成したためと考えることもできるであろう。個人名まで記す場合と記さない場合、国名が記されない場合、などは、依拠する帳簿のあり方や物品の梱包単位などによっている、いわば帳簿処理・事務作業上の問題と考えられる。

以上、八世紀の調の荷札木簡は計帳を中心とする帳簿の抜き出しであり、帳簿の分身と捉えることができる(35)。この帳簿と木簡の関係は、考選木簡のそれとちょうど反対の関係である。考選木簡をもとにして紙の帳簿が作成され、紙の帳簿を抜き出して荷札木簡が作成される。方向としては逆になっているが、どちらも帳簿の一部分がほぼそのまま木簡になっている状況は共通する。紙の帳簿と木簡の関係をよく示すということができよう。

調荷札木簡の役割

さて、本文部分が帳簿の分身であり、現物とは無関係に記載されるものであるのに対して、追記こそ、現物の鰹節を帳簿とすりあわせる作業であり、その結果の記載である。帳簿による支配と、現物との接点を、ここにみることができよう。伊豆国の場合、帳簿による支配と現物とのすりあわせが終了した時点で追記がなされ、荷札木簡が装着された。荷札木簡の装着は、帳簿と現物との対応の完了と確認を意味する作業であった。

荷札木簡の機能を論じる中で、国レベルでの勘検を想定する見解がある(36)。調庸物の貢進に際して、国がまったく関与しなかったとは考えにくい。そもそも、荷札木簡作成の法的根拠と考えられている賦役令調随近条では、国郡名以下の墨書の後に、国印を押印することになっている。こうした規定から考えれば、最終的には国司が貢進物に対する責任を負わざるをえないはずである。国が関与する荷物検査も存在した可能性は高い。

この場合、国の勘検を具体的にどのように理解するかという点が問題である。たとえば、郡で荷物を作成・梱包し、荷物を国府に運び、そこであらためて帳簿と荷物の照合を行う、という状況が想定できる。だがこの場合、郡の作業で梱包と荷札装着が終了しているのであり、これをもう一度開梱して内容物を確認する作業を行う状況は、いささか不自然である。したがって、梱包後の検査は、荷札木簡と帳簿の照らし合わせにとどまり、実物の状態まで含めての検査は、郡で梱包を完了する前に行われたと考えるべきであろう。(37)

梱包完了前、という時点は、荷札に荷物内容の追記がなされた時点と同じである。貢納物の確保―個人単位への割り振り―荷札への追記―国による勘検という、現物と帳簿のすりあわせ作業が一連のものとして行われ、梱包の後その最後の仕上げとして荷札木簡が装着されたのである。計帳の分身である、用意された荷札木簡がすべて荷物に装着された段階で、国郡での「実物」の検査・確認作業は終了する、と考えられる。

これは、ちょうど調庸布に墨書が施され、国印が押印される場面と非常によく似ている。すなわち、その品が調庸として納入するに十分な状況でかつ帳簿との照合が完了していることが国郡によって確認され、示されるという点において、墨書の書き込み・国印の押印と荷札木簡の装着は同じ性格を有していると考えられるであろう。荷札木簡は、賦役令の規定にしたがった墨書が、直接品物に行えない場合に付された墨書銘と理解されている。だが、賦役令が規定する墨書行為に対応するのは、木簡への書き込みのみならず、木簡を荷物に装着する行為まで含めるべきであろう。あるいは、直接品物に押印できない場合、押印行為の代替的役割を果たすものであった可能性も考えられるかもしれない。こうしたあり方を、「検封的機能」と理解したいと思う。木簡の装着＝検封が、墨書・押印に準じる行為であり、国郡での確認作業を終えたことを表示するものだったと考えるものである。(38)

調荷札木簡に検封的機能を想定すると、奈良時代後半にみえる専当国郡司を記した木簡も興味深い。これらの中には資料5のような木簡がある。この木簡は上下端に切り込みがあるので、上下で荷物にくくりつけられていた。つまり荷物についた状態では裏返すことは困難である。そして、そうした木簡の裏面に専当国郡司が記されており、彼らによる作業が終了したのちに木簡が装着されたと考えられる材料である。(39)

調庸布の収取の際、国司がどのように関与したかについて、今津氏の見解がある。(40)今津氏は、駿河国正税帳の記載から、国司が「検校調庸布」と「向京調庸布」のためにそれぞれ国内を巡行していること、前者が目なのに対して後者が守を含むこと、前者は国内全郡をまわったとみられるのに対し後者は国府所在郡のみとみられること、などを確認し、検校調庸布とは各郡に国司が赴き荷物の勘検と墨書銘を施す作業、向京調庸布はそれを国府に集めて国印を押印する作業と想定した。(41)作業の状況としては各郡ごとに調物が確保・準備され、巡行する国司がその確認を行いながら墨書銘を記す、というあり方は、想像しやすい。

この過程は、そのままでは荷札木簡を利用した調物の収取には適応できない。調布の場合、「国衙様」と称される書風で墨書がなされるが、調荷札木簡では典型的な国衙様書風はほとんどみられないため、文字を書いている人物・場面は異なると考えられる。荷札木簡には押印した痕跡はなく、国府に集めてからの押印も想定できない。また、当時の駿河国の調は、布だけではない。出土木簡からも知られるように、堅魚も調の品目であったが、駿河国正税帳には、調庸布の検校と向京に関わる国司巡行の記載はあるが、それ以外の調物については記載が現存しない。駿河国正税帳には四項目程度の欠失が想定されているので、(42)そこに記されている可能性が考えられるが、重要な点は「調庸布」に関する作業とは別に記載されていることである。布の収取とそれ以外の場合で、異なった作業であったことがうかがわれる。(43)

だが、荷札木簡を利用する調物の収取も、国司の巡行を一つの鍵とすると、非常に場面がわかりやすくなると考える。書風の問題からは、調庸布の場合は国衙官人が巡行に際し直接書き込んだが、荷札木簡の場合その製作までは郡家レベルで完了しており、国衙官人は実物との照合とその梱包・装着に立ち会ったと考えられる。国府への集積はわからないが、そこでの押印がないとすると、荷札木簡の装着をもって、墨書・押印に相当する行為は終了していたと考えられるだろう。

以上の荷札の検討は、伊豆国調荷札を軸に展開したものである。隣国の駿河では、伊豆国とは若干異なる様子もみられる。駿河国の調荒堅魚の荷札には、同文荷札がみられる（資料1E）。ところが、この同文荷札は厳密には同文ではなく、片方には令に規定された重量が、片方には伊豆国の場合追記に相当する実際の鰹の数量が書かれている。つまり、二点そろわないと伊豆国調荷札と同じ情報はそろわない。そして、この他の駿河国調荒堅魚荷札を調べると、重量のみを記すもの五点、数量のみを記すもの一一点に対し、双方を記す木簡はわずかに一点のみである。駿河国では調荒堅魚に重量記載一枚＋数量記載一枚で一組となる荷札を作成し、装着していた。

伊豆国では、一枚の木簡に追記していた作業を、駿河国の場合は二枚の木簡を用意するという方法で行っていた。また、資料1Eの二点は、大きさ・形状等が非常に似ている。ここから想定される作業は、最初に二枚一組の材を作成する。次に①の重量を含んだ記載を書き込む。①を現物と対応させながら、②の木簡を作成する。[44]この場合、二枚の木簡を用いて作業が行われる点は伊豆国と異なるが、実際の荷物によって規制される作業と、帳簿から行える作業が分離している点や、荷物の確認と木簡の最終的な完成が対応していることなど、基本的な作成手順や利用方法に大きな差はない。

また、国衙様書風がみられない状況などは全国で共通する。調荷札木簡については、全国で比較的類似した作業が行われていたと考える。[45]

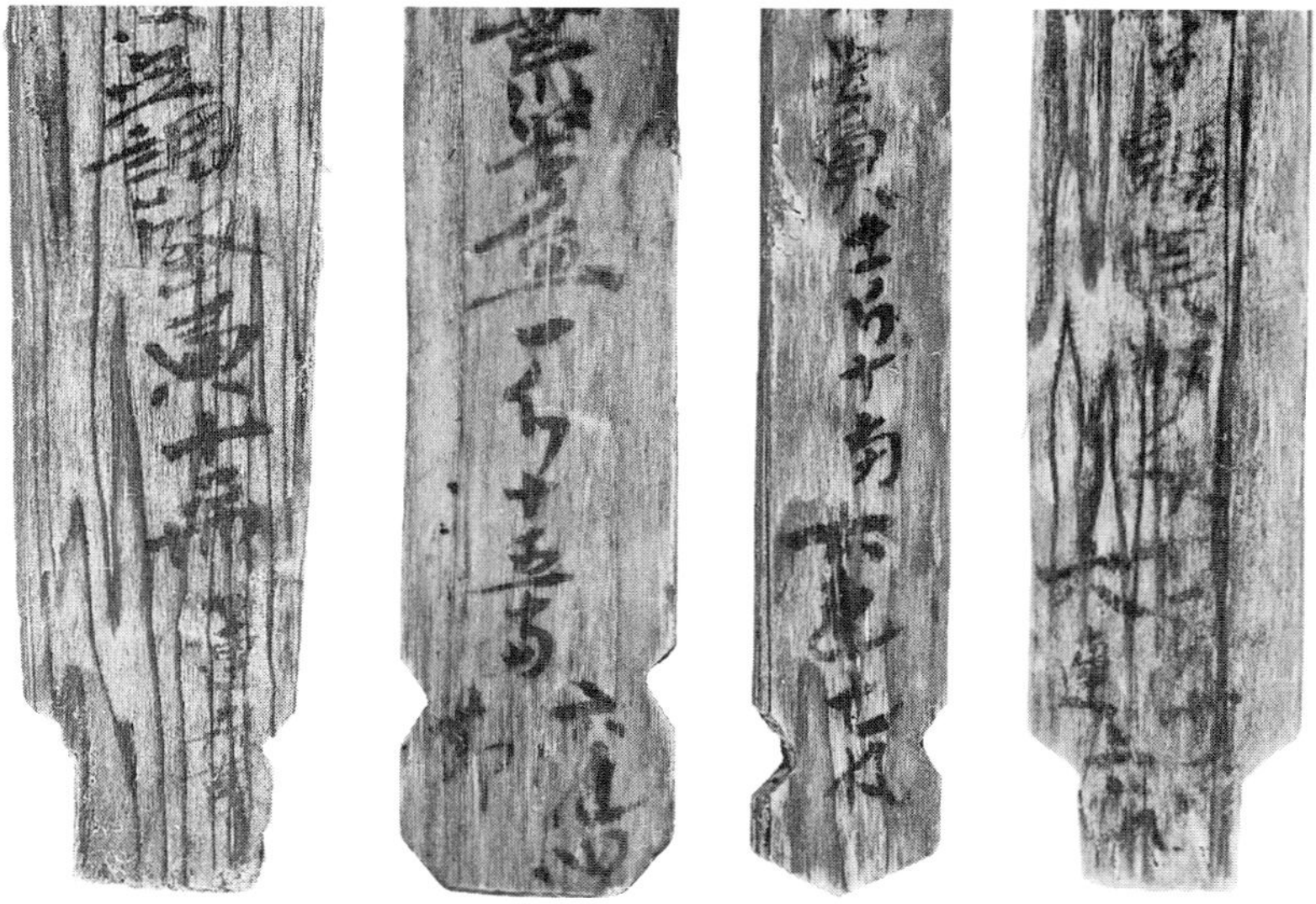

3—⑥　3—⑤　3—④　3—③

図１　伊豆国調荷札の下端部

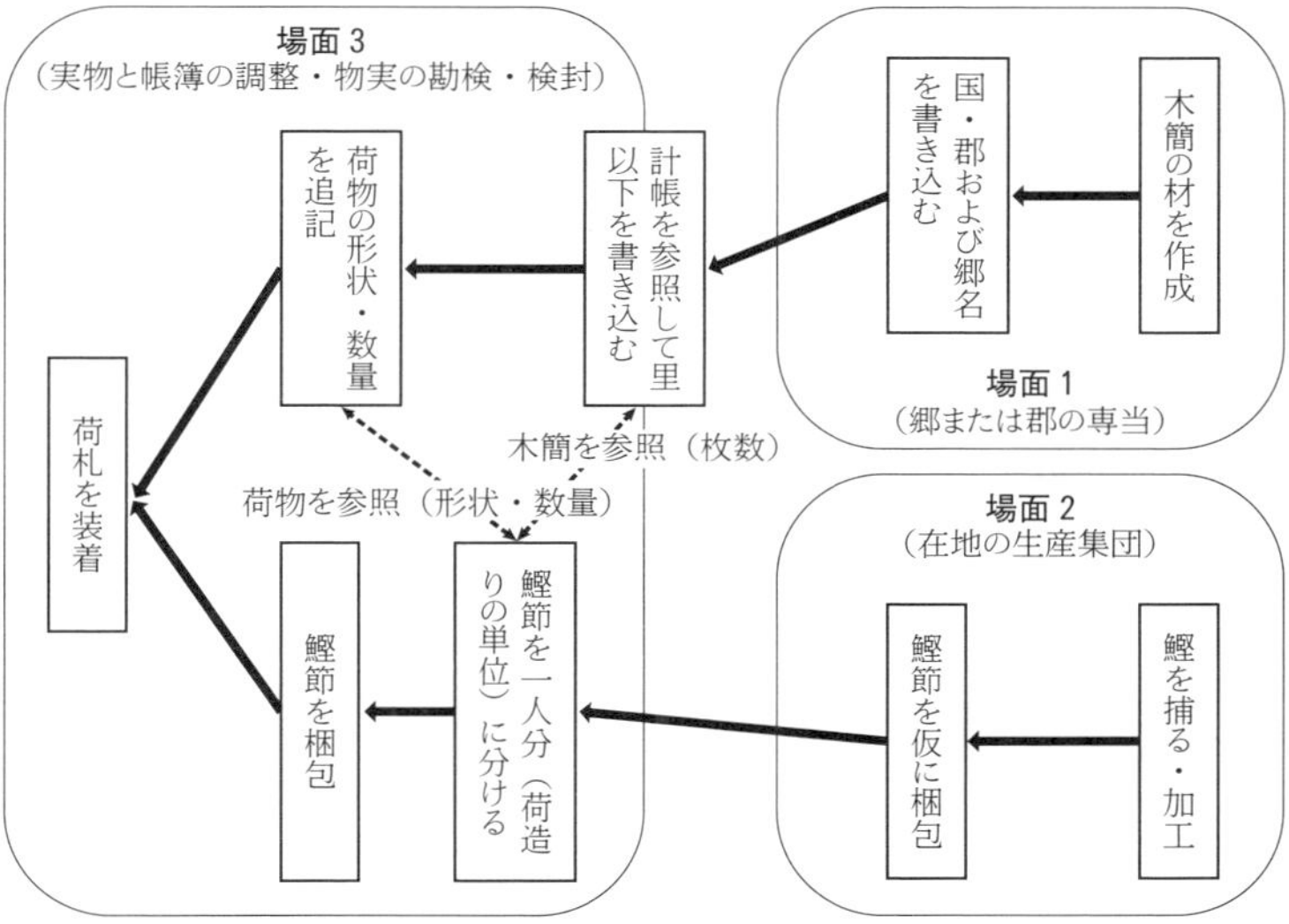

図２　伊豆国調荷札装着イメージ

以上、調荷札について、その作成と装着・利用について検討した。帳簿の分身としての性格と「検封的機能」の存在を想定したが、これまで提唱されている「勘検」「貢納物表示」といった機能については、どのように考えるべきであろうか。この問題は、調以外の荷札木簡の様相を考えると、わかりやすくなるのではないかと考える。節をあらためて検討したい。

3　贄荷札・進上状と荷札の機能

贄荷札の概観

鬼頭清明氏は、贄荷札を三つに分類し、その特徴を以下のようにまとめた(46)。


A型：国郡＋地名の記載型式をもつ。月料として貢納。

　特定の集団を指定して収取する方式。

　若狭国青郷・木津郷の贄荷札は、記載型式はB型に属するが、内容などからA型に含まれる。

B型：国郡郷（里）という律令地方行政組織の原則をそのまま表記する。

　国郡郷（里）制を前提とした収取方式。

C型：国名のみを記す。国衙的書風で書かれる。

　国衙の責任を強調される収取方式。


また、この三類型を『延喜式』の規定と比較し、A型は「諸国御厨所進御贄」、B型は「諸国例貢御贄」に対応するとし、C型はそれぞれの両方を含んでいる、とした。そして収奪の二重性や特性を考慮して、

類型	荷札木簡出土	収取体制	天皇の供御の性格
国郡里型	有り	調庸と二重	小
青里型	有り	調庸と二重	＞
幡豆郡海部型	有り	調庸と二重？	＞
雑供戸型	なし	調庸免除	大

という図を提示した。ただしこの分類とA～Cの三分類関係は明示されていない。

その後、贄荷札の出土例も増加し、また郷名＋品目・数量というきわめて簡便な書式をとる、志摩国の郷名を記す小型の〇五一型式木簡が、志摩国の贄荷札であることが明らかにされるなど、資料が増加している。(47) 鬼頭氏の見解を継承しながら、まとめなおしてみたい。

A型：国郡＋地名の記載型式をもつ。月料として貢納。
　志摩型は、志摩国の特殊性を考慮して、A型と考える。
　青郷型（木津郷含む）は、記載型式はB型に属するが、内容などからA型に含まれる。
　特定の集団を指定して収取する方式。

B型：国郡郷（里）という律令地方行政組織の原則をそのまま表記する。
　ただし、郡までの表記にとどまる場合もある。
　国郡郷（里）制という地方支配機構を前提とした収取方式。

C型：国衙的書風に代表される、丁寧な文字で書かれる。
　材の加工も非常に丁寧で、切り込み部に特徴のあるものもある。(48)

しばしば特定の産地が記される。

国衙の責任を強調される収取方式。

また、雑供戸やその前身からの贄荷札は、相変わらずほとんどみあたらない。住吉に関連する木簡が出土している（資料6）が、長屋王家木簡であり、通常の贄であるかは不詳である。また、志摩型の例から考えると、資料6③もたんなる付札ではなく、贄貢進時から付けられていた荷札の可能性も考えられよう。いずれにせよ、雑供戸関連の荷札はほとんどみつかっていないということができる。

このほか、衛府の贄に関わる木簡も存在する（資料7①）。資料7②は贄とは明記しないものの、やはり同様に贄に関わると考えられる。[49] ただし、これらもわずか二点ほどであり、雑供戸同様、衛府関連の贄荷札はほとんどみつかっていない、といえるだろう。

贄荷札の様相が多様なのは、それぞれの贄の性格の多様性に由来すると考えられる。荷札の使い方を含めた具体的な貢納作業においても、さまざまな違いが存在し、こうした多様性につながったのであろう。だが、なぜもっとも天皇の食膳に近い貢納物の木簡が発見されないのであろうか。

進上状と動詞が書かれる荷札

単純に考えれば、雑供戸系の貢進物には荷札木簡が付いていなかった、と考えられる。天皇家ではないが、皇族に準じる長屋王家の例をみると、長屋王家が直接経営する園などから食料品をはじめとするさまざまな生活物資が運び込まれている。その際には荷札木簡は付けられていない。資料8のような、進上状と呼ばれる文書が添えられていた。

進上状は、木簡以外に、正倉院文書にもみられ、

進上元＋進上文言＋進上品

という書式で記されるが、それほど定型化されてはいない。進上品の後に、しばしば輸送する使者の名前が書かれ、また日付や差し出し責任者の署名が付く。雑供戸などからの物資は、こうした進上状が添えられて貢進されていた可能性があるのではないだろうか。資料7②は、天皇の供御に近いと思われる衛府の贄に関わる木簡が、進上状の書式をとっている。進上状＝文書、もしくは書状が添えられて、荷物が送られた可能性を考えておく。

さて、進上状は「解」と書く場合もあり、確かに文書と捉えられる。だが、具体的な動き方をみるとまた違った側面が確認できる。進上状は、進上される物品と共に動く、いわば添え状である。そして資料9や前出の資料7②などは、切り込みをもち、荷物にくくりつけられた可能性がある。荷物と共に移動し、移動先に荷物の由来を示すという意味では、荷札とまったく同じである。進上状と荷札の性格には、共通する部分が決して少なくない。進上状は、典型的な文書と付札・荷札の中間的存在といえる。

贄荷札の中には、「進上」など貢納行為を示す動詞が含まれる木簡がしばしば存在する。これらの木簡は資料10のように、進上状と非常に似た書式をとる。また、参河三島からの贄荷札では「供奉」という語が特徴的であるが、これは「供え奉る」という動詞である。たんなる情報の羅列ではなく、文章として読むことができる表記である。贄荷札には、このように進上文言を有するものがあり、こうした進上文言をもつ木簡は進上状ときわめて近接する性格をもつということができよう。そして、資料11のように、贄を進上状で貢進した例も存在するのである。

調荷札でも、貢納行為を示す動詞が記される木簡は存在する。安房国調荷札では、資料12①のように「輸」という文字が入ることがしばしばある。「輸」字はこのほか、資料12②や正倉院の調墨書銘にも散見する。調荷札でも動詞が入ることがままありうるかにみえるが、安房国以外の調荷札で「輸」字が入るのは、資料12②だけである。また、

表２　若狭国贄荷札一覧

本　　文	法　量	型式	出　典
若狭国三方郡御贄宇尓一斗	172・28・3	032	城 22-34 下
若狭国三方郡御贄鰒鮓壱斗	178・30・4	032	城 24-28 下
・若狭国遠敷郡／青里御贄／多比鮓壱塥 // ・　秦人大山	130・26・5	031	平城宮 399
若狭国遠敷郡／青郷御贄／貽貝一塥 //	125・24・3	032	平城宮1948
若狭国遠敷郡青郷御贄貽貝富也并作＼　一塥	148・27・3	032	城 23-19 上
・若狭国遠敷郡青郷御贄海細螺一塥 ・　小野里	152・28・4	032	城 22-34 上
・若狭国遠敷郡青郷御贄鯛鮓一塥 ・氷曳五戸	125・27・4	032	城 22-34 上
・若狭国遠敷郡青郷御贄貽貝富也交作一塥 ・氷曳五戸	153・23・4	032	城 22-34 下
・若狭国遠敷郡木津郷御贄貽貝鮓一塥 ・「木津里」	162・28・5	032	城 22-34 下
・若狭国遠敷郡青郷御贄鰒鮓一塥 ・　田結五戸	150・25・4	032	城 29-34 下
若狭国遠敷郡車持郷御贄細螺一塥	135・25・5	032	平城京5723
青郷御贄伊和志塥五升	75・14・3	021	平城宮2283
・青郷御贄鯛五升 ・田結五升	62・13・2	011	城 22-34 上
・青郷御贄鯛塥五升 ・田結五戸	69・11・4	011	城 22-34 上
・□〔青ヵ〕郷御贄鯛塥五升 ・氷□□□〔曳五戸ヵ〕	69・13・2	011	城 29-35 上
青郷□□□□〔贄鯛塥ヵ〕	56・14・2	011	城 31-28 下
・車持郷御贄鯛鮓五升 ・　車持五戸	70・12・2	011	城 31-28 下
若狭国敷遠郡車持郷大御贄海□一塥	167・(8)・5	081	城 31-28 下

「調」と明記した荷札から「輸」以外の貢進を示す動詞を探すと、「進」と記した資料12③④の二例のみであり、資料12⑤のような参河三島の木簡に特徴的な「供奉」の例はない。調荷札に貢納行為を示す動詞が書き込まれる場合、その語は「輸」が基本であり、また「輸」が記されるのはほぼ安房国に限定される。[50]調荷札に「輸」字が書き込まれるのは「輸調」という語に対応するものであろう。そしてこの語は、令文中にみえるのみならず、先ほどみたように、計帳中にもみられる表現であった。調荷札は、やはり帳簿の抜き出し・分身としての性格が強い。そしてこれに比べ、贄荷札は文書的性格が強くみられるのである。[51]

だが、贄荷札も詳細に検討すると、それぞれには大きな違いがある。B型で進上文言が付くのは資料13など紀伊国牟婁郡からの贄だけであるが、C型では比較的広く進上文言がみられる。一方、A型はじつに複雑であり、参河三島のように非常に文書的な書き方をするものも、青郷型のように帳簿的な書き方をするものもある。そして、とくに注目されるのは志摩型の木簡で、記載内容や形態・大きさからは「狭義の付札」と考えられても不思議ではない。[52]

進上状的世界に近いはずのA型に属する志摩型が、狭義の付札に限りなく近い、というのは、違和感を覚えざるをえない。樋口知志氏B論文では、この志摩型木簡中に、国府所在地や国府近接地の郷名がみえないことに注目する。そして、これらの木簡が志摩国からの贄荷札であることを認めつつも、この他にも志摩国からの贄が存在した、と考えた。それは、国府近郊の郷から送られる贄で、これこそ「志摩の速贄」で、荷札を付けずに貢納された、と想定した。雑供戸系も、同様に荷札が付けられなかったのであろう。

では、荷札木簡が付かない贄は、ただ貢納品だけが運ばれたのであろうか。考えられるのは、①進上状木簡が添えられた場合、②紙による進上状が添えられた場合、そして③なにも添えられなかった場合――使者自身が進上状で、口頭で用件が伝えられる場合――の三つであろう。①も②も、③の伝達内容が文字に定着されたものであり、③のあり方が、非常に注目される。こうした使者による輸送と口頭での伝達があるからこそ、志摩型のような狭義の付札に限りなく近いものでも十分機能しえた、と考えると理解しやすい。そしてこの場合、使者は専使でなければ「伝言ゲーム」状態になるおそれがあり、不都合である。参河三島の場合、必ずしも専使ではなかったからこそ、「供奉」の文言を記した木簡を用意したのかもしれない。(53)

さて、こうした観点でみると、青郷型の木簡は比較的簡略なものが多く、志摩型に似る。(54)両者を、A型の一類型と捉えることは妥当である。その背景には口頭伝達の世界が広がっていたのであろう。C型の木簡は動詞もあり、比較的文書に近い。ただし、志摩国木簡などと比べると、より洗練されて口頭の世界からは遠くなっているといえるだろう。一方、B型の木簡は調荷札に近い、帳簿的な色合いが感じられる。

贄荷札といっても、贄の性格に対応して、木簡のあり方・様相も多様であった。文書や口頭の世界とのつながりも考慮に入れる必要がある。「荷札」という言葉で一括して捉えられがちであるが、こうした贄荷札と、帳簿の分身である調荷札とは、かなり様相が異なる世界ということができよう。こうした点をふまえ、荷札木簡の機能について考えてみたい。

荷札の機能

今津氏は、荷札木簡の基本的な機能を「貢納表示」とした。これに対し、そうした儀式・儀礼は確認できず、また天皇の御覧に入れるのは調帳に限ったことではない、といった批判がだされている。(55)

本章での荷札の分析をふまえると、調荷札は、帳簿の分身と捉えられる。この点をもし調帳を御覧に入れることと関連づけて考えれば、「貢納表示」のためといえないこともない。ただ、やはり儀礼等がみあたらないことなどを考えると、少なくとも八世紀の調荷札木簡では「貢納表示」機能の影は薄い。荷物がそれぞれ帳簿のどの部分と対応するか、を示すような側面が感じられる。

そういった意味では、調荷札は、荷物がどのような品であるか、その属性を示すためのまさに「付札」なのである。あらゆる荷物にとって、その内容物を記すことは必要であろう。そこで示されるべきことは、賦役令の規定が原則であり、帳簿の記載内容であった。表示がバラバラであっては、貢納物の管理にも不都合であり、令の規定や帳簿の内容にしたがうことで一定の定型化がなされていた、と単純に理解したい。調荷札木簡の作成は、基本的に律令文書行政に基づく帳簿による支配の一形態であり、帳簿操作の一部分と捉えることができる。

内容物を表示する付札であることが、調荷札木簡の第一義的機能であるとすると、「内容物のどういった属性を表示させるか」という取捨選択で「利用時の便宜」が前もって想定されていた可能性は考えられる。しかし、たとえば調荷札への貢進者個人名記載の有無を例に考えてみよう。調荷札には、貢進者の個人名を表記する場合と、しない場合がある。貢進者の個人名記載は、中央での「勘検」には不要である。(56) そう考えると、勘検説には難があるように感じる。一方、個人名が記されないのでは、個別人身支配下において貢進者一人一人が天皇に貢納したことを示すためには不都合であり、貢納表示説にも疑問が生じる。したがって、これらの機能からだけで調荷札を理解するには無理がある。本章でこれまでみてきたように、個人ごとに荷物が作成される場合は、そのまま抜き出して貢進者個人名まで記される一方、荷造りの都合によって郡名までしか書かれない調荷札も存在するという、作成過程とそこでの利用方法の差、と考えるのが一番自然であろう。調荷札はあくまでも帳簿の分身なのである。

したがって、荷札木簡作成時点から、廃棄時点までを通底する機能が、内容物を表示する「付札」以外に存在するかは、慎重に考える必要がある。そして、調荷札が「付札」としての機能を軸に、その作成から廃棄にいたるさまざまな場面で、利用方法を変化させながら機能していたと考えたい。

まず、調荷札が作成される時点では、帳簿を荷物単位に分割する、という作業がなされる。これによって、帳簿の分身が作成され、長大な巻物をそのまま使いながら仕分けや荷造りをすることなく、調荷札木簡による作業が可能になる。そして、用意した荷物と調荷札を対応させることで、貢納品の確認がなされる。その上で、梱包して荷札を装着する。用意した調荷札がすべて装着された時点で、発送側の荷造りは完了する（「検封的機能」）。この過程に、郡のみならず国も参加していた可能性がある(57)。

荷札取り付け作業が、もし郡での作業であれば、これを国レベルであらためて確認する作業もなされているかもしれない。また、中央に運んでから確認を受けるが、この際にも調荷札が利用された可能性は高い。こうした場面で、実物と調荷札と帳簿の関係を考えると、A：実物と調荷札の照合が「実物と帳簿」の照合である。つまり、帳簿（＝調荷札）通りの品（この場合、品目と数量が対象になるであろう）が荷物であるかどうかの確認である。一方、B：調荷札と帳簿の照らし合わせは、帳簿同士の確認と捉えることができる。律令国家は、いくつもの帳簿を作成し、それらを相互に照合していた。荷札木簡とは、そうした帳簿を用いての支配の一形態である。「勘検」作業が、この二つの作業であるとすると、荷札木簡が実際に果たした役割としてこの「勘検機能」の場面は大きかったと考えられる。ただし、各国段階でのAの作業は、梱包時点＝調荷札装着時点で達成されていたと考えられるので、各国衙レベルではBのみの勘検、中央でAとBの勘検がなされたと考えられよう。

収納された品々はクラに納められ、最終的に消費される時点で取りはずされ、廃棄される。この間、調荷札がその品を示す「付札」として機能していたことは、すでに先学の指摘のとおりである。

調荷札と、実物・帳簿の関係は、以上のようにまとめることができ、その機能も場面に応じて変化していたと考えられる。同文荷札を検討する際には素材として庸米荷札を用いた。同文荷札の作成・装着状況と調荷札のそれが類似することなどから考えて、おそらく、庸米など米の荷札の機能・性格も、調荷札と類似するであろう。ただし、依拠する帳簿やその作業過程は調の場合とは若干異なる部分があり、それが記載内容の違いにもあらわれていると考える。

調庸の荷札を以上のように考えると、貢納表示機能は、上述のような限られた意味——帳簿それ自体が貢納表示機能をもつことの対応——で想定できるかもしれないが、あまり積極的に評価できない。だが、C型の贄荷札に、「貢納表示」機能をみいだせるのではないかと考える。これらの木簡は、材も、加工も、文字も非常に優れている。他の贄荷札と比べてもずば抜けており、美しさに意味があったのだろう。(58) 貢納される品は、国内の最高の産地からの品であり、特別なものだった。そして、わざわざ「進上」など貢進行為を際だたせる文言を挿入している。贄の「貢納行為」を象徴的に表現している木簡であり、まさに貢納表示木簡ということができるのではないだろうか。

A型の贄荷札のうち、参河三島からの荷札も、貢納行為とそれに伴う貢納口上とでもいうべき言語が木簡に文字として定着された、という点で、貢納表示木簡と呼ぶにふさわしい。ただし、A型の贄荷札もすでに「付札」機能を有しているのであり、たとえば志摩型贄荷札は貢納行為・貢納口上を背後にもちつつも、木簡としては付札機能だけに特化したものと位置づけられる。そして、こうした贄荷札の様相は、文書と捉えられる進上状と通じるものである。

現在まで七世紀代の進上状はきわめて少ない。八世紀代の進上状の多くが、貴族邸宅に関係して出土しているが、平城宮内からも進上状は出土している。やはり七世紀に進上状が少ないことは特徴的である。これも、あるいは口頭での伝達事項が、帳簿の整備などに伴い、文字として定着されていったという過程に対応するかもしれない。七世紀代の参河三島からの贄貢進荷札が発見されておらず、C型とみられる贄荷札も発見されていないこと、一方で志摩型に類する物品名だけの贄荷札とみられる木簡は存在することは、まだ口頭での進上が広く行われていた可能性を感じさせ、進上状のあり方と対応するように思われる。一方、帳簿的世界で作成されたB型の贄荷札が、調荷札同様七世紀代から広範に存在することは、両者の世界が隣接することを示しているように思われる。

おわりに

以上、荷物との関係を軸に、荷札木簡について検討してきた。「荷札は付札である」という、恐ろしく当たり前の結論に帰ってきてしまった。

だが、「荷札」といっても、調庸荷札と贄荷札では、その性格に違いがある。調庸荷札は帳簿の分身としての性格を有していた。付札に帳簿の一部が書き込まれ、内容物を示していたのである。調庸荷札木簡の作成・利用は、帳簿に基づく地方支配のなかで、さまざまに存在する帳簿操作の一つと位置づけることができる。ただし、荷札は、実際の荷物との関係が必要不可欠である。「付札」たる荷札は、帳簿と実際の荷物との間をつなぎ、両者を「付ける札」という役割を果たしていた。

一方、贄荷札は、文書に分類される進上状と類似する側面がある。これらは、どちらも口頭伝達の世界と近接する。天皇の日常の供御としての性格が強いほど、こうした口頭伝達的・進上状的性格が強くあらわれる。贄荷札は、付札と、文書や言葉、貢納行為や貢納口上が融合したものである。

機能の分析という点でも、先行研究をそれぞれ特定の荷札に割り振ったような観がある。また、筆者の力不足から、議論を十分掘り下げきれなかった部分も多い。この点忸怩たる思いがある。

ただ、荷札木簡の作成から利用にいたる状況や場面について、多少は具体化ができ、その性格についても理解を深めることができたのではないかと思う。日本古代収取体制の理解と、資料に即した木簡研究の発展に、多少とも寄与できれば幸いである。

註

（1）本章では、奈良文化財研究史料で用いられている「文書に対して、物資に付けられたものを付札と総称する。これには、調・庸・中男作物・贄・舂米などの税物に付けられたものと、諸官司が物品の保管・整理のために付けたものの二種類がある。前者を荷札、後者を狭義の付札と呼んで区別した」という定義に従って用語を用いる。

（2）本章で主としてふれる、荷札木簡に関する先行研究を挙げておく。

今泉隆雄「貢進物付札の諸問題」（『古代木簡の研究』吉川弘文館、一九九八。初出一九七八）

今津勝紀「調庸墨書銘と荷札木簡」（『日本史研究』三二三、一九八九）

弥永貞三「古代資料論—木簡」（『岩波講座　日本歴史　二五』岩波書店、一九七六）

鬼頭清明「荷札木簡と贄」（『古代木簡の基礎的研究』塙書房、一九九三。初出一九七八～九三）

高島英之「付札木簡の形態的研究」（『古代出土文字資料の研究』東京堂出版、二〇〇〇）

寺崎保広「木簡論の展望」（『古代日本の都城と木簡』吉川弘文館、二〇〇六。初出一九九〇～九二）

東野治之「古代税制と荷札木簡」（『日本古代木簡の研究』塙書房、一九八三。初出一九八〇）

友田那々美「古代荷札の平面形態に関する考察」（『木簡研究』二五、二〇〇三）

樋口知志「『二条大路木簡』と古代の食料品貢進制度」（『木簡研究』一三、一九九一）。樋口A論文と称する。

樋口知志「荷札木簡から見た末端文書行政の実態」（奈良文化財研究所編『古代の陶硯をめぐる諸問題』奈良文化財研究所、二〇〇三）。樋口B論文と称する。

山中章「考古資料としての古代木簡」（『日本古代都城の研究』柏書房、一九九七。初出一九九二）

吉川真司「税の貢進」（平川南他編『文字と古代日本3　流通と文字』吉川弘文館、二〇〇五）

（3）吉川註2論文。なお、今泉註2論文補記にも、氏の初出論文以降の各見解の整理とそれに対する氏の見解がまとめられていて有益である。

(4)　今泉註2論文、寺崎註2論文。
(5)　東野註2論文。
(6)　今津註2論文、吉川註2論文。なお今津氏は検収説もとる。すなわち、検収札は途中で抜き取られ、貢納を表示する札が最後までつけられるとし、前者は文書行政的であり、後者は象徴的な機能をもつ、とする。
(7)　東野註2論文。なお、今泉氏も註2論文補記で東野氏の説を支持する。
(8)　友田氏も註2論文で、若狭国調塩荷札について、抜き取られたと考えられる型式（〇五一または〇一一型式）の木簡出土状況を整理し、最後まで荷物に付いていたと考えられる〇三一型式のものと同様の出土傾向があることを抽出して、どちらも最終消費地で廃棄されており、途中で抜かれた木簡はない、としている。
(9)　弥永註2論文。
(10)　山中註2論文。
(11)　奈良文化財研究所編『平城京木簡　三　二条大路木簡一』（奈良文化財研究所、二〇〇六）。
(12)　菊池駿助編『徳川禁令考』（吉川弘文館、一九三一）。
(13)　大石久敬著、大石慎三郎校訂『地方凡例録』（近藤出版社、一九六九）。
(14)　津軽藩には「差札」というものがあり、やはり同様の機能を果たしているようなので、おそらく天領に限らず各地でこうした利用があったのであろう。
(15)　日本随筆大成編輯部編『日本随筆大成　筱舎漫筆・萍花漫筆・兎園小説外集・兎園小説別集・八十翁疇昔話・牟芸古雅志・雲萍雑志・閑なるあまり・画証録』（日本随筆大成刊行会、一九二八）。
(16)　平川南「木簡と農業」（『古代地方木簡の研究』吉川弘文館、二〇〇三）。
(17)　さきほど述べた若狭国の木簡をどのように考えるかが問題になる。一部が二次的加工で切り取られ、文字内容が完全には確認できず、別人物の木簡と考える、あるいは別の年の調と考える、といった理解の余地もある。あるいは、この木簡を作る場面では、作業を分担して作成していた可能性も考えられる。全体的な傾向として、同文荷札が同筆・同材で、同時に作られたことは確かであり、そうした状況下で別の手段を選択した可能性を考えておきたい。なお、もしこの二点が完全に同文だとすると、近江国坂田郡庸米荷札のほぼ同文・別材・別筆木簡より、記載内容ははるかに合致する。

(18) 友田註2論文。
(19) 律令は岩波思想大系『律令』による。
(20) 吉川註2論文。なお、今泉氏は註2論文本文中では「付札にも同筆で同一貢納者の例があり、墨書銘の両端記載と同じ意味」(七二頁)と述べるが、後に補記では東野氏の検収説を支持する。
(21) 若狭国でも、同文荷札は四例だけである。だが若狭国調塩荷札の点数は〇三三型式のものと切り込みのないもの(〇一一型式および〇五一型式の合計)がほぼ同数であるから、複数荷札が基本と考えることができるであろう。一方、周防国の塩荷札は〇三二および〇三三型式がほとんどである。
(22) 封戸であるため、直接貴族邸宅に納入され、検収と消費地が近く同文荷札が多く確認できる、と考える余地を想定することもあるかもしれないが、塩の場合は封戸ではない例で同文荷札が出土していることなど、総合的に考えるとやはり検収説は難しいと考える。
(23) カツオは、堅魚と表記されるが、本章では便宜的に魚としてのカツオをさす場合には「鰹」字を用い、木簡の記載を引用する場合は「堅魚」を用いる。また荒堅魚はそのまま表記する。
(24) 寺崎註2論文。
(25) 山中註2論文。
(26) 樋口註2B論文。
(27) 寺崎保広「伊豆国」(木簡学会編『日本古代木簡集成』東京大学出版会、二〇〇三)。
(28) 『木簡研究』一七号。
(29) 寺崎註2論文。
(30) 樋口氏も疑問を呈している(樋口註2B論文)。
(31) 今津註2論文。
(32) 樋口註2B論文他。
(33) 賦役令調絹絁条、延喜主計式。
(34) 郷名までの記載の荷札についても、同様に帳簿の影響で理解できると考える。今泉氏は、鍬について交易による調達があることから、木簡の書式との関連性を指摘する。代品を徴収し、交易によって調物を整えていたとすれば、個人名が記載された可能性のある帳簿は代品の徴収に伴うものであり、調の貢納の際の帳簿は個人名がない方が自然である。こうした帳簿から荷札が作成されたのであろう。

(35) もしこの状況を七世紀に敷衍できるとすると、七世紀代の帳簿はその作成年を強調する書式だったのかもしれない。

(36) 今泉氏註2論文。

(37) 国での勘検の実態については、今泉註2論文中で「実物勘検を貢進物全てにわたって徹底的に行ったとは考えにくく、あるいは付札・墨書銘との照合が実物勘検に代ったのではなかろうか」と述べる。

(38) 「検封」に万全を期すためには封緘木簡のようにくくりつけた紐の上から墨書することがもっとも適した行為であり、そうした痕跡がいっさい確認できないため「検封」といわず「検封的」と称した。
また、今泉氏は国のチェックと国印押印の関係を指摘する。そして、荷札が押印の一つ前段階の墨書銘と同じ性格のものであることを確認した上で「当然その内容は付札にもあてはまる」（一〇六頁）とされるが、私には「その内容」が具体的にどういったことか、国印押印に対応する内容まで含むのか、十分くみとることができなかった。

(39) 管見の範囲では、荷札木簡の記載はいずれも荷物に装着される以前になされたと考えられ、荷物に付けてから墨書された痕跡は確認できなかった。

(40) 今津註2論文。

(41) なお、若干気になるのは押印の状況である。もし、「検校調庸布」の時点で墨書がなされ、その後あらためて「向京調庸布」の際に押印がされているとすると、検校時点で数㍍から十数㍍に及ぶ布の両端に墨書を書き入れ、それを国府に輸送するためにまとめた後に、再び広げて両端に押印する、ということになる。このあたりは若干煩雑に感じられる。また、東野氏が註2論文で指摘するように、繊維製品を国衙レベルで加工しているものもあるので、すべて今津説で理解できるわけではない。なお、今泉氏も国司の巡行を重視する（註2論文）。

(42) 『静岡県史　資料編四　古代』（静岡県、一九八九年）による。

(43) 繊維製品は規格性が非常に高く、またその生産に国郡が大きく関わっていたと考えられる一方、海産物はむしろ在地集団が中心となって調整されていたこととも関連するかもしれない。

（44）この駿河国の同文木簡は、写真でみた印象では同筆ではない可能性が高いように感じられたが、ほかに類例も少ないため断定しがたい。

（45）調荷札に国衙様の書風がみられない点は全国に共通するから、おそらく郡を中心とした作業が行われていたと考えてよいであろう。ただし、荷物の備蓄と調整が大宰府で行われたと考えられる西海道の調綿荷札は書風もよく、調荷札作成の場所は郡ではなく大宰府である。また、専当国郡司の署名がある駿河国調荷札は、国衙様の書風で記載される。こうした場合、郡より国が積極的な役割を果たすようになった――布の収取に近づいた――と考えられるであろう。なお、奈良時代後半でも調荷札には専当国郡司は記さない方が多く、書風も国衙様でない場合の方が多い。こうした作業の変化は全国一律・一斉におきたのではなく、地域による差があったか、あるいは特例的なものとみられる。なお、伊豆は比較的字が丁寧に書かれているが、他国ではさらに多様な文字がみられる。

また、隠岐国では、天平年間に樹種・割付・書風のいずれもが急激に変化し、国衙的と呼べそうな書風がみられるようになる。こうした変化も、荷札作成と収取手順の変化に対応するものであろう。

（46）鬼頭註2論文および註2論文補註。ただし一部筆者が補足した。また、贄につく美称が「御」か「大」かという論点を重視して展開しておられるが、若干疑問も残り、かつ本章での議論に必須ではないので省略した。

（47）渡辺晃宏「志摩国の贄と二条大路木簡」（奈良国立文化財研究所編『研究論集XⅡ　長屋王家・二条大路木簡を読む』二〇〇一。初出一九九六）。

（48）今泉氏もこれらの贄木簡の加工について注目している（註2論文）。

（49）なお、この衛府関係の二点は、どちらも消費地ではなく発信元と考えやすい地点・遺構からの出土である。

（50）調荷札の中で、安房国だけ輸を表記する理由は不明である。ただし、安房国は、御食国に準じる伝承をもちつつ、贄を出していない。こうした事情を反映して、調でも贄的な意識が強かったのかもしれない。

（51）贄以外で「進上」という文言がみられる荷札は、蘇・中男作物・地子など、および遠江国からの腊荷札二点などである。これらも、通常の調とは性格を異にするものということができる。これらの木簡の多くは、やはり非常に丁寧な文字で記される。また、平城宮木簡二五三八号は「貢上」という表現をしている。

（52）先に述べたように、この志摩国の木簡が、贄荷札であることは渡辺氏によって明らかにされた。近年の調査成果によってさらにその確実性は高まった。平城宮内および二条大路からは、加工・文字がいずれも共通する「付札」が出土している（平城宮木簡四七〇号、平城木簡概報二二号二一頁所収の鯛楚腊木簡など）。これらは比較的厚みのある幅広の木材を用い、切り込みも大きく、全体の加工も丁寧である。そこに記された品々はどこか一ヵ所の産品というわけではないので、貢納先もしくは消費地、つまり平城宮で作成された木簡と考えられる。そしてそこに記された品目に、志摩国〇五一型式木簡にみられる品目が登場する。

前者が都で作られた木簡であるから、後者が貢納に際して添付されてきたもので、貢納の後に前者に付け替えられたのであろう。前者が籠単位で数を記し、後者が「貝」など具体的な単位で記す点もこうした利用と対応すると考えられる。これによって、志摩国の郷名を有する小型〇五一型式木簡が志摩国贄荷札である蓋然性はさらに高まったと考える。なお、付け替えられたとみられる大型の〇三二型式木簡が、SK820および二条大路出土であることからすると、聖武・光明夫妻に供された品々と考えられよう。

(53)　『続日本紀』天平二年四月甲子条には、太政官処分として、「国内所出珍奇口味等物」を「物雖二乏少一。不レ限二駅伝一。任レ便貢進。」することを命じている。諸国からのおそらく贄を、駅伝制をも利用しながら貢進していたことが知られる。専使で送るのは、あまり一般的ではなかったのであろう。

(54)　若狭国の贄は表2の通り。三方郡と遠敷郡で大きく分かれる。遠敷郡内では、品目によって〇三二型式で単位が「かく」のものと、小型の〇一一または〇二一型式で青郷から書き始めて単位が体積であるものとに分けられる。

(55)　寺崎註2論文。

(56)　今津註2論文、寺崎註2論文。

(57)　東野氏は、切り込みが墨書の後になされたのではないかとして、荷札木簡が一度伝票的に利用され、その後に再加工されて荷札となった、という利用法の可能性も示唆する（東野氏註2論文）。荷札木簡の「伝票」的利用方法も想定するという点で、興味深い仮説である。ただしその具体的な作成や利用の状況については、同文荷札の作成過程等を勘案すると、ただちには首肯しがたい面も残る。

(58)　東野氏は、荷札などの文字が「みせる」ための文字として書かれている、と指摘する（東野氏註2論文）。あらゆる荷札の文字にこうした機能を想定できるかは、非常に雑な文字の荷札も存在することから考えると、いささか疑問も残る。だが、逆にあえて丁寧に文字を記す木簡の文字は「みせる」ためのものであったと考えることができるであろう。

（補註）本章の見解については、市大樹氏の批判がある（本書第Ⅱ部第一章註14参照）。資料の性格は多面的であり、氏の批判はある方向からの見方としては妥当だが、私見とも十分に共存しえる——多面的な性格を別の方向から説明している——と考えている。

〔付記〕本章は、第二九回木簡学会研究集会（二〇〇七年一二月）における同題での口頭報告をもととしている。報告では、米・塩の形状・品質と梱包についてもふれたが、本章では分量および論旨の明確化の観点から割愛した。別の機会にあらためて整理して論じたい。

また、報告および討論時に、今泉隆雄・狩野久・櫛木謙周・舘野和己・寺崎保広・南部昇・八木充・山口英男・渡辺晃宏の各氏より有益なご指摘を賜った。また、古尾谷知浩・吉川真司両氏からも多くのご教示をいただいた。本章での考察にも反映させていただいた。記して御礼申し上げる。

参照木簡釈文

※釈文の記載は、『平城宮発掘調査出土木簡概報』に準じた。

※木簡の型式番号の後に出典を記した。「平城宮」とは『平城宮木簡』シリーズを、「平城京」とは『平城京木簡』シリーズを、「城」とは『平城宮発掘調査出土木簡概報』シリーズをさす。その次の番号は、平城宮・平城京はそれぞれのシリーズでの巻次と木簡番号を、城では巻次とページ数を表す。

資料1　同文荷札関係

A若狭国調塩

①・若狭国遠敷郡玉置郷田井里三次君国依　御調塩三斗
・神亀四年潤月七日　229・34・6　031　平城宮1-331

②　□□□□〔玉置郷田ヵ〕井里□□□□□〔君国郷依ヵ〕　御調塩□斗　(149)・31・4　011　平城宮1-336・城37で釈文訂正

③　三方郡弥美郷中村里別君大人三斗　201・41・4　051　平城宮1-424

④　三方郡弥美郷中村里別君大人三斗　202・41・6　031　平城宮1-425

⑤・若狭国遠敷郡佐分郷岡田里三家人宮足
・御調塩三斗　天平六年十月十日　157・31・4　051　城22-33下

⑥・若狭国遠敷郡佐分郷岡田里
三家人宮足
・御調塩三斗　天平六年十月十日　168・36・4　031　城22-33下

⑦　若佐国小丹郡佐分郷田野里三宅人
□御調塩三斗　182・29・3　031　城31-28上

⑧・若佐国小丹郡佐分郷田野里
三宅人大虫御調塩
・　三斗　144・30・4　051　城31-28上

B安房国調鰒

①　矢作部林　115・25・5　032　平城宮1-340

②　朝夷郡健田郷戸主額田部小君戸口矢作部林調鰒六斤　卌四条　天平十七年十月　331・28・3　011　平城宮1-339

③　上総朝夷郡健田郷戸主額田部小君戸口矢作部林調鰒六斤卌四条　天平十七年十月
404・33・4　051　平城宮1-338　城37で釈文訂正

④　安房国安房郡廣湍郷河曲里丈部牛麻呂輸調鰒陸斤　陸拾條　天平七年十月　296・31・4　031　城22-31上

⑤　安房国安房郡廣湍郷川曲里戸丈部牛麻呂調鰒陸斤　陸拾條　天平七年十月　284・21・8　031　城22-31上

C伊賀国米

①　安拝郡服織郷俵　(208)・(20)・2　019　平城宮2-2267

②　安拝郡服織郷俵　198・26・5　033　平城宮2-2268

D三河国米

①・参河国播豆郡熊来郷物部馬万呂五斗
　・　景雲元年十月十日　168・19・6　032　『西隆寺発掘調査報告』32号

②・播豆郡熊来郷物部馬万呂五斗
　・　景雲元年十月十日　174・24・4　011　『西隆寺発掘調査報告』33号

E駿河国調荒堅魚

①・駿河国駿河郡柏原郷小林里戸主若舎人部伊加麻呂戸若舎人部人
　・麻呂調荒堅魚十一斤十両　天平七年十月　315・18・3　011　城22-23下

②・駿河国駿河郡柏原郷小林里戸主若舎人部伊加麻呂戸若舎人部人麻呂調
　・荒堅魚六連八節　天平七年十月　315・17・4　011　城22-23下

F能登国調　海鼠

①・能登国能登郡鹿嶋郷望理里調代熬海鼠六斤
　・　天平八年四月十日　232・29・6　031　城22-34下

②・能登国能登郡鹿嶋郷望理里調代熬海鼠六斤
　・　天平八年四月十日　242・27・6　031　城22-34下

G近江国犬上郡（長屋王）

①・犬上郡甲良里前子

・位戸米六斗　115・19・4　033　城21-30下

②・犬上郡甲良里前子位戸

・米六斗　126・18・3　051　城21-30下

③　犬上郡瓦里川背舎人高　(72)・13・3　039　城27-19上

④　犬上郡瓦里川背舎人高市米六斗　129・12・3　051　城27-19上

資料2　近江国坂田郡上坂郷庸米荷札の一例

①・近江国坂田郡上坂郷戸主丸部豊嶋

・戸三斗

戸主酒波今麻呂戸三幷六斗　146・25・3　051　平城京3-4899

②・坂田郡上坂田郷戸主丸部豊嶋

・庸六斗上　147・24・3　033　平城京3-4926

③・坂田郡上坂田郷戸主丸部豊嶋

・戸米六斗上　120・20・4　033　平城京3-4927

資料3　伊豆国調荷札

①・伊豆国田方郡棄妾郷瀬埼里戸主茜部真弓調荒堅魚十一斤十両「六連一丸」

・天平七年十月　335・32・5　031　城22-25上

②　伊豆国田方郡棄妾郷瀬前里大生部安麻呂調荒堅魚「一斤十五両」　345・25・3　031　城22-24下

③・伊豆国田方郡有雑郷多我里戸主大伴部木麻呂調荒堅魚十一斤十両　「六連六丸」
・　天平七年十月　339・33・4　031　城22-24下

④・伊豆国田方郡棄妾郷許保里戸主大伴部龍麻呂口金刺舎人部足国調堅魚　「十一斤十両　六連七丸」
・「　年十月」　354・23・5　031　城22-25上

⑤・伊豆国田方郡棄妾郷許保里戸主宍人部君麻呂口宍人部宿奈麻呂調荒堅魚「一斤十五両　六連四節」
・「天平七年十月」　370・34・5　031　城22-25上

⑥・伊豆国田方郡有雑郷多賀里戸主檜前舎人部荒嶋口矢田部廣足調堅魚十一両　「□連六節」
・　天平七年十月　365・33・6　031　城22-26上

⑦・伊豆国那賀郡射鷲郷和太里戸主白髪部石口矢田部高嶋調荒堅魚十一斤十両「七連七丸」
・　天平七年九月　388・31・3　031　城22-29上

資料4　郡名までの調荷札

①　志摩国志摩郡和具郷御調海藻六斤四月十日　(266)・25・4　033　平城宮3-2893

②　上総国阿幡郡鰒□〔調カ〕耳放二編三列□　(164)・26・5　039　平城宮2-2290

③・能登国能登郡鹿嶋郷調熬海鼠　容六斤
・　天平八年八月四日　206・23・5　031　城24-28下

④・播磨国佐用郡調銭一□〔貫カ〕
・　天平元年　111・(9)・4　032　平城宮2-2080

⑤　上道郡浮浪人調鉄一連　183・21・4　032　平城宮2-2834

⑥　備前国赤坂郡周匝郷調鍬十口　天平十七年十月廿日　262・20・4　031　平城宮 1-311

⑦　備後国沼隈郡調鉄十廷　天平六年　206・20・4　031　城 22-38 上

⑧　美作国勝田郡和気郷輸調鉄壱連　□　(277)・25・7　039　城 12-16 下

⑨・筑前国怡土郡調綿壱伯屯四両養老七年
・　室山　235・25・6　031　平城宮 1-283

⑩　讃岐国進調椙櫃　天平五年　99・20・3　032　城 22-39 上

⑪　備前国児嶋郡小豆郷調水母二斗八升　175・17・4　033　城 24-30 上

⑫・紀伊国日高郡調塩三斗
・　寳亀五年　(141)・11・3　019　平城宮 3-3560

⑬・讃伎国那珂郡調備頭打　二斗
・「那珂郡調備頭打二斗五升」　198・28・3　031　城 24-30 下

⑭　讃岐国□□□〔那珂郡カ〕調塩一斗　(173)・(17)・9 019　平城宮 2-21855

⑮　伊予国宇和郡調贄楚割六斤　166・22・5　031

⑯　　□郡黒□〔田カ〕郷調塩三斗　(201)・28・3　051　平城宮 3-3020

資料5　専当国司の署名のある調荷札

①・駿河国駿河郡古家郷戸主春日部与麻呂調煮堅魚捌斤伍両
・天平寳字四年十月専当 国司掾従六位下大伴宿祢益人
　　　　　　　　　　　　郡司大領外正六位□〔上カ〕生部直□□〔信陀カ〕理　205・33・3　031　平城宮 5-7901

資料6　御厨関連等の可能性のある荷札

①　住吉郡交易進贄塩染阿遅二百廿口之中 大阿遅廿口 / 小阿遅二百口　219・21・6　031　城21-29下

②　住吉郡贄□□□□　174・(14)・2　031　城28-46下

③・二筑麻醤□　御贄三□〔斗カ〕六升

・員五十五文　□　181・28・3　032　平城宮2-2783

資料7　衛府の贄

①・左衛士府　年魚御贄五十三　「□□」

・「数　受」　「数」天平十九年　「□受」　179・(17)・4　059　城11-10上

②・衛門府　進鴨九翼　風速小月 / 辟田麻呂　大石小山 / 大市乎麻呂　大豆人成

・天平勝寳四月廿七日　202・22・3　032　城37-8下

資料8　進上状の例

①・片岡進上菁六斛二斗束在　○

・十尺束駄六匹　持丁木部足人 / 十月十八日真人　○　191・27・5　032　城21-9上

資料9　切り込みのある進上状

①・西店交易進近志

・呂五百隻　□　十二月　164・37・3　032　城25–26下（城21–11上）

②・山背薗司解　進上　□大根四束　知佐五束 古自一束　右四種持人　○

・　奴稲万呂　和銅五年十一月八日国足　○　350・38・3　032　平城京1–194

③　廣瀬御紵様進□十一両　145・24・4　032　城27–5下

④・□〔右カ〕京九條進□槐花白□　□月八日　○

・少属大綱君智万呂　○　224・22・3　032　城22–10上

⑤・右京□　○

・進送如前　六月六日少属大網君智万呂　○　242・45・5　032　城22–10上

資料10　進上状風な贄荷札

①　阿波国進上御贄若海藻壱籠板野郡牟屋海　190・19・6　031　平城宮1–403

②　□〔但カ〕馬国第三□〔般カ〕進上若海藻　御贄一籠　天平十九年二月廿八日　(228)・(12)・4　039　平城宮1–409

③　伯耆国進上屈賀若海藻御贄　134・20・7　031　城22–35上

資料11　贄の進上状

①・進上大贄事　合四種

鶉一前　鴨一前

料　進上如件

従八位下阿刀連「酒主」

凡直「判麻呂」

・□　(185)・89・10　019　平城京3–4525

資料12　動詞のある調荷札

①　安房国安房郡松樹郷小坂里戸大伴部高根輸鰒調陸斤條伍拾伍條
天平七年十月
313・22・5　031　城22-31下

②　美作国勝田郡和気郷輸調鉄壱連　□

③・周防国吉敷郡神埼郷戸主阿曇五百万呂口同部
・□麻呂進上調塩一斗天平十七年九月八日
290・21・3　032　平城宮1-329

④　讃岐国進調椙櫃　天平五年
99・20・3　032　城22-39上

⑤　参河国播豆郡篠嶋海部供奉五月料御贄佐米楚割□斤
267・26・4　032　平城宮1-366

資料13

①　紀伊国无漏郡進上御贄磯鯛八升
188・27・4　031　平城宮2-2285

第二章　一行書きの隠岐国荷札

はじめに

諸国からの貢進物付札木簡（以下荷札木簡と称する）の中に、きわめて特徴的な形態・書式を有するものがある。その中でも著名なものとして、隠岐国の荷札がある。この隠岐国荷札について、通説とは異なる状況をみいだしたので、報告したいと思う。

1　例外的な隠岐国荷札

隠岐国荷札の形態・書式の特徴について、いくつかの研究があるが、総括的には佐藤信氏によって以下のように整理されている。(1)

①全体に長さが短く（完形のものの平均一二・六㌢）、その割に幅が広い

②長方形の材の上下両端に切り込みを入れたもの（〇三一型式）がほとんど

③杉材がほとんど

④記載は表面のみ

⑤記載の一部（または全部）が二行の割書になる

これによく当てはまる、典型的な例として、(2)

隠伎国海部郡 佐吉郷日下部止々利 調鰒六斤 養老七年　156・32・7　031　城16-7

などがあり、上記の諸点は隠岐国木簡の際だった特徴である。

しかし、この指摘が当てはまらない資料がある。二行の割書にならず、一行で書かれているとみられる木簡である（資料a～g）。

その他、完全な一行書きではないものの、年紀のみを右寄せで書く事実上の一行書きの木簡がある（資料h）。管見の限りでは、以上の八点が一行書きの隠岐国荷札である。

以上のうちcは、形態は典型的な隠岐国荷札であるが郡名から書きはじめている点が不審である。それ以外は、文字の上からはごく普通の隠岐国木簡といえよう。これらの木簡は、たんなる例外といえるのか、それとも別の状況を考える必要があるのであろうか。

2　一行書き隠岐国木簡の特徴

まず、注目されるのが法量である。隠岐国木簡は長さに対して幅が大きめで、いわば「ずんぐり」しているものが多い。正確な平均値は出していないが、幅三㌢内外のものが多いように思われる。それにくらべると、f・g・hは幅が狭い。さらにfは、隠岐国荷札としては長さも長い。そうした目でみると、たとえばeも、この後に人名・税

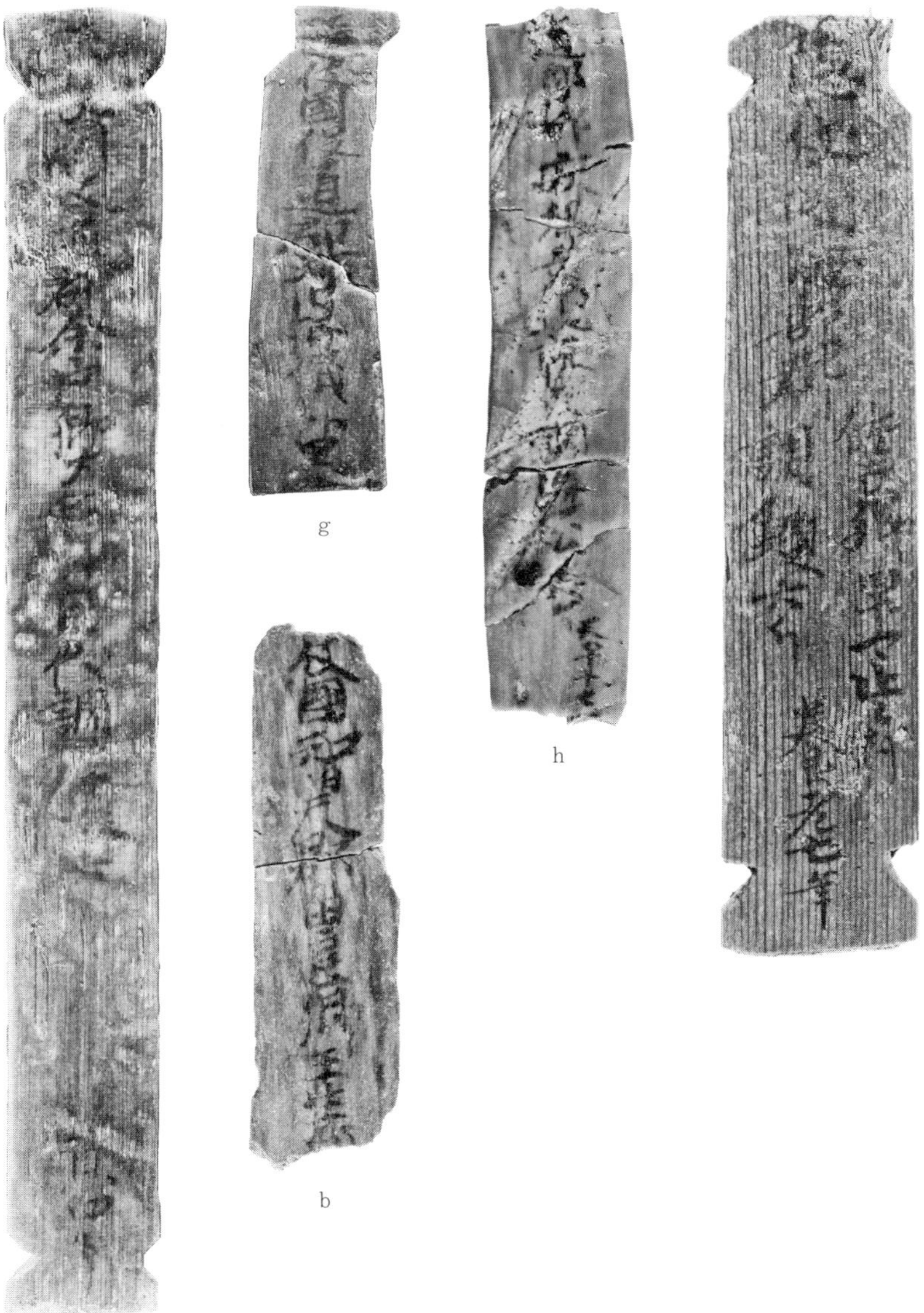

f　g　h　b

図3　典型的な隠岐国木簡（右）と一行書きの木簡

目・物品名・年紀が続くとするならば、fと同程度の長さにはなると考えられる。二行書きに適したずんぐりした形態に対し、一行書きに適した細長い形態をもっている、と指摘できよう。

もう一つ、注目されるのが樹種である。③にあるように、隠岐国荷札では杉材が圧倒的に多く、檜が混ざる状況である。しかし、eの樹種はエゴノキである。(3) 都城で出土する広葉樹の荷札木簡といえば大宰府からのものが有名であるが、逆にいうと大宰府以外からの広葉樹の荷札はほとんどない。破損の仕方などから考えて、b・g・hも広葉樹とみられる。(4)

このように、一行書きの隠岐国荷札木簡は、これまで一般的とみられてきた隠岐国荷札木簡と、たんに書式が異なるだけではなく、形態や材質の点でもしばしば異なっている。そして、どうやらこの違いは、「時期差」と捉えることができそうである。a〜hの時期を検討していこう。

a・bは第一三九次調査で、内裏外郭外の東側を流れる大規模な南北石組溝SD2700から出土している。この溝は、下層から上層までの堆積が時期と対応している溝として知られている。(5) 堆積は五層に分けられ、最下層からは養老七年（七二三）〜天平四年（七三二）にかけての木簡が、二層目からは天平三年〜九年にかけての木簡が、四層目からは天平宝字四年（七六〇）〜六年にかけての木簡が、最上層からは天応（七八一〜七八二）と記された墨書土器が出土した。aの出土記録を調査すると、6AAAFF35という地区の灰砂②最下層という層から出土している。これは第二層に対応するものであろう。したがって、層位からは天平年間の前半にあてられる。一方bは、6AAAFS35という地区の木樋内という層から出土している。この木樋は、第三層が堆積した後に築かれたということである。第四層が天平宝字年間（七五七〜七六五）、第三層が天平年間（七二九〜七四九）の前半であるから、その間、それもその中の後半である、天平勝宝年間（七四九〜七五七）前後と考えることができよう。

cは長屋王家木簡である。SD4750と呼ばれる遺構からの出土であり、時期的には和銅（七〇八〜七一五）〜霊亀（七一五〜七一七）年間のものである。(6) dは二条大路木簡である。SD5300と呼ばれる遺構からの出土で、おおよそ天平六年〜一〇年頃のものである。(7)

eは長岡京時代のもの。f・gは平城宮第一次（東区）大極殿院の南面回廊の東西にとりつく楼閣建物の内、西側の建物（西楼）SB18500の柱抜き取り穴から出土したもの。この抜き取り穴からの出土遺物は、出土状況などからきわめて一括性が高いものと考えられる。(8) fははっきり天平勝宝四年と記すが、gもほぼ同時代であろう。

hは内裏外郭の土坑から出土した。「天平十七」年と記しており、時期は明白である。遺構の年代観とも合致している。

それぞれの時期は以上のように整理できる。すると、一行書きでかつ広葉樹のb・e・g・hは、いずれも天平一七年以降、かりにbの木簡を最大遡らせても天平一〇年頃以降とみられる。一方、広葉樹以外の四点であるが、fは天平一七年以降、cは先にも述べたようにやや様子が異なり、別に考えたほうがよいと思われる。aは下が折損しており、個人名から割書にした可能性が十分考えられる。dは、左右が欠損し、中央部分だけが残っているものである。写真台紙で観察したが、中間部分が痛んでおり、はたして本来その部分に割書を想定できるか、十分には確認できなかった。

以上、dのみ問題を残したが、それ以外の、確実に一行書きであると確認できた隠岐国荷札は、いずれも天平一七年以降であり、かつ広葉樹が多いと指摘できる。

一方、二行書きの隠岐国荷札木簡の時期を調べると、年紀のあるもので最新は天平一六年である。(9) 遺構との関連性についても気づく範囲で確認したが、奈良時代後半に下る例はみあたらなかった。今後さらにもう少し詳細に調査をする必要があるが、上記の内容をふまえると、以下のように整理できる。

1　藤原宮時代以来、隠岐国の荷札は杉材を用いたずんぐりとしたもので、二行書きという書式であった。

2　天平一六年～一七年の間頃に、形態・書式の変化が起きた。形態的には細長くなり、書式は一行書きへと変化した。材は、広葉樹を多く用いるようになった。

3　一行書き隠岐国木簡のかたるもの

奈良時代後半以降の隠岐国荷札について観察しておきたい。

b・e・g・hの広葉樹の木簡は、郡はそれぞれ智夫郡・周吉郡・役道郡で異なるが、幅や（長さは欠損のため不明。bは字配りから推定すると、左右の欠損はそれほど大きくないと考えられる）、いずれも小さな字を詰めて書いているという書きぶりはきわめて類似している。そして同じ役道郡で、しかもほぼ同じ時期とみられるfとgでは、材も、書きぶりも異なっている。すなわち、郡を越えて材と書きぶりに共通点がみいだされ、同じ郡でも材が違うのに対応するように書きぶりも違っている。奈良時代後半以降の隠岐国荷札には、広葉樹を用いるタイプと針葉樹（樹種鑑定をしていないため材は不明）を用いるタイプがあり、いずれも一行書きであるが、それぞれに対応する書きぶりが確認される。単純に考えて、郡ごとの違いや時期的な違いによらないことから、この違いは荷物の税目・品目の違いに基づくと考えるのが妥当であろう。

貢進物の税目・品目が確認できるのは、針葉樹のfと広葉樹のhの各一点のみである。それ以外の広葉樹の木簡は、いずれも税目・品目とも欠損している。針葉樹のfは調のアワビである。一方広葉樹のhは調の海松である。どちらも税目は調で同じである。針葉樹・広葉樹の違いは、「鰒」と「海松」の違いに求めることができよう。すなわち、広葉樹は海藻類の荷札、針葉樹は魚介類の荷札、という可能性を示すことができる。点数的に、広葉樹の方が多いこと、隠岐国荷札の品目として海藻類の方が魚介類より多くみられることとも矛盾しない。

この、隠岐国木簡の変化は、多くの問題を示していると考えられる。通常、荷札木簡は、各地方で作成され、貢進物に付けられて都城に運ばれ、廃棄されたと考えられている。これは、国ごとに書風・加工、樹種に特徴がみられることなどによって裏づけられよう(10)。たとえば、北陸道諸国からの荷札には杉材が多くみられるが、あるいは植生との関連性がある可能性もあるという(11)。

このような国ごとの特徴が、今回検討した隠岐国のように変化することは、あまり類例がないのではないだろうか。とくに隠岐国の場合、大宝令以前の、藤原宮時代から引き継がれてきた伝統的な形態・書きぶりを捨て、樹種までも変えて、まったく違った荷札を用いるようになっている。その背景は、かなり複雑なものと考えられそうである。残念ながら、この問題について十分な説明は用意できていない。仮説を示してみたいと思う。

おそらく、隠岐国をめぐる地方行政の大きな変化が背景にあることは間違いない。隠岐国木簡の特徴は、郡・郷を越えて国レベルで共通するものであり、しかも藤原宮時代以来のものであるから、事務担当者が変わった、という程度の変化ではない。

木簡の作成主体が、国から郡や郷に変化した結果、国全体での統一が崩れ、変化が起きた、という可能性が考えられる。しかし既にみたように、広葉樹・針葉樹という樹種と書風の対応関係はあるが、それは郡を越えて隠岐国全体で共通している。木簡作成主体の国から郡・郷への変化に伴う、という可能性はきわめて低いであろう。

したがって、国レベル以上での大きな変化を考えざるをえないのだが、『続日本紀』には、この時期に隠岐国の地方行政に直接関わるような記事はみあたらない。しかしながら、あえて関連づけるとすると、安房・能登の両国が天平一三年に廃止されていることがやや注目される。(12)この廃止は、東北政策との関連性などで説明されているが、同時に地方制度の簡素化・統合の方向での改革であったことは確かである。また、安房国は若狭・志摩などと並ぶ「御食国」であることが指摘されており、隠岐国もまた「御食国」であるとされている。(13)こうした行政改革の影響が想定される。

樹種が変わっている点から、植生の変化を想定することも可能であるが、書式まで変えている点は説明できない。そもそも隠岐国木簡で古い時代から杉が多い理由は、隠岐国で杉がもっとも手に入りやすかったと考えるのが自然であろう。広葉樹を用いるようになったのは、隠岐国で意図的に樹種を変えたか、(14)木簡を作成した場所が隠岐国でなくなり、かつそれに伴い書風も変わったか、いずれかと想定される。前者であればなぜ材だけでなく書風も変化したのかという点に疑問が残る。後者であるとし、かつ先にふれた行政改革をふまえて、想像をたくましくするならば、隠岐国の国衙行政機能が他の国に吸収され、この時期「隠岐国」はたんなる地域呼称であったのかもしれないのではなかろうか。ただし、平城宮・京出土の山陰道諸国の荷札で、広葉樹のものは、管見の限りではない。

隠岐国現地の状況などもふまえて、今後さらに検討していきたい。

おわりに

以上、一行書きの隠岐国荷札についてみてきた。隠岐国荷札に関する通説の一部に、変更を要求することはできたと思う。荷札木簡にはまだまだ謎と可能性が秘められている。

註

（1）佐藤信「古代隠伎国と木簡」（『日本古代の宮都と木簡』吉川弘文館、一九九七。初出一九八三）。なお、ここでは本章と直接関わる指摘のみ抜き出した。

（2）以下、釈文の表記方法は基本的に奈良文化財研究所編『平城宮発掘調査出土木簡概報』に準じる。また、出典に関して、同概報については、たとえばその一六号の七頁に掲載されている場合には「城一六―七頁」のように略記する。

（3）『長岡京木簡　二　解説』（向日市教育委員会、一九九三）による。

（4）今回資料として掲げた木簡については、いずれも写真で観察・調査を行った。その結果の判断である。

（5）『平城宮木簡　二　解説』（奈良国立文化財研究所、一九七五）および『昭和五十七年度平城宮跡発掘調査部発掘制査概報』（奈良国立文化財研究所、一九八三）。

（6）『平城京左京二条二坊・三条二坊発掘調査報告』（奈良国立文化財研究所、一九九五）。

（7）註6報告書。

（8）「奈良文化財研究所紀要　二〇〇三」（奈良文化財研究所、二〇〇三）および『平城宮発掘調査出土木簡概報　三七』（奈良文化財研究所、二〇〇三）。

（9）『宮町遺跡出土木簡概報　二』（信楽町教育委員会、二〇〇三）一二頁。

隠伎国役道郡 武良郷伊我部都支波 調鰒六斤　天平十六年　206・25・6　031

（10）はたして本当に、荷札木簡が各地で作製され、荷物に付けられて都城にもたらされたのか、という点については、相模国調邸のあり方なども考慮に入れると、本来もう少し検討が必要である。しかし、さまざまな状況を考慮すると、そう考えた方がつじつまが合うと思われる。

（11）角鹿尚計氏の口頭でのご教示による。ただし、奈良時代の植生がどうなっていたか、などの検討をふまえたものではない。

（12）『続日本紀』天平一三年一二月丙戌条。

（13）佐藤信「古代安房国と木簡」（註1著書。初出一九九三）および佐藤註1論文。

（14）本文中で指摘したように、都城で出土する大宰府からの荷札は管見の限り広葉樹である。一方、大宰府史跡出土木簡では、広葉樹はほとんどみられない。なお、大宰府史跡出土木簡に関しては、その一部を、筆者も調査した。この際に九州歴史資料館の酒井芳司氏に多大なご高配を賜った。また、大宰府史跡出土木簡の全体像については氏のご教示による。御礼申しあげる次第である。

参照木簡釈文

a ・隠伎国役道郡都麻郷真嶋里
・□〔二カ〕　(120)・29・4　039　城16-7上

b □伎国智夫郡由良郷壬生部「　(81)・(21)・3　039　城16-7下

c 隠地郡村里三那部井奈軍布六斤　213・32・4　031　城27-20下

d 隠伎国海部郡海部郷□□里□□□　(137)・(14)・5　081　城29-35下

e 隠伎国周吉郡奄可郷蝮王部益「　(110)・25・3　039　『長岡京木簡二』1347

f 隠伎国役道郡余戸郷大私部目代調短鰒六斤　天□〔平カ〕勝寶四年　209・23・6　031　城37-9下

g 隠伎国役道郡河内郷磯部黒□

h □道郡都麻郷意伎麻呂調海松六斤天平十七□　(169)・23・3　081　『平城宮木簡一』349　城37で補訂

第三章　文献資料からみた古代の塩

はじめに

文献資料からの古代の塩に関する研究は、広山堯道氏の総合的な一連の研究[1]や、岸本雅敏氏の研究[2]、また食生活の観点からの関根真隆氏の研究[3]や廣野卓氏の研究[4]などがある。また、出土木簡を利用しての研究も行われてきている。本章では、これらを前提としつつ、近年の木簡の資料学的研究の深化を利用して、律令時代の塩の様相の一端を明らかにしたいと思う。

1　都城出土塩荷札木簡と出土遺構

都城出土塩荷札の地域

都城からは、調として納入された塩に付けられてもたらされた、塩の荷札木簡が多数出土している。なお、庸塩の荷札も存在するが、確実なものは二点のみである。都城出土の塩荷札は、ほぼ調塩の木簡とみてよいであろう。

木簡に記された貢納国をみると、東海・北陸・瀬戸内海・大阪湾沿岸諸国と各地に広がる。これは、『延喜式』に記された塩の貢納国（図4・表3）とよく合致するということができる。(5) このうち、特に出土点数が多いのは、若狭・周防の両国である。

さらに、この両国の塩荷札木簡に記された、郡名以下の地名に注

表3　出土木簡と『延喜式』からみた塩の貢納国

道	国	都城出土木簡					『延喜式』		
		調塩	庸塩	地子	塩	合計	調塩	庸塩	中男作物
東海	伊勢	1				1	●	●	
	志摩				1	1			
	尾張	10			8	18	●	●	
	三河	5	1		1	7		●	
北陸	若狭	59			21	80	●		
	越前	5			1	6			
山陽	播磨					0	●		
	備前	11				11	●	●	
	備中	1			1	2	●		
	備後					0	●	●	
	安芸	1	1			2	●	●	
	周防	27			3	30	●		
南海	紀伊	11		3	1	15	●		
	淡路	10			1	11	●		
	讃岐	7			6	13	●		
	伊予	2			1	3	●		
西海	筑前					0	●	●	
	肥前					0	●		
	肥後					0			破塩
	薩摩					0	●		
合計		150	2	3	45	200	16国	7国	1国

出典：岸本雅敏「古代中国と塩の流通」（田中琢・金関恕編『古代史の論点3　都市と工業と流通』小学館，1998年）．

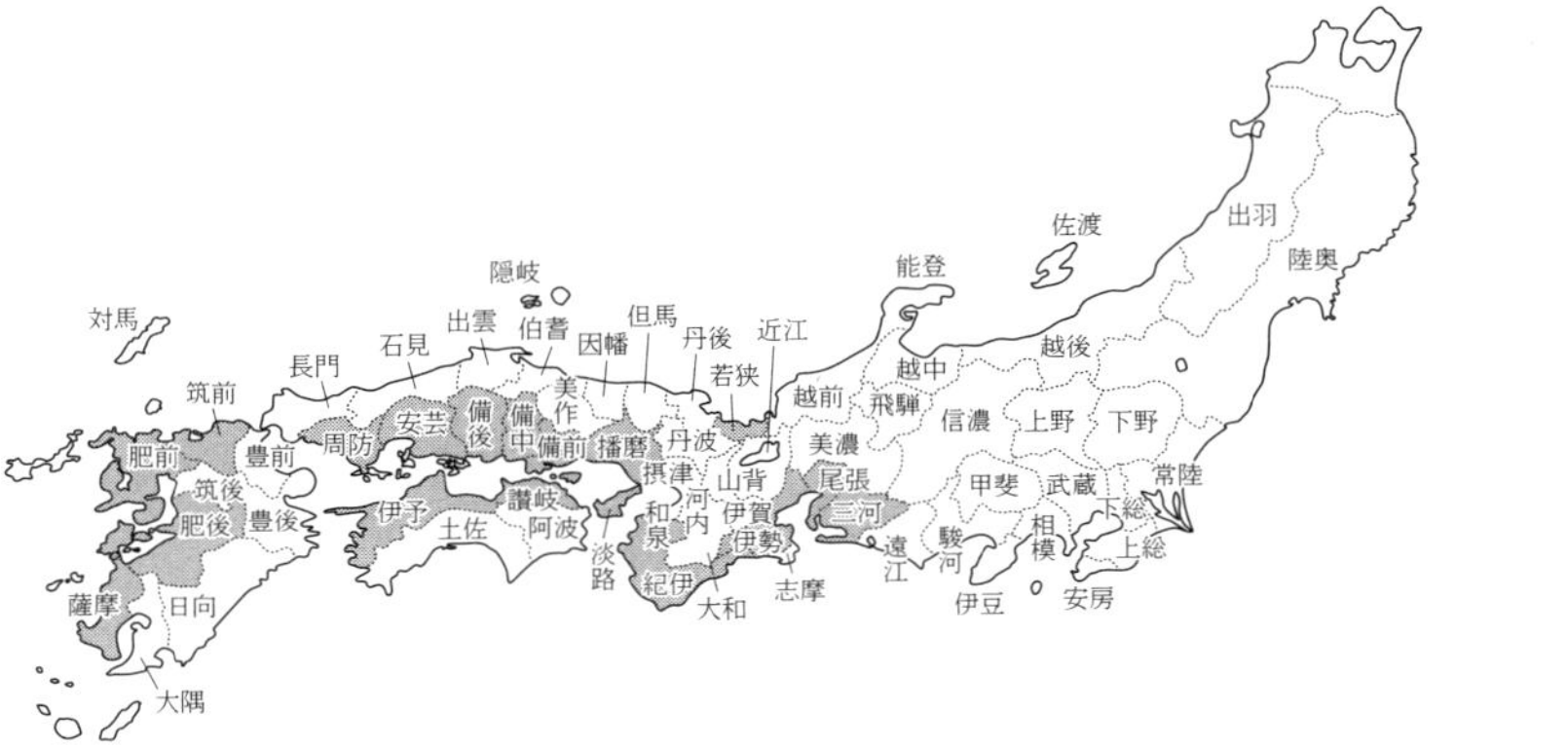

図4　『延喜式』にみえる調庸塩の貢納図

目してみよう。若狭国は、遠敷郡・三方郡の双方の木簡が出土している。(6)郷名までみると、内陸部に位置するとみられる地名（遠敷郡玉置郷）なども確認できる（表4―86）。

海浜部以外の地域で、塩が生産されていたとは考えがたい。内陸部地域からの貢進は、薪炭の供給や土器の製作を担う分業体制、もしくは交易・交換による調達等を前提としていると考えざるをえない。こうした分業や交易・交換も含めた体制についても、律令国家による生産体制の整備・介入が想定されている。若狭国はその全体が、律令国家によって、国家規模の塩の一大供給地として位置づけられ、整備されたのである。(7)

一方、出土点数では第二位に位置する、周防国の塩荷札についてみてみよう（表4―43〜72）。周防国からの塩荷札は、ほぼすべて大島郡からのものである。大島郡以外の例は、吉敷郡から三点（うち一点は塩荷札かは不明。形状等から塩荷札の可能性が高い）が確認される。このうちの二点、確実に塩荷札であるものは、どちらも吉敷郡神崎郷である（表4―68・69）。周防国塩荷札に現れる地域は、大島郡または吉敷郡神崎郷であり、偏りが大きい。若狭国が、国全体で塩の生産と貢納を行っていた様相とは、大きく異なっている。

なお、周防国塩荷札の多くが、長屋王家木簡である。長屋王の封戸との関わりで、地域的に偏っている可能性も存在する。確かに、郷名までみると、長屋王家木簡では大島郡屋代郷・務理郷が目立ち、平城宮内裏北外郭官衙の土坑SK820出土木簡では大島郡美敢郷が目立つという差は存在する。だが、大島郡がほとんどで、わずかに吉敷郡神崎郷が存在する、という点では、長屋王家木簡も、それ以外の木簡も共通する。封戸の影響で、周防国内での偏りが存在していると考える必要はない。

若狭・周防以外で塩荷札木簡で目立つ国としては、尾張国があげられよう（表4―3〜20）。尾張国では、知多郡からのみ貢納されている。こちらでも塩を貢納する広がりは国全体ではなく、地域的に絞られているといえる。

さて、周防国にせよ、尾張国にせよ、木簡にあらわれる郡以外にも海に接していた地域は存在する。これらの国々では、海浜部や塩生産地域すべてが塩の貢納地域とされていたのではなく、その中でも限定的な地域が律令国家への塩貢納地域に指定されていたのである。

以上から、若狭国は国全体が塩貢納国とされた一方、周防国や尾張国では逆に地域を絞って塩貢納地域が設定されたともいえる。律令国家は、意図的に地域を指定して塩の貢納をさせていたのであり、塩荷札の様相がそのまま全国の塩生産の様相を示すわけではない。ただし、逆にいえば、塩荷札の様相は、律令国家の塩政策の様相を直接的に映し出している可能性が高いことになる。

遺構と塩荷札木簡のずれ

さて、塩荷札木簡を分析していくと、出土遺構と不整合が生じることがある。一つは時期的な不整合であり、もう一つは塩の存在や塩関連遺物と塩荷札の不整合である。(8)

まず、時期的な不整合を確認しよう。周防国の塩荷札の年紀が、遺構の年代と三年程度以内に収まるのに対して、若狭国や尾張国ではそれをはるかに超え、二〇年に及ぶものもある（表5）。

平城宮のSK820を例に、もう少し詳細に検討したい。SK820は天平一九年（七四七）頃一気に埋められた、とみられている。(9)埋土の堆積状況と、木簡の年紀等が根拠となっている。実際、SK820出土木簡に記された年紀は、天平一七〜一八年のものが圧倒的に多い。例外なのは、若狭・尾張両国の塩荷札と、西海道諸国からの調綿の荷札である。つまり、どんな物品に付けられた荷札でも、古いものが混ざり込んでいるという状況ではない。

荷札木簡が廃棄されるのは、付けられていた物品が消費された段階であると考えられている。SK820での廃棄状

法　量	型式番号	出　　典	遺　跡　名
(201)・28・3	51	平城宮 3-3020	平城宮
(155)・18・3	32	城 16-5 下 (11)	平城宮
345・30・11	32	平城宮 1-319	平城宮
221・(12)・4	59	藤原宮 2-655	藤原宮
206・20・6	32	城 12-10 上 (42)	平城宮
336・37・5	32	平城宮 1-320	平城宮
(198)・28・3	33	城 19-20 下 (166)	平城宮
(239)・28・3	59	平城宮 1-318	平城宮
275・37・4	31	城 22-20 上 (174)	平城京（二条大路）
(197)・24・7	39	平城宮 3-3080	平城宮
(243)・40・5	39	城 22-20 上 (175)	平城京（二条大路）
94・17・4	11	平城宮 2-2188	平城宮
121・20・6	11	城 31-24 上 (320)	平城京（二条大路）
213・38・5	32	藤原宮 1-166	藤原宮
157・(22)・5	32	平城宮 3-2896	平城宮
246・30・5	32	城 27-18 上 (246)	平城京（長屋王邸）
153・21・8	32	城 8-4 上 (14)	平城京
(57)・23・4	39	城 29-31 下 (352)	平城京（二条大路）
(164)・25・6	39	城 19-20 下 (167)	平城宮
(65)・20・3	19	平城宮 7-11954	平城宮
355・(24)・7	32	平城宮 3-2892	平城宮
181・(23)・4	31	城 29-31 下 (356)	平城京（二条大路）
184・24・9	31	平城宮 1-324	平城宮

表４　塩荷札木簡一覧

番号	国名	本　　文
1	伊勢	←□郡黒□〔田ヵ〕郷調塩三斗
2	志摩	答志郡答志郷塩三斗
3	尾張	・尾張国智多郡番賀郷花井里丸部□〔龍ヵ〕麻呂 ・　調塩三斗　神亀四年　十月七日
4	尾張	・尾治国知多郡贄代里 ・丸部刀良三斗三年九月廿日
5	尾張	・尾張国知多郡贄代里和尓部 ・泥□〔慈ヵ〕調塩三斗
6	尾張	・　「〈〉」　「□」＼尾張国智多郡贄代郷朝倉里戸主和尓部色夫智調塩三斗／天平元年‖＼　「〈〉」　「□」 ・「　〈〉□□□□〔天平元年ヵ〕□□〔月ヵ〕□日〉」
7	尾張	・尾張国智多郡富具郷和尓部臣人 ・調塩三斗天平勝寶七歳九月十七日
8	尾張	・←□〔富ヵ〕具郷野間里和尓部臣牟良御調 ・←□〔平ヵ〕元年十月十九日郷長和尓部安倍
9	尾張	・尾張国知多郡富具郷野間里丸部安麻 調一斗　天平七年八月
10	尾張	・尾張国知多郡富具郷野間□〔里ヵ〕 ・塩三斗　十月五日
11	尾張	・尾張国智多但馬郷区豆里田部得石御調塩→ ・　天平六年八月十九日
12	尾張	英比郷□塩一□
13	尾張	英比郷上村里一斗古
14	尾張	・辛卯年十月尾治国知多評 ・入見里神部身閇三斗
15	尾張	・尾張国知多郡／御宅里／□□□‖ ・大塩尻
16	尾張	・尾張国知多郡□里日置部得 ・万呂御調塩三斗　和銅六年十月十五
17	尾張	・尾治国知多郡贄□□ ・白髪部馬見塩一斗
18	尾張	・尾張国□〔智ヵ〕→ ・調塩
19	尾張	・尾張国□□郡入海郷□→ ・□三斗　〈〉
20	尾張	・尾張□〔国ヵ〕→ ・調塩三→
21	三河	←郡大□〔壁ヵ〕郷□□里／海部麻呂養老四年庸塩一斗五升／　「□」　《》□‖
22	三河	・参河国渥美郡大壁郷 ・□□□〔里ヵ〕□子□□三斗＼　□□□□〔天平八年ヵ〕〈〉日
23	三河	参河国渥美郡／大壁郷海部□〔首ヵ〕万呂／　調塩一斗‖

法　量	型式番号	出　　典	遺　跡　名
175・30・3	11	平城宮 7-11302	平城宮
253・38・4	31	城 24-24 上（225）	平城京（二条大路）
(190)・(17)・6	39	平城宮 1-333	平城宮
172・35・5	31	平城宮 4-4660	平城宮
134・31・5	32	城 16-8 上（44）	平城宮
152・20・9	32	平城宮 3-3694	平城宮
212・32・5	33	城 19-24 上（235）	平城宮
(276)・39・6	31	城 32-13 下（83）	平城宮
(177)・(27)・6	51	城 22-38 上（400）	平城京（二条大路）
197・28・6	33	平城宮 1-321	平城宮
209・35・8	33	平城宮 1-322	平城宮
159・19・6	33	平城宮 1-323	平城宮
(172)・22・10	39	城 44-10 下（10）	平城京
127・25・7	32	平城宮 2-2177	平城宮
142・26・3	32	城 22-38 上（402）	平城京（二条大路）
198・28・5	33	城 22-38 上（406）	平城京（二条大路）
272・20・7	33	城 22-38 上（407）	平城京（二条大路）
164・26・5	32	飛鳥藤原京 2-1602	藤原京
(138)・(9)・4	39	藤原宮 3-1188	藤原宮
239・29・4	33	城 21-33 上（365）	平城京（長屋王邸）
243・27・6	33	城 21-33 上（366）	平城京（長屋王邸）
270・35・6	33	城 21-33 上（367）	平城京（長屋王邸）
218・39・5	32	城 21-33 下（368）	平城京（長屋王邸）

番号	国名	本　　文
24	三河	・三川国飽海郡大鹿部里人 ・　大鹿部塩御調塩三斗
25	三河	・参河国渥美郡大壁郷松間里丈部煮得調塩一斗 ・　天平八年七月六日
26	三河	□□□□□□〔参河国渥美郡ヵ〕／《》／調塩一斗‖
27	三河	参河国渥美郡調塩／〈〉‖
28	備前	・須恵郷調塩三斗 ・葛木部小墨
29	備前	・邑久郡尾沼郷□部宮 ・調塩三斗
30	備前	・備前国邑久郡八浜郷戸主〈〉 ・麻呂戸口大辟部乎猪御調塩三斗
31	備前	・□郡御野郷守部思人調塩三斗 ・　□〔郷ヵ〕長□□□〔丸部臣ヵ〕犬
32	備前	・備前国児嶋郡三家郷□□ ・□〈〉□調塩三斗
33	備前	・備前国児嶋郡三家郷 ・／牛守部小成／山守部小廣‖二人調塩二斗
34	備前	・□〔備〕前国児嶋郡賀茂郷 ・鴨直君麻呂調塩三斗
35	備前	・備前国児嶋郡賀茂郷 ・　三家連乙公調塩一斗
36	備前	・備前国児嶋郡加毛郷 ・／原里鴨部〈〉／菅生里鴨部〈〉‖　庸塩三斗
37	備前	・備前国児嶋郡小豆郷 ・戸主間人連麻呂戸口間人連小人＼調三斗
38	備前	・備前国子嶋郡小豆郷志磨 ・里白猪部乙嶋調三斗
39	備中	・備中国浅口郡船穂郷調塩 ・三斗阿曇部押男
40	備中	備□□□□〔中国浅口〕郡大嶋郷□〔塩〕二斗□□□□□〔海部大万呂ヵ〕
41	安芸	・←国安芸郡 ・椋椅部賀良人庸三斗
42	安芸	・安芸国安芸□〔郡ヵ〕□里 ・倉椅部□□〔名代ヵ〕調□〔塩ヵ〕三斗
43	周防	・周防国大嶋郡屋代里凡海直牟良志御 ・調塩三斗
44	周防	周防国大嶋郡屋代里田部久米末呂御調塩三斗
45	周防	周防国大嶋郡屋代里田部蓑御調塩三斗
46	周防	・周防国大嶋郡屋代里日下部弟 ・麻呂御調塩三斗

法　量	型式番号	出　　典	遺　跡　名
189・32・5	33	城 27-20 下（297）	平城京（長屋王邸）
277・28・4	33	城 23-14 上（130）	平城京（長屋王邸）
(197)・29・2	59	城 25-21 下（258）	平城京（長屋王邸）
(241)・34・3	33	平城京 1-441	平城京（長屋王邸）
237・25・3	32	平城京 2-2181	平城京（長屋王邸）
338・36・4	32	平城京 2-2182	平城京（長屋王邸）
255・22・5	32	平城京 2-2184	平城京（長屋王邸）
221・44・6	33	平城京 2-2185	平城京（長屋王邸）
241・24・4	33	平城京 2-2186	平城京（長屋王邸）
(198)・27・7	39	平城宮 3-2908	平城宮
(223)・21・7	39	長登 2-30	長登銅山跡
227・31・6	32	平城宮 1-326	平城宮
255・25・5	33	平城宮 1-327	平城宮
197・18・4	31	平城宮 1-328	平城宮
(248)・31・8	33	城 29-36 下（439）	平城京（二条大路）
220・28・3	33	城 31-9 上（43）	平城京
201・28・5	33	城 27-21 上（298）	平城京（長屋王邸）
(160)・23・4	39	城 25-21 上（255）	平城京（長屋王邸）
266・32・5	32	城 25-21 上（254）	平城京（長屋王邸）
(90+28)・35・3	19	平城京 1-442	平城京（長屋王邸）
138・19・3	31	平城宮 7-11530	平城宮
290・21・3	32	平城宮 1-329	平城宮
244・30・3	31	城 21-33 下（370）	平城京（長屋王邸）
(90)・(15)・2	81	平城京（長屋王邸）	
(145)・(12)・4	81	藤原宮 3-1189	藤原宮

番号	国名	本　　文
47	周防	周防国大嶋郡屋代里凡海部大村御調塩三斗
48	周防	周防国大嶋郡屋代里□〔宍ヵ〕人部赤末呂御調塩三斗
49	周防	←国大嶋郡屋代里漢人部身手御調塩三斗
50	周防	・周防国大嶋郡屋代里〈〉 ・大□□御調塩三斗
51	周防	周防国大嶋郡屋代里弓刊部山村御調塩三斗
52	周防	周防国大嶋郡屋代里弓刊首勝日御調塩三斗
53	周防	周防国大嶋郡屋代里〈〉呂御調塩三斗
54	周防	・◇周防国大嶋郡務理里佐伯部波都支御調塩 ・◇三斗
55	周防	周防国大嶋郡務理里日下部小籠御調塩三斗
56	周防	・周防国大嶋郡屋代郷□□ ・□〔御ヵ〕調塩三□
57	周防	・周防国大嶋郡屋代郷□□里□□調塩 ・三斗　天平四年四月
58	周防	周防国大嶋郡美敢郷田部小足調塩二斗／　／天平十七年九月 ‖
59	周防	・周防国大嶋郡美敢郷凡海阿耶男御調塩二斗 ・　《》　天平十七年
60	周防	周防国大嶋郡美敢郷凡海直薩山御調尻塩
61	周防	周防国大嶋郡美敢郷美敢里酒人部麻志調塩三斗＼　天平七年九月
62	周防	・周防国大嶋郡務理郷平群部岡調塩三斗 ・　天平勝寶五年九月
63	周防	・周防国大嶋郡務理里凡海部 ・矢〔牟ヵ〕良御調塩三斗
64	周防	・周防国大嶋郡務理里□〔御ヵ〕 ・調塩三斗
65	周防	周防国大嶋郡務理里弓刊部得手御調塩三斗
66	周防	・□国大嶋郡…里□ ・　御調塩…□〔斗ヵ〕
67	周防	大嶋村調果塩
68	周防	・周防国吉敷郡神埼郷戸主阿曇五百万呂口同部 ・□麻呂進上調塩一斗天平十七年九月八日
69	周防	・周防国吉敷郡神前里戸主蘇宜部恵□〔那ヵ〕塩三斗 ・　和銅七年十月廿四日
70	周防	・周防国〈　　〉郡□ ・□□□□［塩三斗ヵ］
71	周防	・周防国□□郡□□ ・□□□麻呂□□〔調塩ヵ〕

法　量	型式番号	出　　典	遺　跡　名
(45)・(10)・3	39	平城京 2-2187	平城京（長屋王邸）
169・34・5	31	平城宮 7-12639	平城宮
154・28・9	51	(城 17-14 上（93）	平城宮
178・36・5	31	城 33-13 下（45))	平城京
132・30・6	11	城 19-22 上（199）	平城宮
144・29・4	31	平城宮 2-2835	平城宮
197・28・6	31	城 22-33 下（331）	平城京（二条大路）
158・26・6	32	城 29-34 下（409）	平城京（二条大路）
131・16・3	11	藤原宮 1-182	藤原宮
(115)・26・4	19	平城宮 2-1949	平城宮
152・25・6	11	藤原宮 3-1166	藤原宮
184・29・6	11	城 12-10 上（44）	平城宮
163・27・5	11	平城宮 1-346	平城宮
(147)・22・3	19	宮町木簡概報 2-11 頁-（82）	宮町遺跡
229・34・6	31	平城宮 1-331	平城宮
(149)・31・4	11	平城宮 1-336	平城宮
137・22・3	51	城 22-33 下（332）	平城京（二条大路）
160・35・4	31	平城宮 7-12794	平城宮
172・21・5	31	平城京 1-13	平城京
142・31・4	31	木研 9-55 頁-（2）	安堂遺跡
192・35・4	33	城 42-10 上（59）	平城宮
120・26・7	11	城 19-22 上（201）	平城宮
(129)・24・3	19	藤原宮 3-1167	藤原宮
152・28・5	31	木研 18-41 頁-（7）	飛鳥京跡
179・29・4	31	平城宮 1-347	平城宮

番号	国名	本　　文
72	周防	・□□□〔周防国ヵ〕 ・□□〔調塩ヵ〕
73	若狭	・若狭国遠敷郡／遠敷里□□果□／調塩一斗　□□‖ ・和銅四年四月十→
74	若狭	・若狭国遠敷郡遠敷郷／秦人牟都麻呂／御調塩三斗‖ ・　天平寶字四年九月
75	若狭	・若狭国遠敷郡遠敷郷／秦日佐大村／御調塩三斗‖ ・　天平寶字六年九月
76	若狭	・遠敷郡遠敷郷／車持小角／御調塩二斗‖ ・　九月
77	若狭	若狭国遠敷郡／小丹生郷三家人波泉／調塩一斗‖
78	若狭	・若狭国遠敷郡　／遠敷郷億多里車持首／多治比御調塩三斗‖ ・　天平六年九月
79	若狭	・遠敷郷億多里物部石嶋 ・御調塩三斗天平六年□〔十ヵ〕月
80	若狭	丁酉年／若佐国小丹〈〉生里／秦人□□□〔己ヵ〕　二斗‖
81	若狭	・□〔遠ヵ〕敷郡／丹生里人夫膳臣→／御調塩三斗‖ ・　九月十日
82	若狭	己亥年□□玉□〔杵ヵ〕里人若倭部身塩二斗
83	若狭	・若狭国遠敷郡玉杵里五百 ・木部□〔堅ヵ〕波調塩三斗和銅六年／十月‖
84	若狭	・玉置駅家三家人黒万呂御調三斗 ・　天平四年九月
85	若狭	・←国遠敷郡玉置郷／私→／御調塩　□〔斗ヵ〕‖ ・　天平十五年九月廿九日
86	若狭	・若狭国遠敷郡玉置郷田井里／三次君国依／　御調塩三斗‖ ・　神亀四年潤月七日
87	若狭	←□□□□〔玉置郷田ヵ〕井里／□□□□□〔君国依ヵ〕／御調塩□斗‖
88	若狭	遠敷郡　／玉置郷伊波里／□□若屋御調塩一斗‖
89	若狭	若狭国遠敷郡／余戸里宍人□臣足／　御調塩→‖
90	若狭	・若□国／少丹生郡野里／中臣部乎万呂御調塩三斗‖ ・　和銅五年十月
91	若狭	・若狭国遠敷郡／野里相臣山守／調塩三斗‖ ・　天平十八年九月
92	若狭	・遠敷郡野郷／委部椋人御／調塩一斗‖ ・　神護景雲三年九月
93	若狭	遠敷郡／野郷矢田部諸人／御調塩三斗‖
94	若狭	野里中臣部□人塩二斗
95	若狭	野五十戸／秦勝黒閇／又椋人二人并二斗‖
96	若狭	・若狭国遠敷郡／野郷野里／秦人文屋調三斗‖ ・　九月

法　量	型式番号	出　　典	遺　跡　名
164・34・4	31	平城宮 4-4663	平城宮
138・26・7	51	城 19-22 上（200）	平城宮
206・32・7	31	城 22-33 下（333）	平城京（二条大路）
148・16・2	11	藤原宮 1-147	藤原宮
110・25・4	11	藤原宮 3-1165	藤原宮
147・30・3	11	藤原宮 1-148	藤原宮
(55)・14・1	19	藤原宮 3-1168	藤原宮
(135)・25・7	39	城 27-19 下（273）	平城京（長屋王邸）
(208)・(22)・5	81	城 24-28 上（282）	平城京（二条大路）
174・35・7	11	平城宮 2-2819	平城宮
241・34・7	51	木研 21-35 頁-1（10）	長岡宮
(131)・23・5	59	平城宮 2-2592	平城宮
195・29・4	31	平城宮 4-4664	平城宮
157・31・4	51	城 22-33 下（334）	平城京（二条大路）
168・36・4	31	城 22-33 下（335）	平城京（二条大路）
163・30・5	31	城 22-33 下（336）	平城京（二条大路）
186・36・5	51	城 22-34 上（337）	平城京（二条大路）
178・29・5	32	城 22-34 上（338）	平城京（二条大路）
221・31・6	31	平城宮 7-12642	平城宮
171・31・5	11	城 16-6 下（23）	平城宮
182・29・3	31	城 31-28 上（402）	平城京（二条大路）
144・30・4	51	城 31-28 上（403）	平城京（二条大路）
197・30・3	31	飛鳥藤原京 1-18	飛鳥池遺跡

番号	国名	本　文
97	若狭	・若狭国遠敷郡／嶋郷□部□□万呂／塩一斗‖ ・　景雲□□〔四年ヵ〕〈〉
98	若狭	・遠敷郡嶋郷／秦人子人／御調塩三斗‖ ・　□〔寶ヵ〕字〈〉
99	若狭	若佐国遠敷郡　／志麻郷宇□〔庭ヵ〕里／秦人〈〉三斗‖
100	若狭	・丁酉年若俠国小丹生評岡田里三家人三成 ・御調塩二斗
101	若狭	戊戌年／□□□□〔若俠国小ヵ〕丹□〔生ヵ〕評□〔岡ヵ〕方里人／□□□〔秦人船ヵ〕□調塩□〔二ヵ〕斗‖
102	若狭	・小丹評従□〔車ヵ〕里人 ・移部止己麻尓侶皮＼　一斗半
103	若狭	・己亥□□□〔年若俠ヵ〕国小丹→ ・御調塩二→
104	若狭	・若佐国小丹生郡調塩　／三□／□‖ ・　和銅三年八月
105	若狭	・若狭国遠敷郡　／〈〉／秦人孔子御調‖　三斗 ・神亀五年九月二日
106	若狭	・若狭国遠敷郡／佐分郷三家人石万呂戸口／三家人衣万呂御調塩三斗‖ ・　景雲四年九月廿九日□古万呂
107	若狭	・若狭国遠敷□〔郡ヵ〕佐分　／戸主三家人五百知戸口／大□□塩三入‖ ・　延暦十年九月廿四日□知大〈〉□〔支ヵ〕□
108	若狭	・佐分郷／戸主道公嶋守戸／三家人阿都目塩三斗‖ ・「九月廿一日□人」
109	若狭	・若狭国遠敷郡佐分郷／戸三家人□□〔刀ヵ〕戸／　三家人□□□〔麻調ヵ〕三斗‖ ・　十一月九日□□□志
110	若狭	・若狭国遠敷郡　／佐分郷岡田里／三家人宮足‖ ・御調塩三斗　天平六年十月十日
111	若狭	・若狭国遠敷郡　／佐分郷岡田里／三家人宮足‖ ・御調塩三斗　天平六年十月十日
112	若狭	・若狭国遠敷郡　／佐分郷岡田里／□□〔三家ヵ〕人三縄‖ ・御調塩三斗　天平六年八十日
113	若狭	・若狭国遠敷郡　／佐分郷岡田里／他田舎人大国‖ ・御調塩三斗　天平六年九月十日
114	若狭	・若狭国遠敷郡佐分郷岡田里　／三家人首百足／御調塩三斗‖ ・天平八年九月十九日三家人廣万呂
115	若狭	若狭国□□〔遠敷ヵ〕郡／□□□〔佐分郷ヵ〕式多□〔里ヵ〕三家人乙末呂／顆塩五後　養老六年‖
116	若狭	若狭国遠敷郡／佐分郷式多里／三家人牧田‖御調塩三斗
117	若狭	若佐国小丹郡／佐分郷田野里三宅人／〈〉御調塩三斗‖
118	若狭	・若佐国小丹郡／佐分郷田野里／三宅人大虫御調塩‖ ・　三斗
119	若狭	丁亥年若狭小丹評　／木津部五十戸／秦人小金二斗‖

法　量	型式番号	出　　典	遺　跡　名
170・33・5	31	藤原宮 1-146	藤原宮
128・37・6	11	平城宮 2-2801	平城宮
132・26・4	31	平城宮 3-3081	平城宮
197・25・4	31	城 24-28 上（281）	平城京（二条大路）
150・28・5	31	城 6-8 上（91）	平城京
163・28・5	11	城 19-22 上（197）	平城宮
163・22・4	31	城 27-19 下（272）	平城京（長屋王邸）
(130)・26・5	19	城 23-19 上（195）	平城京
209・48・6	31	平城宮 2-2818	平城宮
(210)・(18)・6	19	平城宮 2-2822	平城宮
190・39・6	51	平城宮 2-2823	平城宮
144・30・4	51	平城宮 2-2824	平城宮
202・(18)・4	31	平城宮 1-454	平城宮
(134)・24・4	39	平城宮 7-12795	平城宮
(192)・29・6	39	城 19-22 下（202）	平城宮
132・(27)・5	81	城 19-22 下（203）	平城宮
143・21・4	33	城 27-19 下（274）	平城京（長屋王邸）
(115)・27・3	59	宮町木簡概報 2-11 頁-（83）	宮町遺跡
104・25・6	11	奈良県『藤原宮』-（103）	藤原宮
201・41・4	51	平城宮 1-424	平城宮
202・41・6	31	平城宮 1-425	平城宮
280・29・5	31	城 16-6 下（24）	平城宮
118・20・4	31	城 27-19 下（275）	平城京（長屋王邸）
171・24・4	31	藤原宮 1-145	藤原宮
132・27・3	51	藤原宮 3-1170	藤原宮
211・29・7	31	平城宮 2-2665	平城宮
(162)・21・5	59	城 22-34 下（347）	平城京（二条大路）

番号	国名	本　文
120	若狭	庚子年四月／若佐国小丹生評／木ツ里秦人申　二斗‖
121	若狭	・若狭国遠敷郡／木津□／壬生国足調□‖ ・　天平勝寳□〔二ヵ〕□九月廿二日
122	若狭	・若狭国遠敷郡／木津郷少海里／土師竈御調塩三斗‖ ・神亀五年九月十五日
123	若狭	・若狭国遠敷郡　／木津郷中海里／伊賀部千国調三斗‖ ・伊
124	若狭	・若狭国遠敷郡／青里戸主秦人麻呂戸／秦人果安御調塩三斗‖ ・天平勝寳七歳八月十七日量豊嶋
125	若狭	・若狭国遠敷郡／青郷秦人安古／御調塩三斗‖ ・　〈〉
126	若狭	若狭国遠敷郡　／安遠里秦人部古生／御調塩三斗‖
127	若狭	・安遠郷川辺里　／秦→／調〈〉‖ ・　天平二年八月
128	若狭	若狭国三方郡能登郷／戸主粟田公麻呂戸口／　三家人□麻呂調／　塩参斗‖
129	若狭	若狭国三方郡乃止郷／戸主粟田《》□〔戸ヵ〕／粟田部□〔椋ヵ〕守御調□〔塩ヵ〕→‖
130	若狭	若狭国三方郡能登郷／戸主→／海部□麻呂調塩□‖
131	若狭	能登郷／戸主粟田公麻呂戸□〔口ヵ〕／　粟田荒人調塩三斗‖
132	若狭	□□□□〔若狭国三ヵ〕方□〔郡ヵ〕／能登里／□□□□□〔調ヵ〕□□‖
133	若狭	・←□〔郷ヵ〕　／□□〔忌浪ヵ〕□／〈〉‖ ・□　塩三斗
134	若狭	若狭国三方郡耳里／秦曰佐得嶋／御調塩三斗‖
135	若狭	三方郡耳里／壬生部□万呂／御調塩三斗‖
136	若狭	三方郡美々里壬生部乎知古塩二斗
137	若狭	・郡弥美里 ・□調□〔塩ヵ〕三斗
138	若狭	美々里秦勝稲足二斗
139	若狭	三方郡弥美郷中村里／別君大人／　三斗‖
140	若狭	三方郡弥美郷中村里／別君大人／　三斗‖
141	若狭	若狭国三方郡耳郷中村里／物部乙万呂御調／　五顆‖
142	若狭	・竹部〔田ヵ〕部里別〈〉 ・塩二斗
143	若狭	三方評竹田部里人　／粟田戸世万呂／塩二斗‖
144	若狭	三方評／竹田部里人／和尓部大伴塩二斗‖
145	若狭	若狭国三方郡竹田里浪人黄文五百相調三斗
146	若狭	三方郡竹田郷坂本里　／□田別君矢乎／調塩三斗‖

法　量	型式番号	出　　典	遺　跡　名
(141)・22・2	51	平城宮 1-332	平城宮
152・33・5	11	城 19-22 下 (204)	平城宮
(113)・27・4	59	平城宮 2-1951	平城宮
130・24・4	11	平城宮 2-1953	平城宮
(122)・32・5	39	木研 14-45 頁-2 (6)	長岡京
(118)・22・6	51	平城宮 2-1952	平城宮
277・23・6	51	城 12-16 上 (130)	平城宮
198・30・6	32	城 31-9 上 (40)	平城京
209・31・5	33	城 25-20 下 (246)	平城京（長屋王邸）
(181)・28・7	33	城 31-28 下 (409)	平城京（二条大路）
148・32・5	33	城 31-28 下 (410)	平城京（二条大路）
(138)・(20)・7	81	城 31-28 下 (412)	平城京（二条大路）
118・23・7	31	飛 22-13 下 (17)	石神遺跡
(240)・29・6	33	平城宮 1-334	平城宮
280・38・7	31	平城宮 3-3078	平城宮
(132)・23・3	19	平城京 1-443	平城京（長屋王邸）
265・25・3	33	平城宮 1-325	平城宮
262・20・4	32	城 24-30 上 (310)	平城京（二条大路）
(206)・22・4	39	平城宮 1-18	平城宮
170・20・4	32	城 22-38 下 (416)	平城京（二条大路）
207・22・3	11	西隆寺-29	西隆寺
(141)・11・3	19	平城宮 3-3560	平城宮
(97)・20・4	39	平城宮 2-2193	平城宮
264・28・3	32	長岡京 1-53	長岡京

番号	国名	本　　文
147	若狭	若狭国三方郡竹田郷／丸部里竹田部首乙／　知　志　御　調　塩　五　顆‖
148	若狭	・若狭国三方郡葦田駅子＼三家人国□御調塩三斗 ・【「黒米一斗一升」】
149	若狭	・□□里／戸主□田□□〔土ヵ〕口／三家人日□人三□〔斗ヵ〕‖ ・□□〔天平〕十八年七月十四日
150	若狭	・□□里／戸主額田部方見戸／額田部羊御調塩三斗‖ ・　天平十八年九月□日
151	若狭	←／□□戸□〔主ヵ〕□前浦守戸／□家人子人調三斗‖
152	若狭	・□□里／戸主三家人石□戸／□〔三ヵ〕家人勝万呂塩三斗‖ ・　←
153	越前	返駅子戸主大神部宿奈戸同発太調三斗
154	越前	敦賀郡返駅戸／→／同人万呂□三斗‖
155	越前	江祥里／戸主角鹿直綱手／戸口海直宿奈□□〔万呂ヵ〕調三斗‖
156	越前	・津守郷／戸主物部廣田戸口同／入鹿調塩□〔一ヵ〕□‖ ・　□□〔天平ヵ〕八年十月
157	越前	・松原駅／戸主鴨部□戸口山君／少君調塩□斗‖ ・　天平八年十月
158	越前	・丹生郷□良里三□千嶋 ・調塩三斗
159	紀伊	田田塩二斗
160	紀伊	・←国海部郡可太郷／戸主海部□〔名ヵ〕夫□〔戸ヵ〕秋田／御調塩二斗‖ ・　天平□〔元ヵ〕年□〔九ヵ〕月
161	紀伊	←□〔海ヵ〕部郡可太郷黒江里戸主神奴与止麻呂調塩三斗神亀五年九月
162	紀伊	・紀伊国安諦郡秦里凡海□ ・　調塩三斗　和銅六年
163	紀伊	紀伊国安諦郡幡陀郷戸主秦人小麻呂調塩三斗／天平→‖
164	紀伊	・紀伊国安諦郡駅戸桑原史馬甘戸同廣足調塩三斗 ・　天平四年十月
165	紀伊	・紀伊国日高部財郷《》〔戸主ヵ〕矢田部益占調塩 ・三斗　天平字寶□〔五ヵ〕年十月
166	紀伊	・紀伊国日高郡南部郷□直〈〉戸石敷調塩三升 ・　天平六年十月廿四日
167	紀伊	・紀伊国日高郡南部郷戸主□□石 ・□〔徳ヵ〕調塩三斗□□景雲二年
168	紀伊	・紀伊国日高郡調塩三斗 ・　寶亀五年
169	紀伊	・紀伊国日高郡→ ・戸同豊麻呂調塩→
170	紀伊	・紀伊国進地子塩「三斗安万呂」 ・　延暦九年三月九日

法　量	型式番号	出　　典	遺　跡　名
(176)・27・3	19	長岡京 1-55	長岡京
195・30・5	32	長岡京 1-54	長岡京
(167)・34・4	19	平城宮 2-2551	平城宮
240・32・5	32	城 22-39 上 (418)	平城京（二条大路）
(230)・34・6	33	城 22-38 下 (417)	平城京（二条大路）
192・40・6	32	平城京 3-4490	平城京
214・26・8	32	城 24-30 上 (313)	平城京（二条大路）
(196)・38・7	39	平城宮 7-11531	平城宮
295・27・4	32	城 24-30 上 (311)	平城京（二条大路）
237・34・4	32	城 24-30 上 (312)	平城京（二条大路）
(130)・(5)・2	33	平城宮 7-11963	平城宮
250・20・11	32	城 22-39 上 (419)	平城京（二条大路）
273・23・9	33	城 19-25 上 (254)	平城宮
342・30・11	33	平城宮 2-2176	平城宮
182・20・3	31	平城宮 1-348	平城宮
(69)・16・2	39	城 29-36 下 (442)	平城京（二条大路）
144・21・5	31	城 27-21 上 (303)	平城京（長屋王邸）
141・16・2	31	城 27-21 上 (304)	平城京（長屋王邸）
175・19・3	31	城 27-21 上 (305)	平城京（長屋王邸）
136・17・4	31	城 23-14 上 (134)	平城京（長屋王邸）
193・27・3	32	平城宮 1-330	平城宮
262・19・3	31	藤原宮 2-814	藤原宮
(173)・(17)・9	19	平城宮 2-2185	平城宮
(122)・23・3	39	城 22-39 下 (427)	平城京（二条大路）

番号	国名	本　　文
171	紀伊	・←□〔伊ヵ〕国地子塩三斗「安万呂」 ・　延暦九年三月七日
172	紀伊	紀伊国進地子塩三斗／　／「安万呂」‖
173	紀伊	・←□□□〔郷ヵ〕清水里戸主紀臣□□□□歳調塩三斗 ・←□□年□〔六ヵ〕月
174	淡路	・淡路国津名郡安平郷私部足理 ・三斗　天平六年
175	淡路	・淡路国津名郡阿餅郷人夫 ・戸主物部文屋戸口同姓文調三斗
176	淡路	・淡路国津名郡□□〔阿餅ヵ〕郷人夫 ・海部荒海調三斗
177	淡路	・淡路国津名郡阿并郷上里戸主 ・海部麻呂戸口同姓色渕調塩三斗＼　天平七年十月
178	淡路	・淡路国＼□□〔津名ヵ〕郡□馬郷　□〔貢ヵ〕□ ・戸口同姓男調三斗勝寶四
179	淡路	・淡路国津名郡育播郷二見里人大戸主海 ・稲村戸同姓三田次調三斗
180	淡路	・淡路国津名郡育波郷月 ・里百姓戸海部飯万呂調三斗
181	淡路	□□□□□□□□〔路国津名郡調塩ヵ〕□
182	淡路	・淡路国三原郡倭文郷人夫日下部□調一斗 ・　天平七年分
183	淡路	・淡路国三原郡阿麻郷戸主丹比部足 ・□同姓養麻呂調塩三斗／天平寶字五年‖
184	淡路	・淡路国三原郡阿麻郷戸主海部□麻呂戸口同姓嶋万呂調塩三斗 ・　□　平寶字五年十月四日
185	讃岐	・□〔讃ヵ〕岐国山田郡海郷《》 ・葛木部龍麻呂□□□〔調塩一ヵ〕斗
186	讃岐	・讃岐国山田郡→ ・調塩三斗
187	讃岐	北宮御塩綾郡生王部□□〔二ヵ〕斗
188	讃岐	北宮御塩綾郡□□□□〔矢田部法ヵ〕志三斗
189	讃岐	北宮御塩□〔綾ヵ〕郡海部〈〉
190	讃岐	北宮御塩綾郡矢田部法志三斗
191	讃岐	・讃岐国阿野郡日下部犬万呂三□〔斗ヵ〕 ・　四年調塩
192	讃岐	綾海高□部汙乃古三斗
193	讃岐	讃岐国□□□〔那珂郡ヵ〕調塩一斗
194	讃岐	・讃岐国三野郡阿麻郷 ・戸主佐伯直赤猪調塩三□〔斗〕

法　量	型式番号	出　　典	遺　跡　名
199・19・4	31	城 24-30 下 (318)	平城京（二条大路）
158・30・4	31	城 19-25 下 (267)	平城宮
(131)・15・2	39	平城宮 1-335	平城宮
167・18・3	33	城 31-31 上 (454)	平城京（二条大路）
165・21・3	31	城 19-26 上 (270)	平城宮
175・22・4	32	平城京 2-2194	平城京（長屋王邸）
121・21・4	31	長岡左京木簡 1-3600	長岡京
113・21・4	31	城 21-34 下 (391)	平城京（長屋王邸）
(165)・25・2	39	長岡京 2-839	長岡京
151・28・3	32	藤原宮 1-181	藤原宮
159・23・4	32	飛鳥藤原京 1-204	飛鳥池遺跡
(309)・21・5	51	城 19-26 下 (287)	平城宮
157・36・6	32	城 16-6 下 (22)	平城宮
135・20・6	33	城 31-31 下 (471)	平城京（二条大路）
(152)・(18)・4	59	城 17-15 下 (112)	平城宮
(100)・20・4	19	長岡京 1-231	長岡京
(132)・30・5	59	城 19-26 下 (284)	平城宮
(197)・28・10	39	城 23-19 下 (197)	平城京
109・33・7	32	城 11-14 下 (130)	平城京
(153)・30・5	39	城 23-14 上 (133)	平城京（長屋王邸）
(85)・18・3	19	城 19-9 下 (6)	平城宮
183・19・2	81	城 7-6 上 (39)	平城京
(109)・19・4	59	城 17-16 下 (122)	平城宮
(152)・24・3	59	城 17-16 下 (123)	平城宮
(125)・(15)・6	81	城 19-27 上 (292)	平城宮

番号	国名	本　　文
195	讃岐	・讃岐国三野郡阿麻郷　丸部 ・宮目戸同丸部古君塩三斗
196	讃岐	・讃岐国〈〉部郷伊□〈〉調塩三斗 ・　七歳十月三日
197	讃岐	・讃□□〔岐国ヵ〕□□□〔郡ヵ〕《》郷→ ・佐伯部稲奈知調塩→
198	伊予	伊予国神野郡海乎知人□□〔知訓ヵ〕調塩二顆
199	伊予	伊与国越智郡□奴美村塩一尻
200	伊予	・和気郡海部里調塩三斗 ・刑部首嶋
201	筑前	大宰府宰□〔廬ヵ〕塩三斗
202	複数	・余戸里御調塩三斗 ・　一斗五升
203	複数	賀茂郷破塩二斗／七年料‖
204	複数	・小嶋里人文之 ・調三斗
205	複数	多可□□□〔五十戸ヵ〕塩一□〔古ヵ〕
206	複数	・幡多郷戸主秦毘登大名戸同姓敷立調大□〔尻ヵ〕 ・　寶字五年
207	複数	・三家郷白猪部少国 ・調塩三斗
208	複数	三家郷塩三斗
209	不明	登里郷土部廣足二斗
210	不明	←□嶋足調塩三斗
211	不明	・←嶋郷／〈〉刀良／御調塩□斗‖ ・　□
212	不明	・〈〉／←郷□〔額ヵ〕田里戸主三家人得万呂戸／　□□□〔三家人ヵ〕三田次御調塩三斗‖ ・←平二年九月
213	不明	・←里刑部意比＼調塩三斗 ・　天平十五年九月
214	不明	←里狛人部尼麻呂御調塩三斗
215	不明	・〈〉□□□〔三ヵ〕斗 ・神亀四年〈〉
216	不明	←□□□□□□□塩三斗
217	不明	←□□調塩三斗
218	不明	←塩三斗
219	不明	・日辺□□□調塩三斗 ・□君意斐

法　量	型式番号	出　　典	遺　跡　名
(154)・21・6	39	城 25-22 上（268）	平城京（長屋王邸）
(89)・(18)・5	59	平城京（長屋王邸）	
(149)・(18)・6	81	平城京（二条大路）	
174・26・3	51	平城京（二条大路）	
	91	城 28-29 中（1158）	平城京（長屋王邸）
333・35・7	33	宮町-34 頁-（A13）	宮町遺跡
318・33・6	31	宮町-34 頁-（A14）	宮町遺跡
217・(15)・3	81	宮町-49 頁-（A63）	宮町遺跡
101・27・8	32	長登 2-31	長登銅山跡
(138)・(6)・4	81	平城京（二条大路）	
(31)・25・5	19	平城京（二条大路）	
(183)・24・6	51	平城京（二条大路）	
(123)・21・4	19	木研 18-41 頁-（13）	飛鳥京跡
(75)・29・5	39	藤原宮 1-4	藤原宮
(40)・(17)・4	81	木研 5-20 頁-（18）	平城京（二条大路）
(84)・14・3	39	藤原宮 1-185	藤原宮
(177)・(11)・3	32	藤原宮 1-188	藤原宮
(87)・17・4	81	平城宮 1-351	平城宮
(59)・(13)・1	81	藤原宮 2-637	藤原宮
(100)・(4)・9	81	藤原宮 3-1393	藤原宮
207・26・5	32	飛鳥藤原京 2-1603	藤原京
(60)・(6)・4	81	平城京 2-2199	平城京（長屋王邸）
(117)・28・4	81	平城宮 2-2756	平城宮
(131)・23・4	59	平城宮 7-11333	平城宮
(74)・26・2	39	平城宮 7-12671	平城宮
105・28・6	32	飛鳥藤原京 2-1606	藤原京
(135)・25・4	59	平城京 3-4968	平城京（二条大路）

番号	国名	本　　文
220	不明	・□長屋皇子宮交易□□〔塩三ヵ〕斗 ・◇
221	不明	・□□□天調塩三斗 ・□□
222	不明	□庸塩三斗
223	不明	□□□部足国調塩三斗
224	不明	調塩
225	不明	◇ □□龍麻呂調塩三斗
226	不明	□□調□〔塩ヵ〕三斗
227	不明	□□□／　／御調塩二斗入一古‖
228	不明	・塩三斗 ・□□□□□
229	不明	・宍人□□〔難波ヵ〕□□三斗 ・◇　　◇
230	不明	・□車持首多＼□調三斗 ・□月＼　□
231	不明	子生余戸春日部首佐人調三斗
232	不明	←諸人秦人若末呂三斗
233	不明	・←□鴨部＼←□支□ ・←調三斗
234	不明	・←□塩三斗→ ・←□等□□→
235	不明	・高椅連刀自梨 ・　□〔調ヵ〕三斗
236	不明	・□□□□□□□□□　塩 ・□□〔一斗ヵ〕
237	不明	←□調□〔塩ヵ〕二顆
238	不明	←□麻呂塩三斗
239	不明	□□〔塩三ヵ〕
240	不明	◇ 里人大伴部□〔乙ヵ〕万呂塩二斗
241	不明	□□□□□□〔調塩ヵ〕
242	不明	←□□〔江ヵ〕留調三斗
243	不明	◇ 塩三斗
244	不明	・倉椅部黒万呂 ・□〔調ヵ〕三斗
245	不明	大加部嶋二斗
246	不明	◇ □□〔呂ヵ〕調□弐斗

表5　主要遺構における遺構の年代観と塩荷札の年紀一覧

遺構名	遺構の時期	塩荷札の様子	
		国名	年紀　（ ）は点数
SK219	天平宝字6	紀伊	天平宝字5（1）
SK820	天平19	尾張	神亀4（1）・天平1（2）
		若狭	神亀4（1）・天平4（1）
		周防	天平17（3）
		紀伊	天平1（1）
SK2101	天平勝宝頃	若狭	天平勝宝2（1）
		若狭ヵ	天平18（2）
SD4750	霊亀2	尾張	和銅6（1）
		若狭	和銅3（1）
		周防	和銅1（1）
		紀伊	和銅6（1）
SD5100	天平11	尾張	天平6（1）
		若狭	天平6（5）・天平8（1）
		越前	天平8（2）
		淡路	天平6（1）
		紀伊	天平6（1）
SD5300	天平9	三河	天平8（1）
		若狭	神亀5（1）・天平6（1）
		周防	天平7（1）
		淡路	天平7（1）
		紀伊	天平4（1）
SK6955	宝亀頃	若狭	天平宝字6（1）

況から考えると、綿や若狭・尾張の塩は、生産・貢納から消費までの時間が長かった、ということになる。確かに、綿は食料品などとは違い、長期保存のきく品物であろう。すると、おそらくは若狭・尾張の塩も長期保存がきくものであったと考えられる。

だが、よく知られるように、古代法の世界でも塩は消失しやすい（潮解しやすい）ものと認識されていた。(10)『延暦交替式』では、

明法曹司解。官塩積年聴レ耗事。倉庫令云。凡倉貯積者。稲穀粟支二九年一。糒支二廿年一。注云。貯経二三年以上一。一斛聴二耗一升一。五年以上二升者。熟案二令意一。穀糒難レ損。尚聴二其耗一。塩之易レ消。理須レ聴レ耗。三年已上。一斛聴二耗二升一。五年已上四升。

宝亀四年正月廿三日

と、塩の「消え易さ」を述べている。にがり分が、空気中の水分を吸収し、溶け出してしまうのである。若狭・尾張両国の塩が長期保存されていた、というのは、「塩だから腐らない、長期保存はできて当然」という視点で考えるべ

きではない。潮解を防ぐような何らかの処置がなされていたはずである。そして、SK820出土の周防国塩荷札の年紀はいずれも天平一七年で、消費までの時間は比較的短い。

こうした、若狭・尾張両国の塩と、周防国の塩の保存期間の差はSK820に限らず広く確認できる。保存用に何らかの処置が施された塩を貢納していた若狭・尾張国と、短期消費に充てられる塩を貢納していた周防国、という産地の対比を指摘することができるのである。

次に、塩の存在や塩関連遺物と塩荷札の不整合について述べよう。

西大寺食堂院の発掘調査では、巨大な井戸が発見され、その埋土から木簡が出土した。(11) 出土木簡には、塩の支給に関わる木簡や、漬物に関わる木簡が含まれるが、塩の荷札・付札はまったく確認されていないのである。同じ西大寺食堂院の発掘調査では、多くの製塩土器の破片が確認されている。(12) 塩が西大寺食堂院に存在していたことは確実で、それも西大寺という巨大寺院全体の消費を賄う膨大な分量であるはずにもかかわらず、塩荷札は一点も出土していない。

一方、平城宮のいたるところから塩荷札木簡は発見されるものの、製塩土器がそれに伴って膨大に出土する、ということはない。一万人に及ぶ役人たち(13)を支える塩が平城宮には集積されていたはずで、それにふさわしく宮内各地から塩荷札が発見されるのに比べると、都城での製塩土器はむしろ影が薄い。都城の発掘調査をみる限り、「塩の存在＝塩荷札の存在」でも「塩の存在＝製塩土器の存在」でもない。また、塩荷札と製塩土器の供伴は、積極的に認められない。

以上を整理すると、

A：塩荷札を付けられて貢納される塩（調塩）。製塩土器には入っていない。

①保存用の処置が施された塩（若狭国・尾張国知多郡など）

②短期間の消費に回される塩（周防国大島郡・同国吉敷郡神崎郷など）

B：製塩土器に入れられて都城に搬入された塩。荷札は付かない。

という三種類の塩の存在が想定できる。なお、製塩土器に入れられずに塩が運ばれたことと、『志摩国輸庸帳』（『正倉院文書』、表6―1）で塩を籠に入れていること、出土木簡から籠に入れて保管している事例が多く知られること[14]、などを合わせると、Aの塩は籠など植物質の容器で輸送された可能性が高い[15]。

さて、A・Bそれぞれの塩はどのような形状なのか、Bの塩がいかなる由来を持つのか、またこれ以外に都城に存在する塩にはどのようなものが想定できるかについては、節をあらためて論じることにしたい。

形態	容積 / 単位	時期
籠	3斗	神亀6年
		天平6年
		天平6年
		天平7年
固		天平7年
		天平9年
		天平10年
		天平10年
		天平10年
		天平10年
		天平10年
袋		天平勝宝8年
壺		天平勝宝8年
籠	1斗	天平宝字6年
固	不明	天平宝字6年
固	0.15斗	天平宝字6年
固	不明	天平宝字6年
粉	不明	天平宝字6年
固	0.15斗	天平宝字6年
固	不明	天平宝字6年
粉	不明	天平宝字6年
籠	2斗	天平10年
固	不明	天平10年
籠	3斗	天平宝字2年
籠	3斗	天平宝字2年
		天平宝字4年
固	不明	天平宝字4年
固	不明	天平宝字4年
固	不明	天平宝字4年
固	不明	天平宝字4年
固		
固	0.15斗	天平宝字6年
固	0.15斗	天平宝字6年
固	不明	天平宝字6年
粉	不明	天平宝字6年
固	0.2斗	天平宝字6年
固	不明	天平宝字6年
		神護景雲4年
固	0.3斗	天平宝字4年
固	0.3斗	天平宝字4年
籠	3斗	天平宝字4年
固	0.3斗	天平宝字4年
固	0.05斗	天平宝字4年
固	0.05斗	天平宝字4年
固	不明	天平宝字4年

表6　正倉院文書にみえる塩の史料

	大日古			塩関連記載の内容			
	巻	頁	行	項目	量目1	量目2	その他
1	1	385		庸塩			
2	1	572	3	塩	1斗3升5合		鉛腊料
3	1	574	1	塩	2升7合		鉛腊料
4	1	623	7	塩竈	1口	径5尺9寸・周1丈7尺7寸	
5	1	641	4	塩	1尻		
6	2	33	4	煎塩鉄釜	1口		
7	2	68	7	塩		束別塩3升	購入
8	2	123	6	塩倉鎰	1勾		
9	2	124	7	塩			購入
10	2	144	6	塩竈	1口	径5尺9寸・周1丈7尺7寸	
11	2	147	11	木塩			
12	4	174	11	石塩	9斤3両		袋
13	4	174	14	戎塩	8斤11両		壺
14	5	301	3	塩	1斗	1古	
15	5	313	2	塩	200果		
16	5	319	8	塩	5果	1升5合	1果16文
17	5	320	9	淡路片塩	3連	員9果	連別95文
18	5	322	6	舂塩	1斗		升別12文
19	5	322	6	塩	7果	果別准1升5合	17文
20	5	331	3	塩	5果		果別16文
21	5	372	8	舂塩	1斗		升別12文
22	7	146	1	塩	7籠	盛二斗	
23	7	146	5	塩	2顆		
24	13	255	3	塩	2籠	6斗	
25	13	431	3	塩	6斗	2籠	
26	14	310	1	塩	6斗		金焼料・淡海国
27	14	340	5	塩	44果		用40果・残4果
28	14	381	8	塩	6果		
29	14	383	10	塩	4果		
30	14	384	7	塩	1果		
31	15	394	6	塩	1斗	得1斗2升	舂料
32	16	85	8	塩	7果	准1升5合	果別17文
33	16	122	5	塩	5果	准1升5合	
34	16	124	2	塩	9果		淡路片
35	16	125	8	舂塩	1斗		
36	16	125	8	准塩	7果	(1斗5合分)	
37	16	136	3	塩	7果		2果別16文・5果別15文
38	17	240	9	塩瓶	2口		口別60文
39	25	280	13	塩	6斗	20顆	
40	25	282	9	塩	20顆	6斗	
41	25	283	13	塩	1籠	受3斗	
42	25	286	10	塩	6斗	20顆	
43	25	294	4	塩	100顆	准5斗	
44	25	295	1	塩	2斗	40裹	
45	25	295	6	塩	60裹		

2　律令国家と塩

都城出土塩荷札木簡の形状と塩

荷札木簡と、荷札木簡が取り付けられた物品の形状・大きさ・梱包などとの間には、一定の相関関係が認められる。たとえば、ごく少量を単位とする蘇の場合は、ごく小型の木簡が装着される。また、長大な形状を呈する熨斗アワビに付けられた荷札は、総じて長大である。ただし、完全に一対一の対応関係が成立するわけではなく、品目が同じであっても地域によって大きさの傾向が異なったり、同じ地域でもばらつきが存在する場合も多い(16)。荷札木簡から、荷物の形状・大きさ・梱包を完全に復元することはできないが、ある程度の絞り込みを行うことはできると考えられる。では、塩荷札木簡の様子をみてみよう。目立つ特徴は、以下のとおりである。

イ：若狭国塩荷札は、〇三一型式（切り込みをもつ形状）＋〇一一／〇五一型式（切り込みをもたない形状）の組み合わせの「同文荷札」が確認できる。

ロ：周防国塩荷札は、原則的に〇三二／〇三三型式（切り込みを上端部にのみもつ形状）で、長さ二五㌢前後のものが多い。

ハ：尾張国塩荷札は、原則的に〇三二型式で、長さ三〇㌢を超える大型のものが多い。

イについて若干補足しておこう。直接同文荷札が確認できる事例は必ずしも多くはないが、「若狭国調塩荷札には同文荷札が存在する」ことは確実である。さらに、確認できる若狭国調塩の同文荷札は、〇三一型式＋〇五一型式の組み合わせである（表4―139・140など）。一方、出土した木簡の形状の比率をみると、〇三一型式のものと、〇一一／

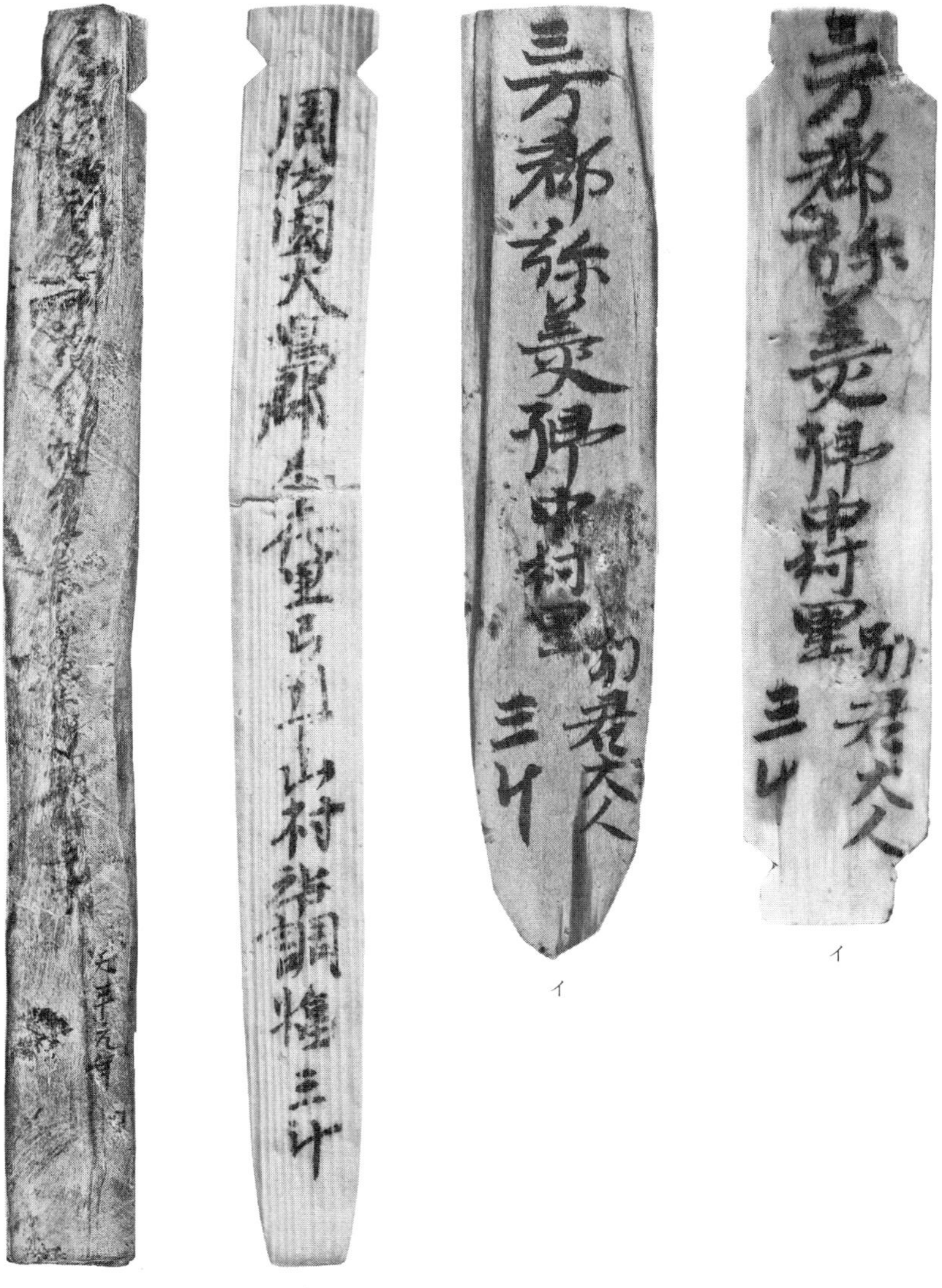

ハ　ロ　イ　イ

図5　塩荷札木簡

〇五一型式のものがほぼ同数となる。この比率と、同文荷札の組み合わせの事例から考えて、若狭国塩荷札は同文の二点が作成され、一点（〇一一または〇五一型式）は荷物の中に封入され、一点（〇三一型式）は外に装着されたと考えて間違いないであろう。(17)

ロとハでは、形状としては共通点が多い。ただし、尾張国の荷札はかなり大型のものが目立ち、印象は周防と尾張で大きく異なる。

さて、このような荷札木簡の形状の差から、若狭・周防・尾張三ヵ国の塩の形状や梱包に差があった可能性は十分考えられる。前節での検討をふまえれば、若狭・尾張国の塩は保存に適した形状や梱包、周防国の塩はこうした処置のない形状・梱包と想定される。

そしてこの観点から注目されるのが、周防国で例外的な〇三一型式の荷札木簡に記された「尻塩」（表4―60）・「果塩」（表4―67）という語である。

尻は「クワ」と読み、「果」とともに「顆」と通じる。「尻塩」も「果塩」も、固形塩を指す語である。(18)つまり、周防国の塩のうち、例外的な〇三一型式の荷札が装着された塩は固形塩であった。裏返せば、例外的でない〇三二／〇三三型式の木簡が装着された周防国の塩は、固形塩ではなかった可能性も想定できるのではないだろうか。

一方、若狭国の塩荷札で典型的な、〇五一型式のものの中に、塩を「顆」で数えているものがある（表4―147）。また、尾張国の塩荷札で、典型的な〇三二型式のものの中に、「大塩尻」という記載が見られ（表4―15）、これも固形塩を指すのであろう。(19)保管期間が長い若狭・尾張両国で、典型的な形状の木簡が装着された塩が固形塩で、保管期間が短い周防国では例外的な木簡が装着された塩が固形塩であった、と整理できる。塩を焼き締めてにがり分を変質させて精製し、固まりを大きくして空気に触れる表面積を小さくした固形塩が、潮解に強いであろうことは、現在も伊勢神宮で作られている固形塩の様子からも想像にかたくない[20]。

なお、若狭国塩荷札でも、通常は容積で数量を記す。これは、塩の貢納の分量が容積で規定されていることからの記載方法である。伊豆国からのカツオの荷札も、数量を法的規定にあわせて重量で書き記した後、実際のカツオの数量を「〇連△丸」と追記する。後述するが、固形塩の個数を記した後に、容積に換算して処理している例が、正倉院文書中にも存在する。容積で記載するから粉状であったとすることはあたらない。

以上の、塩の保管期間、木簡の形状と塩の形状や、梱包の関連性、荷札木簡の記載内容といった条件を総合的にふまえると、若狭・尾張国の塩の主流は固形塩で、周防国の塩の主流は固形塩ではない（散状塩か）可能性が想定される[21]。

都城出土塩荷札から想定される律令国家の塩政策

さて、塩の荷札が、律令国家の塩政策と密接に関わることは、先にも述べた。しかもそれらの産地の塩が、長期保存用と短期消費用に分けることができ、その目的に応じた形状・加工を施されていた可能性もみえてきた。とくに、長期保存用の塩の存在は重要であろう。ここで想起されるのは、塩と並んで古代社会・古代国家において「実力の備蓄」を担う、コメの保管である。

古代、コメは、稲穂つきの「穎（穎稲）」、籾殻が付いた状態の「穀（稲穀）」、搗製した「米（舂米）」の三つの状態で扱われた。米は消費に適するが、保存には向かない。穎は、もっとも加工が少なく、種籾にも適するが、かさばるため保管には必ずしも適していない。もっとも保管に適しているのは「穀」である。そこで、各地の倉庫に備蓄する場合、「穀」として備蓄された。「不動穀」で充填された「不動倉」は、備蓄された富の象徴ともいうべきものであった。

今日の感覚では、稲刈り→脱穀→搗製という工程が普通である。しかし、古代では稲刈りした穎をそのまま搗く方が簡便であった。「千歯こぎ」の登場ははるか後のことで、普通にコメを食用にするために脱穀は必要不可欠な工程ではなく、むしろ余計な手間であった。だが律令国家は、コメを備蓄するために、わざわざ「脱穀」という余計な工程を強要したのである。

この備蓄のための、無駄とも思える努力は、塩の場合にも共通しているといえるだろう。固形塩の製造のためには、焼き固めるための土器や、土器を焼くための燃料、焼き固めることそのもののための燃料といった、コストが必要となる。コストをかけて精製した固形塩の食味についても、賛否ある様子である。律令国家が目指したのは、長期保存ができ、備蓄のできる塩の、それも中央における大量の確保であったといえるだろう。

律令国家にとって（あるいは古代社会にとって）長期保存のきくコメと塩は、富と実力の備蓄であり、またその裏づけにほかならず、そのために大きなエネルギーを惜しまなかったのである。ただし備蓄場所という点で、コメの場合は多くが在地に建設された倉庫群であったのに対して、塩は都城に多く集積した、という違いが存在する。一定の労働力確保の際の必要量の差＝備蓄すべき分量の差や、一定量確保に投下された資源・労働力の差（価格差・希少性）を反映していると考えられる。

そこで、次に検討すべきは、各産地の様相である。若狭国では大型の土器を用いた大量生産が指摘される。[22]一方、周防国は長門国と並んで、天平年間に製塩用塩釜の存在が知られる地域である。そして、周防国全体をみると土器製塩も分布するにもかかわらず、大島郡では土器製塩の遺跡が確認されていないという。[23]尾張国では、技術的な大きな変化は認められないものの、生産の拡充が確認できる様子である。[24]

これらの特徴は、いずれも律令国家の塩政策・塩確保政策との関わりで捉えられる。

若狭国では大型の製塩土器の投入によって生産規模の拡大に対応し、国を挙げての体制を確保することで保存用固形塩の生産体制を整えた。一方、周防国大島郡では、最新技術・最新装置を投入して、生産コストを下げつつ都城の大量消費に対応した塩生産を進めた。尾張国では、従来技術のまま、規模を拡大することで生産量を拡大していった。

律令国家は、在地の生産体制・生産技術まで介入し、地域を設定して国家の実力備蓄たる塩の確保を推進したのである。

国家政策からこぼれた塩の姿

一方、西大寺食堂院の塩は、どのように考えられるであろうか。

正倉院文書には塩を購入した記事がある。(25) 平城京内の市では、塩が流通していた。購入した塩は、「尻」「丸」などで数えられる場合も、容積で数えられる場合もある。「尻」などの場合は確実に固形塩であることがわかるが、容積で数えている場合の形状は不明とせざるをえない。たとえば「舂塩一斗准塩七果」というような記載（表6—18・19）では、固形塩を搗いて散状塩にした場合の容積で換算して、帳簿上の処理を行っていることが知られる。

さて、これらの中に、固形塩に関連して注目される記載がある。「淡路片塩」と、生産地を特定できる固形塩の記載（表6—17）で、さらにその数え方が、「三連」「員九果」というようなものである。淡路産固形塩は、瓜などの固形物を数える時に使われる「果」という単位で数えられるような、塊状のものだった。したがって、製塩土器に入った状態ではないだろうと考えられる。ちなみに、木簡の事例では、土器に収められた品物は、「堝」という単位で数えられる例がある。

そしてさらに、この「果」が「連」という単位で数えられるように纏められていた。「連」は、いくつかを纏めて連ねた状態であるから、この場合固形塩を連ねて纏めていたということになる。塩をそのまま連ねることはできないであろう。おそらくは藁などで包んでから、それを連ねていたと考えられる。

このように文献資料中の助数詞をみる限り、製塩土器に入ったままの塩が流通している様子はみいだしがたい。固形塩は藁などに包まれ、それが纏められて輸送・保管・流通している。容積のみで記載する資料の方が圧倒的に多く、それらの中に製塩土器に入って運ばれてきた塩が存在する可能性を否定しきることはできないが、木簡にせよ正倉院文書にせよ、文献資料をみる限り、都城の製塩土器入り塩の存在は希薄である。

だが、確かに都城に製塩土器入りの塩は存在していたはずであり、だからこそ製塩土器が出土する。正倉院文書の記載は、都城で流通している塩すべてを網羅しているわけではないだろうから、ここに記載がないから製塩土器入りの塩が都城で流通していなかったとまでは考えなくてよい、という可能性も考える必要がある。

また、土器という重量物に入れたまま運ぶという、輸送の観点からは「無駄」とも思われる手間をかけている点も、軽視できない。生産地での生産コストが均一であれば、製塩土器入りの塩は輸送コストがかさむ。輸送コストをかけてでも持ち込まれている、という点から考えれば、高級塩に位置づけられる可能性もあるだろう。

もし、製塩土器入りの塩が高級塩と位置づけられるのであれば、都城での製塩土器の存在感の薄さも、都城への塩供給全体の中での比率が低いこととの関連性で捉えることができる。都城で流通する塩の中には、調塩などが払い下げられたものも多く含まれていたであろう。こうした調塩などに比べて、製塩土器入りの塩が高級塩であれば、流通量は絞られる。下級官人への給食のための購入が主体となる正倉院文書の売買記録に登場しなくても不思議ではない。

そもそも、なぜ土器に入れたまま塩を運ぶのであろうか。

一つの可能性として、土器に封入することで防湿効果を期待した、ということを想定しておきたい。似た事例としては、近世の焼き塩壺をあげることができるだろう。近世の焼き塩壺は、和泉地域が主たる生産地とされる。消費地である京・大坂と比較的近く、壺という重量物による輸送コストの増大も小さかったのであろう。

都城出土の製塩土器の多くは、紀淡海峡や大阪湾沿岸地域産とみられている。[26] 土器に封入しての輸送は、コスト面から考えて長距離輸送には適さない。だが、短距離であれば、輸送コストの増大分よりも、防湿効果等の面での優越が勝り、土器入りでの輸送・保管が選択された、と考えることができそうである。

さらに、寺院や有力貴族は、独自の製塩を行っていた。[27] こうして生産された塩を、輸送コストに糸目をつけず品質を維持させて都城に運び込もうとした場合、製塩土器に入れての輸送が積極的に選択された可能性も想定される。

いずれにせよ、製塩土器に入れての輸送は、輸送コストよりも防湿性＝品質を重視しての方法であったと位置づけることができるだろう。

律令国家の国家プロジェクトとしての塩政策・塩生産では、生産コストを無視しての保存用塩と、生産コスト重視の消費用塩の二本立てであった。ここでは、輸送コストは小さくされていた。[28] これに対して、都城で流通していた塩や、荘園経営での塩生産等では、輸送コストをふくらませてでも品質・保存性重視の塩が存在していた。西大寺食堂院の塩は、律令国家が直接的に介入・確保を目指し、都城で広汎に供給した塩とは別の世界の塩であったといえよう。

おわりに

以上、都城を中心とした塩の流通の実態的様相や、その背後にある律令国家の塩政策をみてきた。都城への塩の貢納体制の背景には、明瞭で強固な国家意思が存在していたことを明らかにできたと思う。

さて、都城以外の内陸諸国でも、塩は必要とされていた。しかし、こうした地域に塩を供給するような規定は、律令格式の世界にはみあたらない。内陸部でも、たとえば官人への給食や、牧での牛馬の飼育、塩漬加工の必要な貢納品の生産など、公的・国家的に塩が必要な場面は多く存在したはずなのだが、こうした塩の需要を手当するための規定はみあたらない。文字資料は、都城への塩供給を中心とした国家政策と運用についてはどうにか見通しを与えてくれるが、在地社会での塩流通ネットワーク解明にはまったく無力である。

一方、塩流通ネットワーク解明について、考古学的な立場からは、製塩土器の分布分析などに頼らざるをえないであろう。今回都城を事例に検討したように、ある程度の距離までであれば、塩の品質を保持しつつ輸送するのに、製塩土器は非常に有効な手段と考えられ、積極的に選択されていた可能性も高い。国家規模で塩を動かし、確保するような大がかりな目的でなければ、製塩土器での輸送の有効性は低くなかったのかもしれない。

ただ、後の時代の塩の輸送や保管のあり方の発展から考えても、籠に入れられて輸送された塩は——円錐形でにがりの除去に適した塩籠までは生み出されていなかったにせよ——、おそらく在地に広汎に存在したであろう。そうなると、製塩土器の分析だけでは塩流通ネットワークの全貌を明らかにすることはむずかしいと思われる。

とにかく、律令国家が、在地の塩流通ネットワークを整備したり把握したり、円滑化を図った痕跡はみあたらない。律令国家が、中央＝都城に富と力を集め、蓄積する意思と手段、姿は確認できた。だが、中央＝都城に集めるべき富と力を生み出すために、社会全体をどのように運営したのか、その姿は確認できなかった。

それは、律令国家支配のあり方の特徴であり限界なのか、木簡や法制史料が中心となる古代文献資料の持つ限界なのか、それともたまたま塩という素材では明らかにしがたい部分なのか。(29)

さらに検討を重ねたいと思う。

註

（1）広山堯道・広山謙介『日本古代の塩』（雄山閣、二〇〇三）。
（2）岸本雅敏「古代国家と塩の流通」（田中琢他編『古代史の論点3　都市と工業と流通』小学館、一九九八）。
（3）関根真隆『奈良朝食生活の研究』（吉川弘文館、一九六九）。
（4）廣野卓『食の万葉集』（中央公論社〈中公新書〉、一九九八）。
（5）岸本註2論文。
（6）奈良時代の若狭国は、遠敷郡と三方郡の二郡で、大飯郡はまだ分立していない。
（7）舘野和己「若狭の贄と調」（小林昌二編『古代王権と交流3　越と古代の北陸』名著出版、一九九六）。
（8）今泉隆雄氏も、この不整合を指摘する（今泉隆雄『古代木簡の研究』吉川弘文館、一九九八）。ただし、「塩などの長期保存できるものは、二〇年以上も保存されたのちに消費される」と、塩が長期保存できることを理由としているが、後述のようにこの観点だけでは不十分であると考える。
（9）奈良国立文化財研究所編『平城宮木簡　一』（奈良国立文化財研究所、一九六六）。
（10）岸本註2論文。
（11）奈良文化財研究所編『西大寺食堂院・右京北辺発掘調査報告書』（奈良文化財研究所、二〇〇七）。
（12）神野恵「都城の製塩土器」（奈良文化財研究所編『塩の生産・流通と官衙・集落』奈良文化財研究所、二〇一三）。
（13）平城宮内で勤務した役人の数はいくつかの推計がある。今回は中村順昭氏（中村順昭『律令官人制と地域社会』吉川弘文館、二〇〇八）の推計によって一万人とした。ただし、ここにカウントされている官人以外にも宮内に勤務する人々が存在していたことは確実であり、平城宮内での労働従事者はさらに数が多くなる。
（14）正倉院文書中にみえる塩の史料は、表6に掲げたとおり。テキストは『大日本古文書』によっている。
（15）正倉院文書でも、平城宮・京出土木簡でも確認できる。籠の中に、どのような状態で入っていたのかは不明である。なお、木簡では「周防塩一籠三斗入」（城二五―一七上）、「塩三籠　別三斗淡路者」（城三一―一八下）、「角鹿塩卅籠」（『平城京木簡』二〇四）など、産地を記している例もみられ興味深い。

(16) 今泉隆雄氏・関根真隆氏も、輸送は籠によるとする（今泉註8著書、関根註3著書）。山中章氏は、定量化された固形塩を製造し、土器に詰めたまま輸送していた可能性を提起する（山中章『日本古代都城の研究』柏書房、一九九七）。しかし、上述のような理由から、この仮説の成立は難しいと考える。なお、山中氏の研究は、調塩の形状に考察をめぐらし、固形塩の可能性を積極的に提示し、律令国家における意義を検討した研究として、重要な意義をもつ。

(17) 馬場基「荷札と荷物のかたるもの」（『木簡研究』三〇、二〇〇八。本書第Ⅰ部第一章）。

(18) 関根註3著書と広山堯道・広山謙介註1著書参照。

(19) 固形塩が広範に存在しており、宮中でも用いられた様子は、『延喜内膳式』に燃料として、塩を搗くための木臼が計上されていることからも知られよう。

(20) 文献中に塩の名前として知られるものは、関根真隆氏の整理がある（関根註3著書）。なお、関根氏の整理に登場しない塩として、熬塩（『延喜主計式』讃岐国・普通の塩と区別されている）・生道塩（『延喜主計式』尾張国・産地にもとづく名称か）・垂塩（城二九―二六下・城三一―二二下）などがある。

(21) 若狭国調塩の形状は、先ほどの木簡の「五顆」という数え方から考えれば、「破塩」のような固形塩の破片というより、一定の形状を保った固形塩であった可能性が高いだろう。固形塩が一個あたりどの程度の容積であったかは、不明である。正倉院文書の事例では、区切りのよい五合・一升五合・三升などが多いが、完全に統一されている様子ではない（関根註3著書参照）。

(22) 松葉竜司「若狭湾沿岸地域における土器製塩と塩の流通」（註12『塩の生産・流通と官衙・集落』）。

(23) 羽鳥幸一「瀬戸内の製塩と流通について」（註12『塩の生産・流通と官衙・集落』）。

(24) 註12『塩の生産・流通と官衙・集落』の森泰道コメント参照。

(25) 以下正倉院文書中の塩の情報は、表6参照。

(26) 神野註12論文。

(27) 広山堯道・広山謙介註1著書。

(28) 出土木簡中には、紀伊・淡路両国の塩荷札木簡も存在する。このうち、紀伊国は有田郡・日高郡の塩が多く、紀淡海峡とは若干離れる。淡路国は国内各地の地名がみられ、紀淡海峡地域とも隣接する。これらの塩荷札が付けられた塩が、製塩土器に入って運ばれた可能性も否定はできない。ただ、荷札木簡の点数から考えると、これらの比率は低いので、上記のように考えている。

(29) 本章で主として用いた荷札木簡は、法制史料の一部を形成するともいえる性格をもつと考えるが、木簡と法制史料とを、分けて記した。木簡の廃棄場面等までも含めて考えると、法制史料だけでは知りえない、実際の利用状況を知りうると考えるからである。

第四章　二条大路出土京職進上木簡考

はじめに

木簡を考える場合、文字によって示された記載内容と、形態・出土地点など文字以外のさまざまな情報を総合的に観察する必要があることはいうまでもない。二条大路出土の京・京職進上木簡を素材に、廃棄地域・記載内容と、木簡の形態を観察することで、二条大路木簡の世界の一端を覗いてみたいと思う。

1　造営・工事関係の木簡

まず、二条大路出土木簡から、京・京職進上木簡を取り出してみると、表7のとおりである。(1) 以下、本章ではこの表7の番号を便宜的に用いていくことにする。

これらの木簡の出土位置の特徴については、イSD5100の西よりで天平一〇年（七三八）鼠等の進上状が、ロSD5100の中央付近で槐花の進上状が、ハSD5300の東よりで天平八年の鼠進上状が、それぞれ多いという偏りのあることが指摘されている。(2)

表7　二条大路出土京・京職進上木簡

木簡番号	出典	進上物	発	年	月	日	形式	地区	著名（名）	孔
01	城22-09下	鼠等	左京職				081	UO42	春日蔵首大市	
02	城22-09下	鼠等	左京職	10	04	16	011	UO43	石別	
03	城22-09下		?		04	16	019	UO42	膳造石別	
04	城22-09下	鼠等	左京職	10	02	14	011	UO41	衣縫連人君	
05	城22-09下	鼠等	（左京職）	10	04	17	081	UO15	衣縫連人君	
06	城22-10上	鼠等	（左京職）		08	30	081	UO17	衣縫連人君	
07	城22-10上	槐	左京五条	08	06	14	011	UO27	刑部舎人造園麻呂	
08	城22-10上	鼠等	右京職	10	02	12	019	UO44		
09	城22-10上	槐	右京四条		06	08	011	UO30	大網君智万呂	下20
10	城22-10上	槐	（右）京九条			08	032	UO40	大網君智万呂	下20
11	城22-10上	?	右京		06	06	032	UO31	大網君智万呂	下20
12	城22-10下	槐	右京八条・五条		06	08	019	UO30	大網君智万呂	下20
13	城22-10下	建築	右京三条	08	10	23	011	UO15	文伊美吉牟良自	
14	城24-07下	鼠等	左京職	08	04	08	011	JF10		上10
15	城24-08上	鼠等	左京職	08	04	13	011	JF10	百済王全福	上10
16	城24-08上	鼠等	左京職	08	04	14	011	JF10	百済王全福	上10
17	城24-08上	鼠等	左京職	08	07	22	081	JF11	膳造石別	
18	城24-08上	鼠等	左京職	08	09	18	011	JF11	膳造石別	
19	城24-08上	鼠等	左京職	08	10	27	019	JD25	春日蔵首大市	
20	城24-08下	建築	右京職	08	01	18	081	JD29	榎井	上18
21	城24-08下	鼠等	右京職	08	10	25	081	JD18	田辺史真上	
22	城24-08下	鼠等	右京		04	08	011	JF10		上10
23	城24-08下	?	?	08	08	05	019	JD19	室原馬養造田主	
24	城29-13上	鼠等	（左）京職	08	04	15	081	JF09	百済王全福	
25	城29-13上	鼠等	左京職				081	JF11		
26	城29-13上	?	（左京職）				081	JD18	春日蔵首大市	
27	城29-13上	鼠等	右京職		04	07	011	JF10		下17
28	城29-13上	鼠等	右京職				081	JF12		
29	城29-13上	?	右京職				081	JD28		
30	城29-13下	?	右京職				011	JF10		下14
31	城30-05上	鼠等	左京職	08	(11)	10	011	UO48	百済王全福	
32	城31-12上	鼠等	左京職	10	01	19	011	UO14	衣縫連人君	
33	城31-12上	鼠等	（左）京職				081	UO46	春日蔵首大市	
34	城31-12上	?	（左京職）				081	UO32	膳造石別	
35	城31-12上	?	?	10	05	06	081	UO44	大網君智万呂	
36	城31-12上	?	?	10	05	14	081	UO41	大網君智万呂	
37	城31-12下	?	?			08	081	UO36	大網君	下20
38	城31-12下	?	?				011	UO41	大網君智万呂	下20
39	城31-12下	鼠等	右京職	09	04	06	011	UO42		
40	城31-12下	鼠等	京職				081	UO39		
41	城31-12下	?	?		03	02	081	UO47		

※出典は木簡概報の号数-頁である.　※発の（　）は官人名などからの想定を示す.
※年はいずれも天平.　※孔は木簡の上下どちらかからの距離（m/m）を示す.

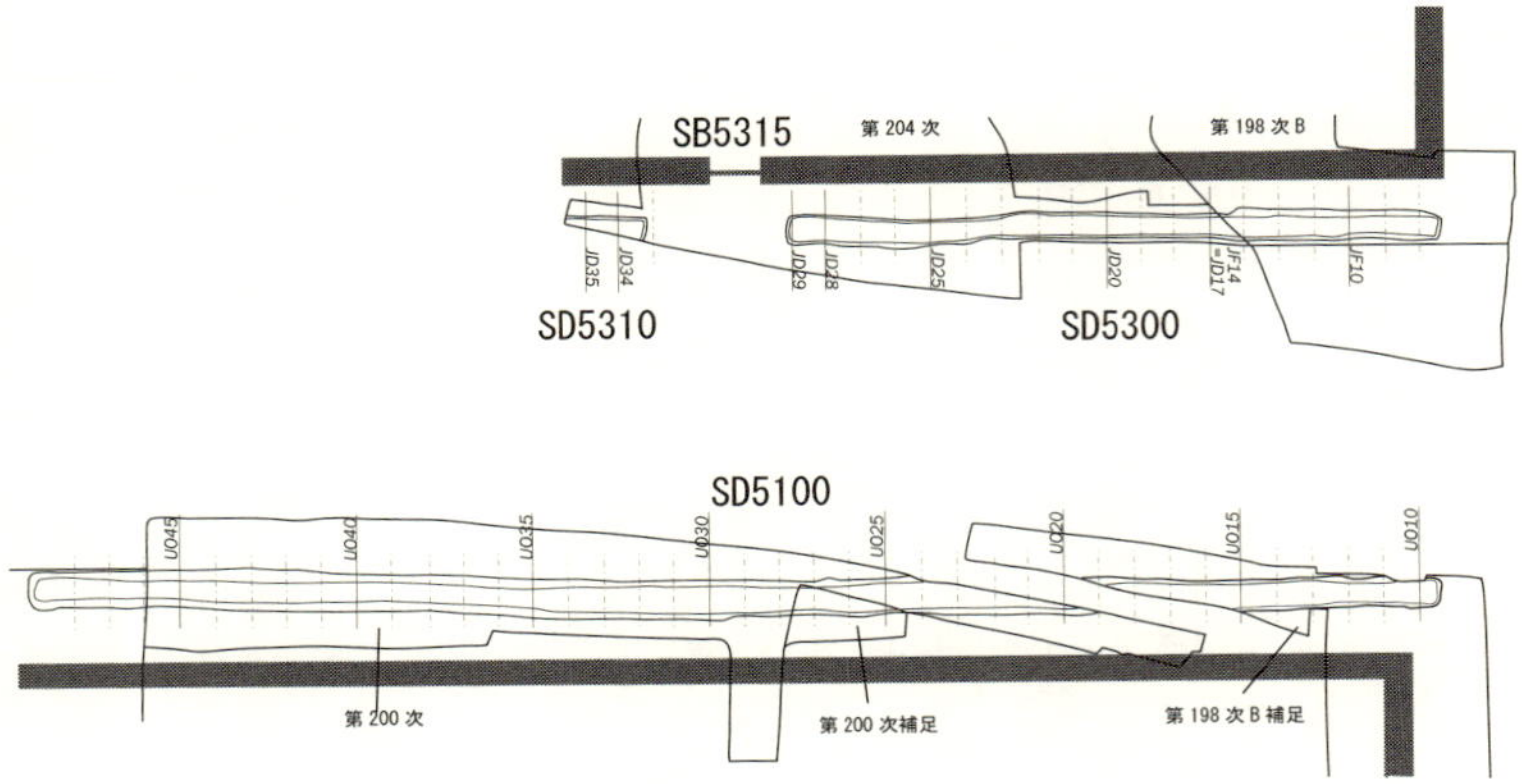

図6　SD5100・5300・5310地区割図

この指摘は基本的に継承できるが、鼠等進上木簡や槐花進上木簡以外の、京・京職進上木簡が何点かある。最初に、これらの木簡について検討したい。

20の白土進上木簡と、13の礫進上の木簡が検討の対象である。これらの木簡は出土地点も上記の指摘からははずれている。20の木簡はJD29地区という、北側のSD5300西端、二条二坊五坪の南門が開くすぐ東の場所から出土している。この地区からは鼠など他の京・京職進上木簡は出土していない。一方、13の木簡はUO15という、SD5100東よりの、京・京職関係木簡の出土傾向が指摘されていない地区からの出土である。

この二点の木簡の進上品目は、白土や礫という、造営・工事に関わるものである。そして、こうした点から、注目されるのが、JD29出土の瓦・瓦所関係の木簡である。表8は、二条大路木簡中にみえる、造営・工事に関わるとみられる進上木簡を拾い出したものである。これらの木簡の出土地は、主としてJD29を中心としたSD5300西端に分布している。

したがって、20白土進上木簡は、京・京職進上木簡というくくり方ではなく、造営・工事に関わる木簡として一括して管理され、廃棄されたと考えられる。13天平八年の礫進上木簡も、京職関係の木簡として廃棄

表8　二条大路出土造営関係進上木簡

木簡番号	出典	進上物	発	年	月	日	形式	地区	著名（名）	孔
13	22–10	建築	右京三条	08	10	23	011	UO15	文伊美吉牟良自	
20	24–08	建築	右京職	08	01	18	081	JD29	榎井	上18
	24–08	建築（薬品）	西市	08	07	29	011	JD29	大原広津	
	24–09	建築	右佐貴瓦山司	07	11	30	081	JD28	卜長福	下14
	24–09	建築	佐紀瓦司	08	12	08	011	JD29	出雲広□□□	下16
	24–09	建築	佐貴山司	08			081	JD29		
	24–09	建築	越田瓦屋	08	07	06	081	JD29		
	24–09	建築	越田				081	JD29		
	24–09	建築		06	07	06	019	JD22	大狛広万呂	
	24–10	建築			01	19	081	JD29		上13
	29–12	建築	瓦屋司	(08)			081	JD29		
	29–13	建築	瓦山				051	JD29		

されたのではなく、造営・工事関係の木簡としてUO15地区に廃棄されたと考えることができる。[3]

さて、ここで注目されるのが、これら造営・工事関係の木簡の年紀が比較的短期間に集中していることである。このことは天平八年の中頃に終わった造営があったのだろうことを推測させる。また、その出土地点が、二条大路北側の二条二坊五坪から木簡が廃棄されたとみられる地域であることは、その造営・工事が二条二坊五坪に関わるものであったことを推測させるものといえよう。天平八年は、遺構変遷ではc期とされる時期に属し、五坪南門が礎石建ちのSB5315Bになり、坪内には大規模な建物SB5390が建てられるなどの変化が起きている時期である。[4]これらの木簡もこうした工事と関係するものかもしれない。

2　鼠等進上木簡

次に、鼠等進上木簡[5]について検討していきたい（表9）。鼠等進上木簡は、先ほど引用した指摘のイとハが対応する。しかし鼠等進上木簡についても、その出土地点と、その年紀を検討するとイ・ハの指摘からはずれる木簡がある。31・39・5・6・32である。最初にこれらの本簡について検討しておくことにする。

31と39の木簡は、イで天平一〇年の鼠等進上木簡の出土が指摘されている、SD5100の西よりから出土した、それぞれ天平八年と天平九年の年紀を有する鼠等進上木簡である。ここで注目されるのは、鼠等進上木簡に記された年紀である。イ・ハの指摘が明らかにしているように、鼠等進上木簡は時期によって廃棄場所が変化している。鼠等進上木簡を年紀順に並べたのが表10である。

JF10を中心とした、SD5300の東よりから出土する鼠等進上木簡は、天平八年の四月〜九月にかけてのものである。さらに細かくみると、四月の木簡が主としてJF10地区出土であるのに対して、七月と九月の木簡はその西側のJF11地区の出土である。こうした視点でみると、JF11地区より西から出土している、19や21の木簡が注目される。この二点は天平八年一〇月の鼠等進上木簡であり、天平八年の中でも、木簡の廃棄場所が徐々に西へ移動している状況を示唆しているといえよう[6]。

鷹の餌としての鼠の肉がそれほど日持ちするとも考えがたいので、鼠等の肉は一定量が恒常的に供給される必要があったと思われる。だが、イ・ハの指摘をみればすぐに気づくように、天平九年の鼠等の進上木簡はきわめて少なく、一点ほどしかみあたらない。この理由としては、資料の残存状況や、廃棄場所が二条大路上の濠状遺構以外であると

表9　二条大路出土鼠進上木簡

木簡番号	出典	進上物	発	年	月	日	形式	地区	著名（名）	孔
01	22–09	鼠等	左京職				081	UO42	春日蔵首大市	
02	22–09	鼠等	左京職	10	04	16	011	UO43	石別	
04	22–09	鼠等	左京職	10	02	14	011	UO41	衣縫連人君	
05	22–09	鼠等	（左京職）	10	04	17	081	UO15	衣縫連人君	
06	22–10	鼠等	（左京職）		08	30	081	UO17	衣縫連人君	
08	22–10	鼠等	右京職	10	02	12	019	UO44		
14	24–07	鼠等	左京職	08	04	08	011	JF10		上10
15	24–08	鼠等	左京職	08	04	13	011	JF10	百済王全福	上10
16	24–08	鼠等	左京職	08	04	14	011	JF10	百済王全福	上10
17	24–08	鼠等	左京職	08	07	22	081	JF11	膳造石別	
18	24–08	鼠等	左京職	08	09	18	011	JF11	膳造石別	
19	24–08	鼠等	左京職	08	10	27	019	JD25	春日蔵首大市	
21	24–08	鼠等	右京職	08	10	25	081	JD18	田辺史真上	
22	24–08	鼠等	右京		04	08	011	JF10		上10
24	29–13	鼠等	（左）京職	08	04	15	081	JF09	百済王全福	
25	29–13	鼠等	左京職				081	JF11		
27	29–13	鼠等	右京職		04	07	011	JF10		下17
28	29–13	鼠等	右京職				081	JF12		
31	30–05	鼠等	左京職	08	（11）	10	011	UO48	百済王全福	
32	31–12	鼠等	左京職	10	01	19	011	UO14	衣縫連人君	
33	31–12	鼠等	（左）京職				081	UO46	春日蔵首大市	
39	31–12	鼠等	右京職	09	04	06	011	UO42		
40	31–12	鼠等	京職				081	UO39		

表10　鼠等進上木簡を日付順に並べたもの

木簡番号	出典	進上物	発	年	月	日	形式	地区	著名（名）	孔
14	24-07	鼠等	左京職	08	04	08	011	JF10		上10
15	24-08	鼠等	左京職	08	04	13	011	JF10	百済王全福	上10
16	24-08	鼠等	左京職	08	04	14	011	JF10	百済王全福	上10
24	29-13	鼠等	(左)京職	08	04	15	081	JF09	百済王全福	
17	24-08	鼠等	左京職	08	07	22	081	JF11	膳造石別	
18	24-08	鼠等	左京職	08	09	18	011	JF11	膳造石別	
19	24-08	鼠等	左京職	08	10	27	019	JD25	春日蔵首大市	
21	24-08	鼠等	右京職	08	10	25	081	JD18	田辺史真上	
39	31-12	鼠等	右京職	09	04	06	011	UO42		
31	30-05	鼠等	左京職	08	(11)	10	011	UO48	百済王全福	
32	31-12	鼠等	左京職	10	01	19	011	UO14	衣縫連人君	
08	22-10	鼠等	右京職	10	02	12	019	UO44		
04	22-09	鼠等	左京職	10	02	14	011	UO41	衣縫連人君	
02	22-09	鼠等	左京職	10	04	16	011	UO43	石別	
05	22-09	鼠等	(左京職)	10	04	17	081	UO15	衣縫連人君	
27	29-13	鼠等	右京職		04	07	011	JF10		下17
22	24-08	鼠等	右京		04	08	011	JF10		上10
06	22-10	鼠等	(左京職)		08	30	081	UO17	衣縫連人君	
01	22-09	鼠等	左京職				081	UO42	春日蔵首大市	
25	29-13	鼠等	左京職				081	JF11		
28	29-13	鼠等	右京職				081	JF12		
33	31-12	鼠等	(左)京職				081	UO46	春日蔵首大市	
40	31-12	鼠等	京職				081	UO39		

いう可能性も考えられる。しかし、天平八年の廃棄場所がSD5300内で東から西へ移動している様子があること、SD5300の西端部は他の木簡群が集中的に投棄されていることを考慮すると、SD5300西端ともいいうる場所で一〇月の木簡が出土していることはきわめて示唆的である。つまり天平八年一〇月以降、天平九年にかけての鼠等進上木簡は、二条大路濠状遺構のより西の部分、SD5310の未掘部分に投棄された可能性が十分考えられるのではないかと思う。[7]もしそうだとすると、天平九年想定地域の向かい側・SD5100西部から天平八年一一月や天平九年四月の木簡が出ているのも、理解しやすいと思う。

次に5・6・32という、SD5100の東よりで出土している木簡であるが、これらの木簡の年紀で確認できるものは天平一〇年一月から四月と、某年八月である。一方、SD5100の西端で出土しているのは、先に検討した二点を除くと天平一〇年二月および四月の木簡である。したがって、鼠等進上木簡のSD5100における出土状況は、時期による変化とは必ずしもいえない。SD5300・5310では、時期による変化が想定できたが、SD5100ではその投棄が時期による変化ではない可能性が強い。

さて、これらの鼠等進上木簡の形態で、特徴的なのがJF10地区を中心とするSD5300の東の地域に廃棄された、天平八年四月の木簡である。この地域から出土する鼠等進上木簡には穿孔されたものが多い。他の地域からの鼠等進上木簡で、穿孔を有するものはない。

この穿孔を観察すると（図7参照）、14・15・16・22については、①木簡の上部に穿孔している、②木簡の上端から約一㌢の場所に穿孔している、という共通点がみられる。穿孔位置を左右のバランスでみると、中心になっているわけではない。だが、詳細に観察すると、22のように上端から一㌢のあたりに文字がない場合や、15のように文字があっても中心からずれている場合には中心に、14・16のように文字がある場合はややよけて穿孔している様子がみられ、

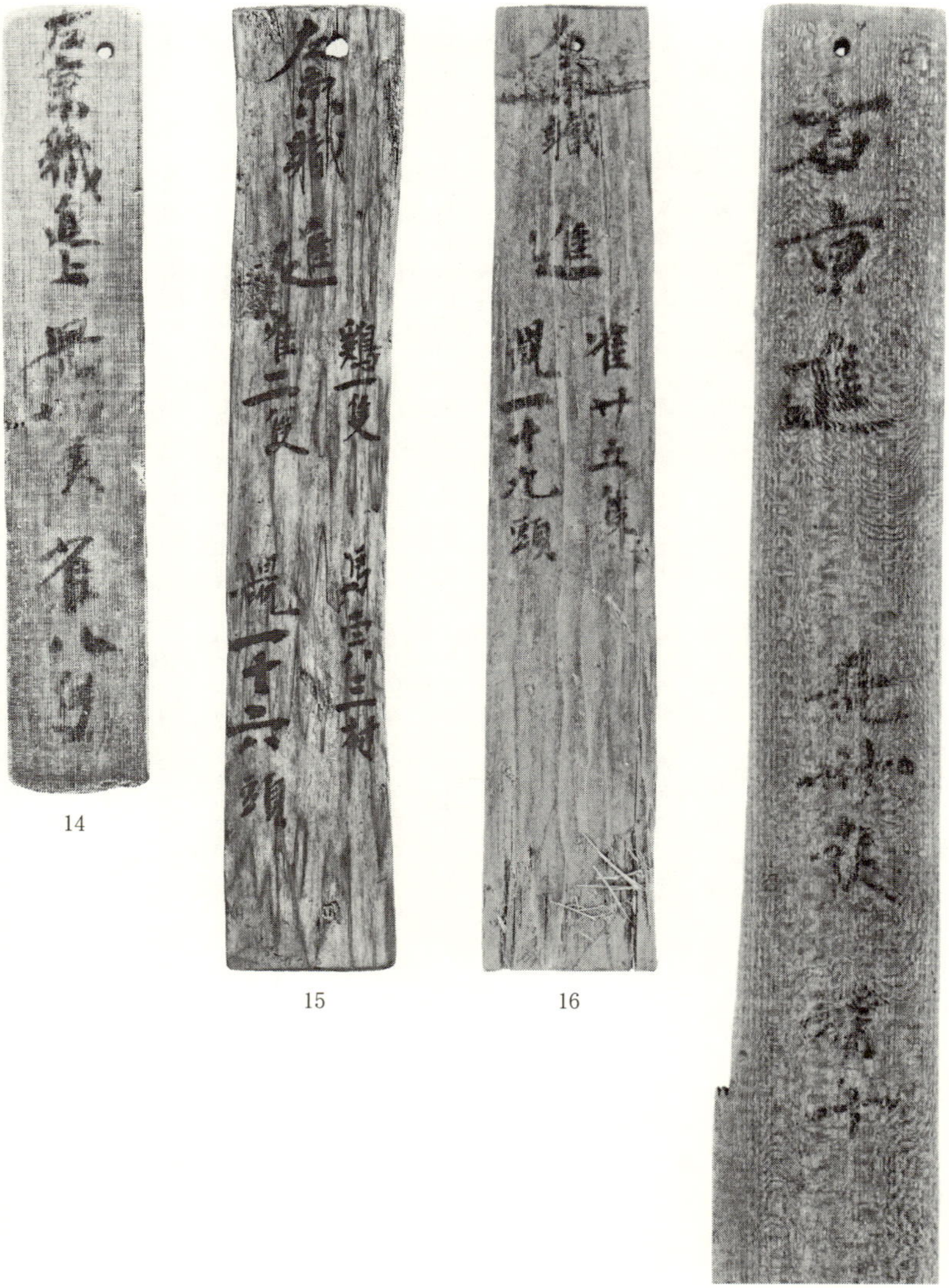

14　15　16　22

図7　穿孔つき鼠等進上木簡

むしろ③文字を避けて穿孔している、という共通点がみいだせる。このように、これらの木簡の穿孔にはきわめて高い規格性が認められる。これに対し、27は、穿孔が木簡の下端から一・七㌢ほどの部分であり、様相が異なる。この木簡は年の記載はないが、出土地区から考えて天平八年四月七日の木簡であると考えられる。14の天平八年四月八日の木簡は先の規格性をもっており、また年の記載のないJF10地区出土の四月八日付けの木簡である22もやはり先の規格性をもっている。したがって、この変化は四月七日から八日の間に生じていることになる。この孔は、物品に縛り付けるためのものではなく、進上状を束ねて帳簿（もしくはその元データ）として利用する際に、収納者側で穿たれたものと考えられるので、穿孔の位置の変化は収納者側の変化を反映している。木簡に書かれた日付と、収納者側が事務処理を行った日がまったく同じとは限らないが、鼠の肉という物品の性格から考えて、四月上旬に収納者側の事務体制が変わったとみることができよう。鼠等進上木簡の収納者側の事務処理は、天平八年四月より前には木簡の下端部に穿孔する、というもので、四月上旬に上端部から一㌢程度の部分に文字をさけて穿孔するように変化し、おそくとも九月には穿孔しない事務体制に変化していた、ということがうかがわれる。この穿孔の規格性は、長屋王家木簡の穿孔が、文字をさけようとした形跡に乏しいなど、ほとんど規格性をみいだせないことと比べ特徴的であり、かつある時期に事務処理が一変したことを具体的に示す興味深い事例といえよう。

3　槐花進上の木簡

最後に、槐花進上木簡(8)について検討したい。槐花進上に関わることが確実な木簡は表11のとおりである。さて、これらの木簡は、ロの指摘にもあるように、狭い範囲から集中的に出土しており、廃棄の一括性の高さを想定させる。

表11　二条大路出土槐花進上木簡

木簡番号	出典	進上物	発	年	月	日	形式	地区	著名（名）	孔
07	22–10	槐	左京五条	08	06	14	011	UO27	刑部舎人造園麻呂	
09	22–10	槐	右京四条		06	08	011	UO30	大網君智万呂	下20
10	22–10	槐	（右）京九条			08	032	UO40	大網君智万呂	下20
12	22–10	槐	右京八条・五条		06	08	019	UO30	大網君智万呂	下20

大きさなどに一定の法則はみいだしがたいが、やはり穿孔の位置に特徴がある（図8参照）9・10・12の木簡は、いずれも下端から二㌢ほどの部分にやや大きめの穿孔がなされている。また、年の記載を有する木簡はいずれも天平八年、日付は六月半ばのみという共通点もみいだすことができる。

こうした視点でみると、近隣のUO31・36・41地区から出土している木簡の、11・37・38が注目される。これらの木簡は墨の残りが悪かったり、上端が欠損したりしているため、細かな文言の内容などは不明であるが、京職官人の署名があり、下端から二㌢ほどの部分にやや大きめの穿孔がなされている、という特徴が指摘できる（図9参照）。京・京職の進上木簡で穿孔を有するものは必ずしも多くはない。したがって、これらの木簡はいずれも、記載に欠損があるものの、形態などから槐花進上木簡とみて間違いないであろう。また、37の日付は、ある月の八日と釈読されているが、月は残画からすると「六」もしくは「八」であり、上記の状況からすれば六月八日とみてほぼ間違いないと思われる。[9]

槐花進上木簡は、長方形の〇一一形式が中心ではあるが、10と11は切り込みを有する〇三二型式の木簡である。通常、こうした切り込みは付札として利用される際に、物品に紐でくくりつけるためのものと考えられている。この10・11についても、付札木簡を再利用した可能性もなくはないが、物品にくくり付けられていた、と考えた方が自然であろう。するとこれらの木簡は、当初付札としての機能と進上状としての機能を兼備し、物品が収納されてからは穿孔されて帳簿に機能が変化した、と考えられる。一点の木簡の機能の多様性や変化が如実に現れており、興味深い資料である。

さて、これらの槐花進上木簡は、鼠等進上木簡と比べると、きわだった特徴が二点ある。一つは、出土場所が比較的集中していることである。鼠等進上木簡が、時期によって継続的に場所を変化させながら廃棄されている様子があ

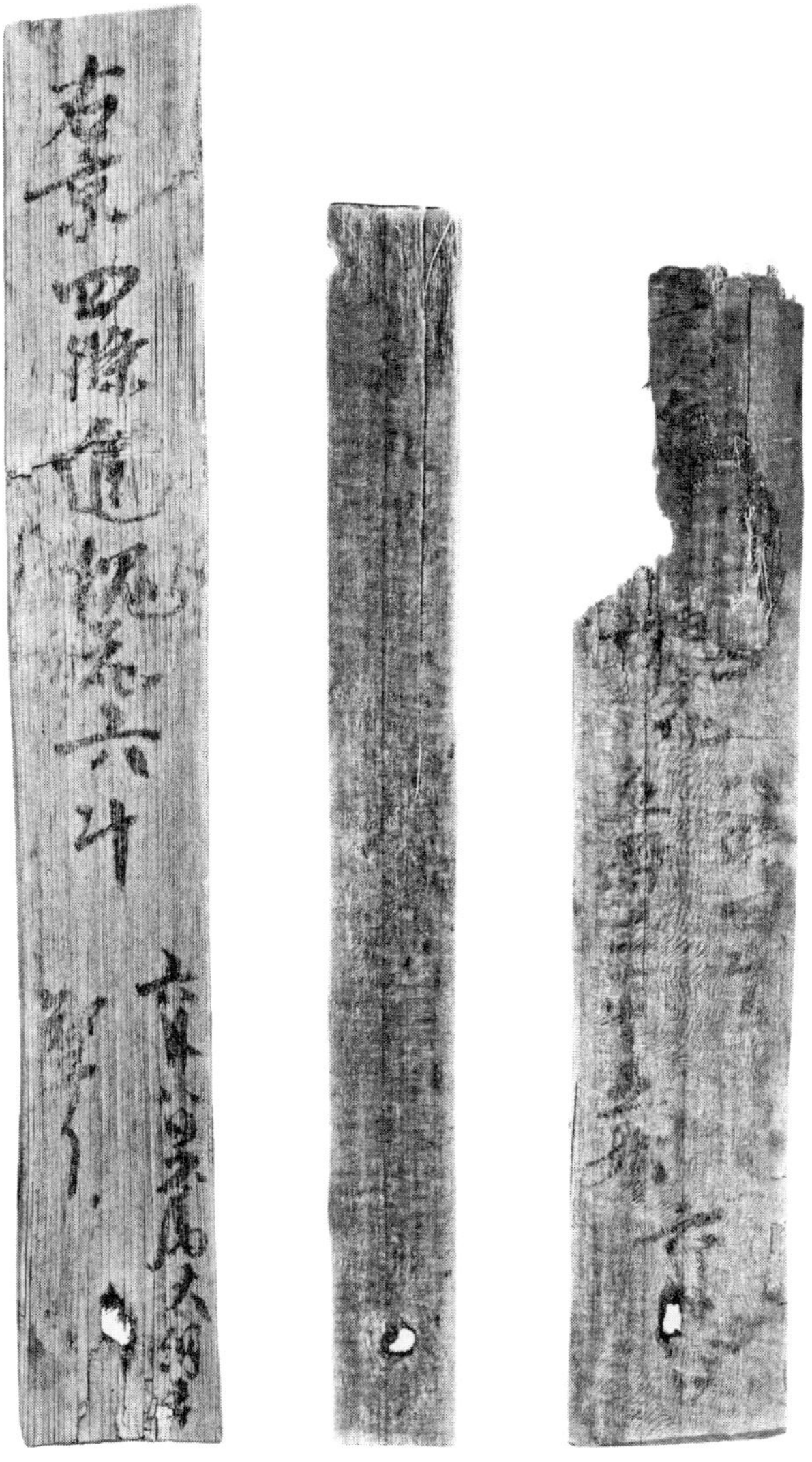

9　10　12

図8　穿孔つき槐花進上木簡

37　11　38

図9　穿孔つき槐花進上木簡（想定）

るのに対し、槐花進上木簡は一ヵ所に集中的に廃棄されているようである。二つめには、収納者側の処理の規格性の高さである。鼠等進上木簡は、天平八年四月についてはきわめて高い規格性を示すが、これも時期によって変化している。一方槐花進上木簡は、きわめて高い規格性を共有している。二条大路木簡全期間をほぼ通して存在することが確実な鼠等進上木簡と、槐花進上木簡を比較した際のこれら二つの特徴は、槐花進上木簡の廃棄が廃棄場所や収納者側の事務体制が変わらないような短期間になされたことを示しているといえよう。

すると、槐花進上木簡は、年紀を有さないものも含めて天平八年六月のもの、ということになる。さらに日付を細かくみると、六月八日〜一四日までのわずか七日間に集中している。これには当然、槐の花が咲く時期が関係していると思われる。ただし、もっとも新しい日付が六月一四日という、吉野行幸直前であることは、出土地点が多く吉野行幸関連の木簡が出土している地域と一致することも含めて、注目される。最新の日付を持つ7の木簡は唯一穿孔されていないが、これは収納されてから帳簿としての利用を経ずに廃棄された可能性を示しているのではなかろうか。一点だけ、やや日付が遅れることも考慮すると、この木簡での納入を待っている状態で、収納してすぐその物品（槐花）収納に関する事務作業が終了したため、穿孔されなかった、と考えられる。槐花の用途としては、薬品としての用途と、染料としての用途が想定されているが、(10)染料としての利用なら長期間にわたると思われるのに天平八年一年分しかみられないこと、吉野行幸の直前で納入が完了していることを合わせ考えると、行幸に備えた薬品としての納入の可能性も十分想定できるのではないだろうか。

4　内容不詳の木簡について

以上の検討をふまえ、内容不詳の京・京職進上木簡について、その内容を推測してみたい。a出土地点がSD5100の中央付近で、日付が六月、下端から二㌢に穿孔があるか、下端が割れていて穿孔の確認ができなければ槐花進上木簡の可能性が高いことは前述のとおりである。b出土地点がSD5300のやや東よりであれば、天平八年四月〜一〇月の間の鼠等進上木簡の可能性が高い。ｃとくに、JF10地区では四月の可能性が高く、西に行くにしたがってやや月が遅くなる。ｄSD5300西端、JD29地区であれば建築関係の可能性が強い。ｅSD5100では、槐花以外は天平一〇年の鼠等進上木簡の可能性が高いと考えられる。

3の木簡は、出土地区はUO42で槐花か鼠等か微妙であるが、四月であり穿孔がないので、ｅに当てはまり鼠等進上木簡である可能性が高い。11については既に検討したように槐花の進上木簡であろう。23の木簡は出土地区からするとｂに当てはまり、八月という月とJD19という出土地点にも矛盾はないが、京職官人がほかにみられない人物であるので、京職からの進上木簡かという点も含めてやや不安が残る。26はｂに当てはまり、出土地点からｃによって天平八年五月〜一〇月が想定されるが、署名している京職官人が春日蔵首大市であることから[11]、天平八年一〇月の鼠進上木簡であると考えられる。29は出土地点からｄに当てはまると考えられ、建築関係の進上木簡である可能性が推定される。30は出土地点からｃに当てはまり天平八年四月の鼠進上木簡と考えられるが、穿孔の位置が下端なので四月七日以前であろうと推測される。34は出土地点からするとａになるが、形態からするとｅとも考えられる。署名している京職官人は2・3・17・18とも共通しているが、これだけでは何ともいえない。鼠等進上木簡の可能性がやや高いといえよう。35・36は出土地点も西よりであり、日付も天平一〇年五月で、穿孔も確認できないことから、ｅに当てはまり、鼠等進上木簡であろう。37・38は既に検討したように槐花進上木簡であると考えられる。これらをまとめると表12のようになる。

表12　二条大路出土京京職進上木簡（想定含む）

木簡番号	出典	進上物	発	年	月	日	形式	地区	著名（名）	孔
01	22–09	鼠等	左京職				081	UO42	春日蔵首大市	
02	22–09	鼠等	左京職	10	04	16	011	UO43	石別	
03	22–09	鼠等	？		04	16	019	UO42	膳造石別	
04	22–09	鼠等	左京職	10	02	14	011	UO41	衣縫連人君	
05	22–09	鼠等	（左京職）	10	04	17	081	UO15	衣縫連人君	
06	22–10	鼠等	（左京職）		08	30	081	UO17	衣縫連人君	
07	22–10	槐	左京五条	08	06	14	011	UO27	刑部舎人造園麻呂	
08	22–10	鼠等	右京職	10	02	12	019	UO44		
09	22–10	槐	右京四条	08	06	08	011	UO30	大網君智万呂	下20
10	22–10	槐	（右）京九条	08	06	08	032	UO40	大網君智万呂	下20
11	22–10	槐	右京	08	06	06	032	UO31	大網君智万呂	下20
12	22–10	槐	右京八条・五条	08	06	08	019	UO30	大網君智万呂	下20
13	22–10	建築	右京三条	08	10	23	011	UO15	文伊美吉牟良自	
14	24–07	鼠等	左京職	08	04	08	011	JF10		上10
15	24–08	鼠等	左京職	08	04	13	011	JF10	百済王全福	上10
16	24–08	鼠等	左京職	08	04	14	011	JF10	百済王全福	上10
17	24–08	鼠等	左京職	08	07	22	081	JF11	膳造石別	
18	24–08	鼠等	左京職	08	09	18	011	JF11	膳造石別	
19	24–08	鼠等	左京職	08	10	27	019	JD25	春日蔵首大市	
20	24–08	建築	右京職	08	01	18	081	JD29	榎井	上18
21	24–08	鼠等	右京職	08	10	25	081	JD18	田辺史真上	
22	24–08	鼠等	右京		04	08	011	JF10		上10
23	24–08	鼠等	？	08	08	05	019	JD19	室原馬養造田主	
24	29–13	鼠等	（左）京職	08	04	15	081	JF09	百済王全福	
25	29–13	鼠等	左京職				081	JF11		
26	29–13	鼠等	（左京職）	08	10		081	JD18	春日蔵首大市	
27	29–13	鼠等	右京職		04	07	011	JF10		下17
28	29–13	鼠等	右京職				081	JF12		
29	29–13	建築	右京職	08			081	JD28		
30	29–13	鼠等	右京職	08	(04)	(07)	011	JF10		下14
31	30–05	鼠等	左京職	08	(11)	10	011	UO48	百済王全福	
32	31–12	鼠等	左京職	10	01	19	011	UO14	衣縫連人君	
33	31–12	鼠等	（左）京職				081	UO46	春日蔵首大市	
34	31–12	？	（左京職）				081	UO32	膳造石別	
35	31–12	鼠等	？	10	05	06	081	UO44	大網君智万呂	
36	31–12	鼠等	？	10	05	14	081	UO41	大網君智万呂	
37	31–12	槐	？	08	06	08	081	UO36	大網君	下20
38	31–12	槐	？	08	06		011	UO41	大網君智万呂	下20
39	31–12	鼠等	右京職	09	04	06	011	UO42		
40	31–12	鼠等	京職				081	UO39		
41	31–12	？	？		03	02	081	UO47		

おわりに

以上、二条大路出土京・京職進上木簡について、いささか検対を加えた。木簡観察記録の呈ではあるが、二条大路木簡の世界をかいまみる孔となれば幸いである。

註

（1）検討は、奈良文化財研究所『平城宮発掘調査出土木簡概報』で釈文を掲載されている範囲で行った。なお、選択の基準には「京」等の表記の他、官人名・官職名も用いている。
（2）渡辺晃宏「二条大路木簡の内容」（奈良国立文化財研究所編『平城京　長屋王邸宅と木簡』吉川弘文館、一九九一）。なお出土地点を含めた二条大路木簡に関する総合的かつ詳細な検討は、渡辺晃宏「第Ⅳ章遺物　1木簡　C二条大路木簡」、「第Ⅴ章考察　1　木簡　B二条大路木簡と皇后宮」（奈良国立文化財研究所編『平城京左京二条二坊・三条二坊発掘調査報告』奈良国立文化財研究所、一九九五）。
（3）後述するように、UO15地区からは天平一〇年の鼠等進上木簡が出土しているが、この13についてはそれらとは分けて理解すべきであろう。
（4）山岸常人「第Ⅴ章考察　5遺構の変遷と建築的特質」（註2『左京二条二坊・三条二坊発掘調査報告書』）。
（5）鼠等進上木簡については、森公章「二条大路木簡中の鼠進上木簡寸察」（『長屋王家木簡の基礎的研究』吉川弘文館、二〇〇〇。初出一九九九）などの先行研究がある。ただし森論文が掲げている一覧表には問題がある。森氏は槐花進上木簡のうち年の記載がないものについて、根拠は必ずしも明瞭ではないが天平一〇年としている。しかし後述するように、槐花進上木簡は形態的特徴と出土地区から考えて、すべて天平八年のものとみるべきであろう。
（6）点数が少ないこと、19と21の出土位置が離れていることなどやや問題もあるが全体としては西への移動がみられるといえよう。

（7）あくまでもひとつの想定であることを確認しておきたい。
（8）槐花進上木簡についての先行研究としては東野治之「二条大路木簡の槐花」（中山修一先生喜寿記念事業会編『長岡京古文化論叢Ⅱ』三星出版、一九九二）がある。
（9）鼠等進上木簡への左京の京職官人の署名は、天平八年四月百済王全福、天平八年七～九月膳造石別、天平八年一〇月春日蔵首大市、天平八年一一月百済王全福（一点のみで、月を読み切っていないのでやや不安）、天平一〇年一～四月衣縫連人君、という傾向がある。同時期に二人の官人の署名がみえることはなく、時期ごとに専当していた状況が想定されるであろう。
（10）東野註8論文。
（11）註9参照。

第五章　平城京の鼠

はじめに

平城京は当時、日本列島でもっとも人口が集中していた場所である。

こうした場所に、人とともに大発生する生き物に、鼠がいる。当然平城京にも鼠はいたはずである。鼠は、記紀神話では、火に囲まれた神に逃げ場所を提供するなど、なかなかの活躍をしている。(1)だが、今日の感覚でいうと、都市部の鼠の印象は悪い。

そして、鼠の姿は、古代史の史料の中では影が薄い。『日本霊異記』にも登場しないし、『万葉集』でも鼠の存在感は希薄である。

本章では、平城京の都市環境を考える一つの要素として、平城京の鼠に関して整理をしてみたいと思う。

1　六国史にみえる鼠の傾向

六国史に現れる鼠の記事を集めてみた（表13）。『続日本紀』の範囲だけでは事例も少なく、また時代的傾向なども

表13　六国史の鼠記事（大化以降）

番号	年	西暦	月	日	内　容	出　典	分類
1	大化元年	645	12	癸卯	春〜夏に鼠が難波に向け移動．難波遷都の予兆．	日本書紀	予兆
2	大化2	646	是歳		越国の鼠が昼夜を問わず東に去る．渟足柵を造る予兆．	日本書紀	予兆
3	大化3	647	是歳		数年来鼠が東に行く．渟足柵を造る予兆．	日本書紀	予兆
4	白雉5	654	1	戊申	夜に鼠が倭京に向かって遷る．遷都の予兆．	日本書紀	予兆
5	白雉5	654	12	己酉	鼠が倭京へ向かう．遷都の予兆．	日本書紀	予兆
6	天智1	662	4		鼠が馬の尾に子を産む．朝鮮半島の戦乱の予兆．	日本書紀	予兆
7	天智5	666	是冬		京都の鼠が近江に向けて移動．近江遷都の予兆．	日本書紀	予兆
8	神亀3	726	1	辛巳	京職が白鼠を献上．	続日本紀	祥瑞
9	天平神護2	766	9	戊午	「雀鼠風雨」による諸国の官舎の破損を述べる．	続日本紀	表現
10	神護景雲2	768	11	壬申	美作から白鼠を献上．	続日本紀	祥瑞
11	宝亀5	774	8	辛卯	蝦夷について「狗盗鼠窃」（こそどろ）と評す．	続日本紀	表現
12	宝亀6	775	4	己巳	河内・摂津で鼠害．	続日本紀	鼠害
13	宝亀6	775	7	丁未	下野国都賀郡で鼠害．	続日本紀	鼠害
14	宝亀9	778	4	甲申	摂津国から白鼠献上．	続日本紀	祥瑞
15	宝亀9	778	12	癸未	大宰府から白鼠（赤眼）献上．	続日本紀	祥瑞
16	宝亀11	780	12	庚子	蝦夷関連で「首鼠」．	続日本紀	表現
17	延暦9	790	9	己卯	摂津職から白鼠（赤目）献上．	続日本紀	祥瑞
18	延暦15	796	4	庚午	怪鳥の形容として「毛は鼠に似る」．	日本紀略	表現
19	大同4	809	3	辛酉	山城国から白鼠献上．	日本後紀	祥瑞
20	嘉祥3	850	3	庚寅	膳部8人の履を鼠が嚙む．内印の印盤の褥も鼠に嚙み乱される．	続日本後紀	怪異
21	仁寿2	852	2	21	大宰府から白鼠献上．	文徳実録	祥瑞
22	貞観4	862	11	20	内印盤の褥を鼠が嚙じる．神祇官で占い．大祓を行う．	三大実録	怪異
23	貞観16	874	8	26	比喩として「鼠をとる猫」を「魚を狙う鶴」	三大実録	表現
					と並んで用いる．		
24	貞観16	874	10	23	水害の情景として鼠が鳥樹の上に居ると記す．	三大実録	表現
25	貞観17	875	6	13	夜ごとに鼠．万をはるかに越え、京路に満ちる．	三大実録	怪異
26	元慶2	878	1	3	源融の上表で「巷歌を鼠食に興じるを恐る」．	三大実録	表現
27	元慶2	878	4	28	反乱した俘囚を「鼠輩」と呼ぶ．	三大実録	表現
28	元慶5	881	1	是月	右兵衛陣の官人の剣・胡籙の緒を鼠が嚙み切る．	三大実録	怪異

捉えにくい。そこで、記事を探す範囲を六国史全体にひろげ、大化以降の記事をリスト化した。

これを通覧して内容を整理すると、(1)表現（比喩）として鼠や「鼠」字が用いられる場合、(2)祥端、(3)農作物などの鼠害、(4)怪異現象、(5)予兆、の五つに大別できる。それぞれの特徴と、そこから想定できる様相について整理してみたい。

表現としての鼠

さまざまな表現の一部、あるいは比喩として「鼠」を使う事例である。もちろん、さまざまな鼠の習性や行動を前提としていることはいうまでもない。ただし、典籍からの借用や漢語としての利用といった例や可能性もあり、こうした鼠を用いた表現の存在が、ただちに古代人が鼠を詳細に観察していたことの証左とは断言しがたい。ただし、後述のように、鼠が古代人にとって身近な動物であったであろうことも考慮すると、表現手段の一つとして登場する鼠も、古代人がみた鼠の姿を一定程度は反映していると考えられるだろう。

注目したいのは、鼠の仕草や行動などから引き出されたマイナスイメージや（表13—11・27など）、農作物の被害を前提とした表現（表13—9など）はあるものの、伝染病の蔓延などと結びつける表現が存在しない点である。この点からすると、鼠の害は主として農業や穀物備蓄と関わるものであり、どちらかというと農村部で顕著なものと捉えられていたように考えられる。

祥　瑞

白鼠の献上記事である。白鼠が祥瑞に相当するという規定は、律令では確認できない。(2)白鼠献上の事例から、祥瑞もしくはそれに準じるものと扱われていたと考えられる。
白鼠を献上した地域は、京（平城京・一例）・摂津（二例）・山城（一例）・美作（二例）・大宰府・（二例）である。やや偏りもあるが、それなりの広がりは認められるであろう。

では、この白鼠はどのように捕獲されたのであろうか。白鼠が一匹だけでいるところを発見され、捕獲されたという可能性と、鼠を何匹か捕獲した中に白鼠が混ざっていた、という二つの場面が想定できる。どちらの場合でも、鼠がある程度恒常的に人間の視界に入っていることが前提となる。そして、特に注目したいのは後者の可能性である。目的もなく何匹も鼠を捕まえていたということはないだろう。鼠を捕獲するのは、要するに鼠の駆除である。(1)表現としての鼠の分析でもふれ、また後述もするが、鼠は農作物に対する害獣と認識されていた。したがって、各地で鼠の駆除が行われていたとしても不思議ではない。すると、白鼠献上地域では鼠駆除が行われていたと考えることができる。白鼠献上は相応に広がっており、鼠駆除もごく特定の地域ではなく、広範に行われていたと推定できよう。

そして、京職からの進上もあることから、京内でも鼠駆除が行われていたことが知られる。つまり、京内にも鼠が生息しており、その数は駆除する必要がある水準だったと考えられよう。

農作物などの鼠害

鼠害が直接報告されている例である。確実に被害が発生したであろう例は、二例にとどまる（表13—12・13）。このことからすると、古代日本では大規模な鼠害が広範に発生する、ということはなかったといえる。当時日本に分布していた鼠の種類による特性や、上述の鼠駆除の成果があった、とも考えられよう。ただし、日常的な鼠害は発生しており、だからこそ鼠駆除が行われ、白鼠発見につながったのである。

鼠害の報告は、後述の怪異現象を除き、京内ではなく、農村部を中心にしている点に留意しておきたい。

怪異現象

鼠害の延長に位置づけられる。器物が鼠によってかじられてしまった際に、たんなる鼠害と捉えず、怪異現象と考えたものなどである。神祇官が卜占した場合もある（表13―22）。六国史の記録は宮内に保管された器物の被害に限られている。民家がかじられた、といったレベルの被害は記載されていない。

鼠による器物の破損を、たんなる鼠害と捉えず、怪異現象と理解した理由はどのようなものであろうか。a鼠による器物被害は日常的に発生していたものの、重要器物への被害や、被害のあり方が珍しく、怪異現象とされた、b鼠による器物被害自体がさほど日常的ではなく、そうした環境下で重要器物が被害にあったことが怪異現象と捉えられた、の二つの可能性が想定できる。どちらかと断定するに十分な根拠は、六国史の記事中にはみいだしがたい。

被害を受けた器物をみてみると、内印印盤の褥のように重要な物品も含まれるものの、膳部の履など「重要」とは思われない品々も含まれている。つまり、たんに被害をうけた器物が重要だったため怪異現象として記録されたとはいいがたい。さらに、日常的に被害が頻発していれば、さすがに重要な器物でも被害が免れないことは古代人も想定できよう。こうしたことから考えて、b鼠による器物被害自体がさほど日常的ではなく、そうした環境下で被害にあったことが怪異現象と捉えられた、という可能性をより強く想定する。

また、一例のみ、たんなる大量発生を伝えるものがある（表13―25）。具体的な被害は一切記載されておらず、また後述の予兆のように何らかの註釈が加えられているわけでもない。一応、怪異現象に分類した。場所は平安京で、都城での鼠の大量発生記事はこの一例だけである。都城での鼠大量発生がごくまれであったことが読み取れる。

なお、怪異現象の記載はいずれも平安遷都後のものである点にも留意しておきたい。

予兆

『日本書紀』にだけみることができ、一般化しにくい。ただ、鼠が集団で移動する様子の観祭が前提となっている点は注目される。鼠が集団で移動することがあること、またそれが特異な現象であることが、古代日本で認識されていた証拠と考えられる。鼠に関する一定水準以上の知織が前提であり、鼠と古代の人々との距離の近さを示しているだろう。

さて、この「予兆」という捉え方を、(4)の怪異現象という捉え方と比べると、鼠の異常行動に対する受け止め方の時代的変化が感じられる。平安時代であれば、たんに怪異現象と捉えられそうな鼠の行動を、七世紀の人々は何らかの「予兆」と考えた。鼠の異常行動を、七世紀にはある事件が起きる「前」の「予兆」と考え、九世紀にはある事件が引き起こした「後」から起きた「結果」と考えたという違いがみいだせる。こうした差異は、怨霊に対する畏怖のあり方なども含めた古代人の精神世界をめぐる広範な議論の一端を担い得るであろうが、本章の範囲を超えるので、事実関係を指摘するにとどめる。

以上をもとに、六国史から知られる鼠の様子を整理しよう。

鼠駆除は、都鄙を問わず日常的に行われていた。鼠が集団発生して大規模移動するなど、その生態についても相応に知られていた。鼠はごく身近な動物であった。だが一方、実際に鼠が大量発生し、大規模な鼠害をもたらすことはまれである。大規模な被害記録は農村部のみである。都城では、大規模発生はほとんどなく、鼠に物品がかじられる被害はさほど頻発していない。なお、都城での鼠害の記録は、平安時代以降に現れる。平城京では、鼠の被害は顕在化していなかった可能性が想定される。

平城京は、こうした「鼠環境」にあったのである。

2　正倉院文書の鼠

編纂史料に記録された鼠の次に、正倉院文書にみえる鼠の姿を追ってみよう。

造東大寺司写経所で利用・蓄積された文書群を中心とする正倉院文書(3)から鼠を分析すれば、平城京での鼠の様相を知ることができると期待される。日本に猫が渡来したのは、経典をかじる鼠を駆除するため、経典とともに船に積まれたことによる、という伝承がある。経典にとって鼠は大敵だったらしく、写経所でも鼠に苦慮し、その記録もたくさん残っているに違いない。また、写経所文書に転用される以前の公文に鼠の記載があれば、奈良時代地方社会での鼠の様子もわかる可能性がある。

東京大学史料編纂所の奈良時代古文書フルテキストデータベースで「鼠」を検索すると、文書一六通がみつかる。この件数でも意外に少なく感じるが、この中から、建築部材（鼠走）・素材名（鼠皮）・形状（鼠尾鏤）・毛色（鼠毛）などや、奈良時代以降の出納文書の例など直接平城京時代の鼠と無関係のものを除くと、わずかに文書三通である。

さて、この三通は、A天平神護三年二月八日造東大寺司移(4)、B天平神護三年二月二二日造東大寺司移(5)、C宝亀四年八月二五日奉写一切経経師更筆手実案紙背(6)で、Cのみが時期・性格ともに若干異なる。そこでまず、A・B二通の事例について検討しよう。

この二通は、どちらも写経所が「御執経所」と経典の貸借を行った際の経典リストである。経典の名称や巻数のほか、経典を収めた櫃やその中に敷かれた布、経典を包んだ帙などについても詳細に記している。破損等の註記も詳細であり、貸借に際して管理を慎重に行っていた様子が知られる。

そうした経典や関連物品についての記載中に、「鼠喫籤一枚」「籤鼠喫」という註記がある。経典は帙にくるんだ上で、櫃に納められる。この帙には、経典名などを註記した牌を取り付ける。文書に現れる用語としては「籤」、宝物名としては「経帙牌」である。「籤鼠喫」などの註記は、この籤が鼠にかじられている、という状況を註記したものである。Aでは二つの牌が、Bでは一つの牌が鼠によって被害を受けていた。確かに、平城京内で経典を保管する現場では、鼠害が発生していた。

ただ、同時に考えたいのは、その数である。Aでは全部で八七点の籤の存在を記すが、鼠の被害を受けていたのはそのうち二点のみ。Bでは全部で一六〇点の籤の存在を記すが、そのうち鼠の被害を受けていたのは一点のみである。籤以外にも、櫃や帙、経典の軸、経典そのもの、櫃内の敷布など、鼠がかじりそうな品々が多く記載されているが、これらについての鼠の被害はまったく記されていない。この二通の文書の性格や、記載状況から考えて、もし何らかの被害が認められれば、必ずや記載されたはずである。つまり、この二通の文書を通じて三点の籤以外には、鼠の被害はなかったのである。

むろん、わざわざ鼠害を註記している背景には、貸借の最中に新たに鼠の被害が発生するおそれがあったからでもあろう。鼠害の発生も事実である。だが同時に、八七点中二点（二・三%）・八九点中一点（一・一%）という被害の数字は、鼠害の蔓延がそれほど深刻な状況ではなかったことを示しているとはいえないだろうか。

次に、C文書紙背について検討したい。C文書は、続々修三一帙四巻で、「更筆手実」「宝亀四年九月」と記した題籤軸に巻き付けられている。写経生たちが提出した書類（更筆手実）そのものを連貼した帳簿である。写経生が提出している文書の体裁はいずれも筆の申請解で、併せて写紙の枚数と写経内容が記されているもので、「更筆（筆を変える）手実」という名称にふさわしい。筆の充帳（支給帳簿）としても機能したようで、「充」という追記がそれぞれの提出文書になされ、中には「未」「返」という文字もみうけられる。

写経生提出の手実は、それぞれの写経生の手元にあった不要紙を用いて作成された様子で、さまざまな紙が用いられており、高さ・幅などもばらつきがある。界線が打たれた写経用紙の切れ端とみられる紙や、反故文書、あるいは紙や経典の包み紙かと思われるようなものもある。紙背をみると、界線があったり、あるいは文書の文言があったり、「第三巻写料」などの文言がみられたりする。これら紙背に記された文言の中に、「初校不用鼠咋」という書き込みが存在する。(7)

表面は大宅童子手実で、宝亀四年閏一一月二六日の日付をもつ。表裏で天地逆となっている。写経生の手元の反故紙を利用して手実が作成されたという想定からすれば、表裏の時間差はさほどは存在しないと考えられる。(8)「初校不用鼠咋」は、写経は行ったものの、鼠害にあったため次の工程＝初校に回す必要はないとされた、もしくは鼠害が甚大だったため初校段階ではじかれたということになろう。鼠害のひどい紙に写経をすることは考えにくい。いずれの場合も、写経から校正へと作業を展開するわずかな間に鼠害が発生したことになる。(9)

写経から校正にまわすわずかな時間に鼠害が発生した、となると、写経所での鼠害はかなり深刻とも考えられる。しかしながら、ほかに鼠害の記述は存在しない。写経事業では紙の管理も相当に厳重である。「破紙」として処理されている紙の中に、鼠害をうけたものが含まれる可能性も残される。だがこのように考えた場合、C文書紙背のように「鼠」を明記する書き込みが存在する一方で、「鼠」と明記しない理由が判然としない。やはり、鼠害の頻度はそれほど高くなかったと考えるべきではないだろうか。

以上、正倉院文書中の鼠について整理してきた。意外にも、膨大な正倉院文書中で、鼠や鼠害を記す文書はこの三通、鼠害の件数としては四例だけである。確かに鼠害は存在していたし、経典にとって鼠害は隣り合わせの危険ではあった。だが、鼠害はさほど広範に、あるいは甚大には発生していなかった。

この状況は、六国史から想定した鼠害の状況と一致する。平城京には、鼠は確かに生息しており、鼠害も発生していた。だが、鼠害の頻度・規模は比較的低い水準に抑えられていたのである。

3 木簡にみえる鼠と平城京の都市化

最後に、木簡に登場する鼠たちについて整理しておこう。

奈良文化財研究所木簡データベースで鼠の記載がみえる古代木簡を採すと、二六点（表14）ある。いずれも平城京時代のものだが、そのうち二二点が京職からの鼠進上の木簡である。なお、本章では便宜上、木簡の釈文表記を木簡データベースに準拠して行った。

京職からの鼠進上木簡とは、京職からいくつかの物品とともに鼠を進上した際に、物品に添えられた木簡である。鼠の進上目的は、鷹の餌とするため、と考えられている。(10)

本章でまず注目したいのは、京職が鼠を進上している、という点である。これは、普通に考えれば、京内に鼠が生息しており、それを捕獲・収集・進上したことを示している。この木簡から、京内に鼠が生息していたこと、それが捕獲されていたことの裏づけを得られた、といえそうである。

次に、進上された鼠の数に注目したい（表15）。もっとも多いのは天平八年四月で、少なくとも合計一一五匹以上が進上されている。年間でみると、天平八年に合計二五〇匹が進上されている。当時利用された木簡のすべてが発掘調査でみつかるわけではないことを考慮すると、京職が進上した鼠の総数は、これを上回るはずである。鷹の数が突然大変動を起こすことは想定しがたく、また鼠を餌として与えることが年内で大きく変化するという傾向を確認できないことから考えると、一ヵ月あたりの進上数が最大の天平八年四月の一一五匹が、逆に当時の一ヵ月の需要の最低ラインと想定できる。すると、年間で約一四〇〇匹程度が捕獲・進上されていたと推定される。森公章氏はさらに一日の進上数が最大の天平八年四月八日の六〇匹を一日あたりの最低ラインとする想定を提示している。(11) この場合、はるかに膨大な数となり、一ヵ月あたり一八〇〇匹、年間約二万一〇〇〇匹という膨大な数にのぼる計算となる。

鼠進上木簡は、ごく一時期に集中するが、それは二条大路木簡の廃棄が比較的短期間であったことによるであろう。したがって、こうした時期の集中は、鼠の捕獲・進上が特定の時期にだけ行われていたことを意味しない。殺生禁断政策による飼鷹の断絶期なども考慮する必要はあるものの、鷹の餌としての鼠捕獲・進上は奈良時代を通じ継続的に

型式番号	出　典	種類
32	城 15-13 上（51）	不明
81	城 22-10 上（36）	京職進上
19	城 22-10 上（38）	京職進上
81	城 22-9 下（31）	京職進上
11	城 22-9 下（32）	京職進上
11	城 22-9 下（34）	京職進上
81	城 22-9 下（35）	京職進上
11	城 24-7 下（32）	京職進上
81	城 24-8 下（39）	京職進上
11	城 24-8 下（40）	京職進上
11	城 24-8 上（33）	京職進上
11	城 24-8 上（34）	京職進上
81	城 24-8 上（35）	京職進上
11	城 24-8 上（36）	京職進上
19	城 24-8 上（37）	京職進上
81	城 29-13 上（61）	京職進上
81	城 29-13 上（62）	京職進上
11	城 29-13 上（64）	京職進上
81	城 29-13 上（65）	京職進上
11	城 30-5 上（5）	京職進上
22	城 30-7 上（30）	付札
81	城 31-12 下（101）	京職進上
11	城 31-12 上（93）	京職進上
81	城 31-12 上（94）	京職進上
91	平城宮 3-3246	不明
81	平城京 2-2255	不明

表 14　平城宮・京出土の鼠関連木簡

番号	本　文	法量
1	・　□鼠 ・天平十五年十月三日	86・18・6
2	・［　］鼠拾漆頭 ・□□〔天平〕［　］八月卅日従七位下行少属衣縫連「人君」	160・(22)・2
3	右京職進鼠拾頭　天平□〔十ヵ〕年二月十二日少属→	(179)・(12)・3
4	・左京職　進鼠廿頭 ・［　］＼少進正七位上勲十二等春日蔵首「大市」	204・(20)・6
5	・左京職進鼠十四頭 ・天平十年四月十六日従七位上行大属［　］「石別」	169・27・3
6	・左京職進　鼠□□ ・天平十年二月十四日従七位下行少属衣縫連人君	225・34・3
7	・［　］進鼠□□〔玖頭ヵ〕［　］ ・　天平十年四月十七日従七位下行少属衣縫連人□	214・(18)・5
8	・○左京職進上　鼠卅隻　雀八隻 ・○　天平八年四月八日	160・27・3
9	右京職進鼠弐拾伍隻　天平八年十月廿五日正八位上行大属 田辺史「真上」	290・(27)・5
10	○右京進　鼠卅隻　雀十　四月八日	364・46・5
11	・○左京職　進　／雀廿五隻／鼠一十九頭‖ ・○　天平八年四月十三日＼　従六位上行少進勲十二等百済 王「全福」	200・35・4
12	・○左京職　進　／鶏一隻／雀二隻‖　／馬宍三村／鼠 一十六頭‖ ・○　天平八年四月十四日＼　従六位上行少進勲十二等百済 王「全福」	199・35・4
13	・左京職進鼠弐拾壱隻 ・　天平八年七月廿二日従七位下行大属勲十二等膳造「石別」	(240)・(20)・4
14	・左京職進鼠廿一隻 ・　天平八年九月十八日従七位下行大属勲十二等膳造「石別」	205・31・2
15	・左京職　進鼠八隻　馬宍六村 ・　天平八年十月廿七日＼　少進正七位上勲十二等春日蔵首 「大→」	(193)・32・4
16	・□〔左ヵ〕京職　進　鼠弐拾隻 ・　天平八年四月十五日＼　←□□□□□〔進勲十二等ヵ〕 百済王「全福」	220・(29)・3
17	・左京職進鼠廿 ・　［　］	(108)・(8)・2
18	・右京職　□〔進ヵ〕　鼠［　］□□〔隻鶏ヵ〕［　］　○ ・　四月七日［　］　○	289・37・3
19	右京職進□〔鼠ヵ〕	(70)・(5)・3
20	左京職　進鼠廿頭　／天平八年□□〔十一ヵ〕月十日／従 六位上行少進勲十二等百済王「全福」‖	208・38・4
21	・○／伊賀国阿拝郡油／見栖鷹鼠‖ ・○天平九年歳次丁丑	38・15・3
22	・□京職進　鼠陸頭 ・　正六位下行大進［　］	(220)・(20)・3
23	・左京職進　鼠拾弐頭 ・　天平十年正月十九日従七位下行少属衣縫連「人君」	227・17・3
24	・□□〔京ヵ〕職　進□〔鼠ヵ〕廿頭 ・　少進正七位上勲十二等春日蔵首「大市」	195・(20)・3
25	□〔鼠ヵ〕廿□〔六ヵ〕	
26	［　］鼠	(161)・(13)・5

月	日	頭数	京	京職官人
4	8	30	左京	
4	8	30	右京	
4	13	19	左京	百済王全福
4	14	16	左京	百済王全福
4	15	20	左京	百済王全福
4	15	?	右京	
7	22	21	左京	膳造石別
9	18	21	左京	膳造石別
10	25	25	右京	田辺史真上
10	27	8	左京	春日蔵首大(市)
11	10	20	左京	百済王全福
?	?	20	左京	春日蔵首大市
?	?	20	左京ヵ	春日蔵首大市
1	19	12	左京	衣縫連人君
2	12	10	右京	
2	14	?	左京	衣縫連人君
4	16	14	左京	(膳造) 石別
4	17	9	左京ヵ	衣縫連人(君)
8	30	17	左京ヵ	衣縫連人(君)
?	?	20	左京	
?	?	?	右京	
?	?	6	?	

行われていたと考えられる。鼠は繁殖能力が非常に高い動物だが、それにしてもかなりの数の鼠が捕獲され続けている。これは、京内の鼠生息数の規模を反映しているであろう。

さて、京職からの鼠進上木簡に関する従来の考察の中では、京内に膨大な鼠が生息し、それ故に容易に捕獲されていたという指摘がされている。東野治之氏は「鼠の棲息が都城に限られていたわけでは勿論ないが、都城は人口の集まる消費地であり、鼠の繁殖に適した条件があったことは確かであろう」と指摘し、平安京での鼠大量発生記事(12)も掲げる。森公章氏は、平安京の事例も引きつつ都城の衛生状態が劣悪であることを指摘し、「都市に鼠が生息する条件は充分存したと思われる」と指摘する(13)。

平城京内に多くの鼠が生息していたことに異論はない。また、何匹鼠がいれば、本格的に鼠害が拡大するのか、勉強不足でその数字をあげることができない。ただ、平城京の時代には鼠害が相対的に低く抑えられていたことを勘案

表15　京職からの鼠進上木簡（年代順）

番号	表2	本　　文	年
1	8	・○左京職進上　鼠卅隻　雀八隻 ・○　天平八年四月八日	天平8
2	10	○右京進　鼠卅隻　雀十　四月八日	天平8ヵ
3	11	・○左京職　進　／雀廿五隻／鼠一十九頭‖ ・○　天平八年四月十三日＼　従六位上行少進勲十二等百済王「全福」	天平8
4	12	・○左京職　進　／鶏一隻／雀二隻‖　／馬宍三村／鼠一十六頭‖ ・○　天平八年四月十四日＼　従六位上行少進勲十二等百済王「全福」	天平8
5	16	・□〔左ヵ〕京職　進　鼠弐拾隻 ・　天平八年四月十五日＼　←□□□□□〔進勲十二等ヵ〕百済王「全福」	天平8
6	18	・右京職　□〔進ヵ〕　鼠［　］□□〔隻鶏ヵ〕［　］　○ ・　四月七日［　］　○	天平8ヵ
7	13	・左京職進鼠弐拾壱隻 ・　天平八年七月廿二日従七位下行大属勲十二等膳造「石別」	天平8
8	14	・左京職進鼠廿一隻 ・　天平八年九月十八日従七位下行大属勲十二等膳造「石別」	天平8
9	9	右京職進鼠弐拾伍隻　天平八年十月廿五日正八位上行大属田辺史「真上」	天平8
10	15	・左京職　進鼠八隻　馬宍六村 ・　天平八年十月廿七日＼　少進正七位上勲十二等春日蔵首「大→」	天平8
11	20	左京職　進鼠廿頭　／天平八年□□〔十一ヵ〕月十日／従六位上行少進勲十二等百済王「全福」‖	天平8
12	4	・左京職　進鼠廿頭 ・［　］＼少進正七位上勲十二等春日蔵首「大市」	天平8ヵ
13	24	・□□〔京ヵ〕職　進□〔鼠ヵ〕廿頭 ・　少進正七位上勲十二等春日蔵首「大市」	天平8ヵ
14	23	・左京職進　鼠拾弐頭 ・　天平十年正月十九日従七位下行少属衣縫連「人君」	天平10ヵ
15	3	右京職進鼠拾頭　天平□〔十ヵ〕年二月十二日少属→	天平10ヵ
16	6	・左京職進　鼠□□ ・天平十年二月十四日従七位下行少属衣縫連人君	天平10ヵ
17	5	・左京職進鼠十四頭 ・天平十年四月十六日従七位上行大属［　］「石別」	天平10ヵ
18	7	・［　］進鼠□□〔玖頭ヵ〕［　］ ・　天平十年四月十七日従七位下行少属衣縫連人□	天平10ヵ
19	2	・［　］鼠拾漆頭 ・□□〔天平〕［　］八月卅日従七位下行少属衣縫連「人君」	天平10ヵ
20	17	・左京職進鼠廿 ・　［　］	?
21	19	右京職進□〔鼠ヵ〕	?
22	22	・□京職進　鼠陸頭 ・　正六位下行大進［　］	?

すると、たとえば木簡にみられるような鼠駆除・捕獲を通じて、鼠の数のコントロールに一定の成功を収めていたとみられる。(14)

そして、東野・森両氏は平城京の都市としての環境を、鼠の数と結びつけて理解している。つまり単純化していうと、都市化によって平城京に鼠が大発生した、という見方である。ところが、これまで検討していたように、平城京時代の鼠害は都市部より農村部に顕著である。(15)正倉院文書の検討からも平城京内の鼠害は比較的低い水準で抑えられていたと思われる。そして、都城での鼠害が、怪異と認識された事例も含めて、本格的に記録にあらわれるのは、平安京の時代になってからである。むろん、六国史の記事の記載の仕方も考慮すべきではあるが、全体的な傾向として、鼠害は「農村から都城へ」と移動しており、その移動は平安京の時代に起きている。表現や比喩にあらわれる鼠も、八世紀には農村部で姿をあらわすことは、こうした傾向がたんに記事の偏りにとどまらない可能性を示唆するように思う。

そして、こうした観点から正倉院文書を見直すと、やはり示唆的な状況がみられる。すべて、奈良時代後半、あるいは末期といってもよい時期のものである。もともと史料の分量が少ないので、「傾向」とまではいえないものの、やはり都城での鼠害の顕在化は早くとも奈良時代後半以降、本格的に被害が拡大するのは平安京での出来事のように思われる。

以上を整理すると、次のようになる。都城に生息する鼠は、基本的には増大の一途であった。一方、鼠の捕獲や駆除は相応の効果を発揮してきていた。そのため、鼠の大発生や、具体的な鼠害は農村部の方が多かった。だが、駆除・捕獲を鼠の増加が追いこし始める時期がくる。それが、奈良時代中期以降である。徐々に鼠害が記録されるようになり、九世紀半ば以降には、ついに都城でも大発生が記録されるようになる。都市の鼠の時代の到来である。

もしこうした鼠害や鼠の発生状況の推定が当を得ているとすると、それは何を意味するのだろうか。平城京の環境劣化は住人たちの手に負える範囲にとどまっていた。平安京の段階で、ついに住民の手に負えないほどの劣化が発生した。平安京は、平城京に比べて、水の流れなどによる浄化能力は高いと考えられる(16)。それでも、処理能力を超えた人や物資の集中があり、ついには鼠の大発生にいたった。平城京に多様な都市性や、その萌芽がみいだされることは確かである。だが、鼠害の状況から考えると、平城京と平安京の、人口や富の集中、都市力の段階差などが歴然としていることもまた、事実であるように思われる。

おわりに

以上、平城京の鼠に関する史料を整理してきた。鼠害の存在を確認した一方、鷹の餌用などの捕獲・駆除を通じてその数が抑え込まれており、鼠害の拡大を防いでいたという見通しを得ることができた。また、鼠害を通じて古代都市を考えた場合、平城京段階でも前期と後期に変化が想定でき、さらに平安京との違いを見通せたと思う。

最後に、平城京の鼠の活躍ぶりを示す木簡を紹介したい。平城宮二三九〇号木簡で、従来は「鼠」という文字は読まれていなかったが、見直したところ「鼠」字の存在が確認されたものである。

・臭酢鼠入□〔在カ〕
・臭臭臭臭　(106)・22・4　081

この木簡は造酒司関連木簡のうちの一点である。造酒司では酢も醸造する。「臭酢鼠入在」は、「臭酢に鼠入る在り」で、酢を醸造している瓶の一つを開けてみたところ、鼠が落っこちていた、ということなのであろう。造酒司の

図10　平城宮2390号木簡

担当者はさぞ驚いたに違いない。驚きをそのまま文字にしたような、大胆な筆致の木簡である。「臭酢」というのが、そういう品目の酢があるのか、鼠が入ってしまった結果臭くなったのか判然としない。ただ、米や麹をつかって醸造を行う造酒司のそばに潜む鼠たちがいたこと、その中のそそっかしいのが瓶に落ちて、命も落としたことは確かである。

今後は、出土遺物、特に種子類での鼠の歯形の事例などを、注意深く探し、より具体的に平城京の鼠の活躍ぶりを探りたいと思う。

註

（1）大国主が須佐之男命を訪問した場面など。
（2）延喜治部式祥瑞条。白雀などはみえるが、白鼠はみあたらない。
（3）正倉院文書の性格についてはさまざまな整理がある。最新のものとしては、栄原永遠男『正倉院文書入門』（角川学芸出版、二〇一一）。
（4）『大日本古文書』編年第一七巻二四頁。続々修第一七帙六巻。
（5）『大日本古文書』編年第一七巻三四頁。続々修第一七帙六巻。
（6）『大日本古文書』編年第二二巻五九頁。続々修第三一帙四巻。
（7）大宅童子手実は、『大日本古文書』では一四五頁。マイクロフィルムの紙番号は二八一・二八二の二紙である。
（8）大宅章子手実は、註7で述べたように二紙からなる。一紙目と二紙目では、色合いや風合いがかなり異なる。マイクロフィルムでみると、一紙目は普通の紙なのに対して、二紙目は色紙とみられる。また、一紙目は比較的幅が狭いのに対し、二紙目は幅が広い。大宅童子手実には二紙にまたがる文字があり、二次利用する段階ですでに貼り継がれた状態であったことが知られる。紙背の「初校不用」は、一紙めのほぼ中央に表面とは天地逆で書き込まれている。

（9）この書き込みは、紙の様子から、経典の仮表紙に書き込まれた可能性も想定できるかもしれない。継・打・界という紙の処理工程を終え、仮表紙・仮軸を装着して写経→校正を行い、仮表紙・仮軸をはずして表紙・軸を装着する。仮表紙に書かれていたとすると、鼠害がひどく、部分的なさしかえではすまず、一巻丸ごと処分された可能性も考えられる。

（10）東野治之「二条大路木簡の槐花」（『長屋王家木簡の研究』塙書房、一九九六）。森公章「二条大路木簡中の鼠進上木簡寸考」（『長屋王家木簡の基礎的研究』吉川弘文館、二〇〇〇）。

（11）森註10論文。

（12）東野註10論文。

（13）森註10論文。

（14）むろん、それでもかなりの数の鼠がいたからこそ、経典に被害が発生するリスクも存在したわけであり、また京内での鼠調達の継続が可能だったのも事実である。

（15）鼠を用いた表現でも、平安時代になると「猫が鼠を捕る」というような、場面の空間が小さいものが出てくる。これも、都市的な鼠の様相ということもできるのではないだろうか。

（16）拙稿「平城京という「都市」の環境」（『歴史評論』七二八、二〇一〇）。

第六章　木簡を作る場面・使う場面・棄てる場面

はじめに

木簡は、古代社会で実際に用いられたナマの資料であり、史書に書きとどめられないような日常的・具体的な事実を伝えてくれる。ただ、木簡は古代社会における「必要性」の中で作成された道具であり、そこで「使われる」ために作成されたものである。(1) つまり、木簡は、後代に古代社会を「伝えるため」に作成されたのではなく、また古代社会のすべてを伝えてくれるわけでもない。

そこで、木簡の検討では、古代社会内における各資料の位置づけの検討や、さまざまな史料との関連性の検討など、一定の作業や手続きが重要な意義をもつ。本章では、こうした検討を行いながら、木簡を作る・使う・棄てる、という一連の場面について、いくつかの事例を検討してみたいと思う。

1　木簡作成と使用

樹種の選択をめぐって

木簡の「樹種」については、これまでも指摘がある。(2) 一方、樹種の判定については、木簡の切片まで剝がしとって確実に判定したものと、目視等による観察からの判断にとどまるものが混在しており、情報の統一性・信用性は必ずしも十分ではないとも考えられる。ただ、そうした条件を加味しても、従来からの中心的な指摘――能登から隠岐までの日本海側から都城にもたらされる木簡は杉材が多いこと、西海道諸国から都城にもたらされた木簡は広葉樹であること――は、やはり確実だと思われる。

今回は、この「広葉樹」で作成された木簡について、取り上げてみたい。

先学が明らかにしたように、西海道諸国から都城に送られた木簡は広葉樹が用いられている。このうち、SK820出土の、西海道諸国からの調綿木簡は（表16）、記載のある国名は筑前・肥前・肥後・豊前・豊後の五ヵ国、破損によって国名記載は失われているが郡名から国が知られる事例は筑後（御井郡）であり、南九州（薩摩大隅日向）を除く六ヵ国から貢進されている。西海道諸国で、律令制的支配が確立していた国々すべてからもたらされているということができよう。

そして、これらの木簡は、大きさ・形状、また書かれた文字の様子もよく似ている。記載された国名を越えて、西海道全体で大きさ・形状や文字が類似しているのである。この点は、表記としては各国から貢進した体裁をとるものの、木簡の作成は一ヵ所で行われた可能性を示唆する。律令規定等によれば、西海道諸国の調物は一度大宰府に集められ、必要に応じて京進されていた。こうした点から考えると、木簡を作成した一ヵ所とは、大宰府だと考えられる。(3) そして、二条大路出土の西海道からの荷札は（史料1）、西海道諸国から直接貢進するのではなく、西海道諸国の紫を大宰府が進上する書式で記載される。こちらの場合、西海道諸国の物資が大宰府に集められた後、大宰府で木簡が作成されて京進されていたことが明らかである。この事例から考えても、SK820出土調綿木簡荷札も、大宰府で一括

表16　SK820出土の調綿木簡

木簡番号	本　文	法　量	型式番号	国名
283	・筑前国怡土郡調綿壱伯屯　／四両‖養老七年 ・　室山	235・25・6	31	筑前国
292	・□□〔御ヵ〕井郡調綿壱伯屯／□〔四ヵ〕両／養老七年‖ ・　□万□〔呂ヵ〕　四	(147)・29・5	39	筑後国
285	豊前国宇佐郡調黒綿壱伯屯／四両屯‖神亀四年	254・27・5	31	豊前国
287	豊前国仲津郡調短綿壱伯屯／四両／天平三年‖	(185)・30・5	31	豊前国
288	・豊前国下毛郡調綿壱伯屯／四両／養老□〔二ヵ〕年‖ ・　赤人□〔一ヵ〕	(171)・27・3	39	豊前国
307	豊前国宇佐郡調→	(92)・(16)・5	81	豊前国
296	豊後国大分郡調綿壱伯屯→	(124)・24・5	81	豊後国
286	・□〔肥ヵ〕前国神埼□□綿壱伯屯　／四両‖神亀二年 ・　《》	227・29・3	31	肥前国
290	肥前国→	(47)・25・3	39	肥前国
293	・肥前国神埼郡調綿壱伯屯　□〔神〕亀二年 ・　□〔根ヵ〕子	223・33・8	31	肥前国
294	・肥前国□□〔藤津ヵ〕郡調綿壱佰屯／四両／　養老二年‖ ・　片麻呂	216・31・5	31	肥前国
295	・□□□〔肥前国〕□〔藤ヵ〕津郡調綿《》／四両／　→‖ ・　恵二	(156)・27・5	39	肥前国
305	・肥前国神埼郡調綿壱伯屯／四両／養老〈〉‖ ・　真□　一	(172)・31・6	39	肥前国
284	・肥後国益城郡調綿壱伯屯　／四両‖養老七年 ・　□□□〔呂ヵ〕	223・35・3	31	肥後国
298	・肥後国恰志郡調綿壱伯屯／四両‖養老七年 ・　得足	243・30・7	31	肥後国
299	肥後国葦北郡正調綿→	(137)・25・8	81	肥後国
300	肥後国飽田郡調綿壱伯屯　天平三年主政大初位下勲十二等建部君馬□〔都ヵ〕	368・37・10	31	肥後国
301	・□〔肥〕後国葦北郡調綿壱伯屯／四両／　養老七年‖ ・　大□〔歳ヵ〕	(182)・28・3	39	肥後国
302	・肥後国託麻□〔郡ヵ〕調綿壱伯屯／四両／　養老三年‖ ・　麻刀□〔良ヵ〕六	(217)・26・5	81	肥後国
310	・←国□〔飽ヵ〕田…壱伯屯／四→／□〔養ヵ〕→‖ ・　…←麻呂	(38+64)・33・5	81	肥後国
289	・←郡調綿壱伯屯／四両／　養老二□〔年〕‖ ・　足嶋　二	(136)・30・5	81	不明
291	／四両／　養老三年‖	(45)・24・4	81	不明
297	・←調綿壱□〔伯ヵ〕→ ・　□成　□	(43)・24・5	81	不明
303	・←調綿壱→ ・←伎一	(56)・26・5	81	不明
304	・壱伯□〔屯ヵ〕　／□□〔四両ヵ〕／　□‖ ・　桑山　□〔四ヵ〕	(65)・23・4	81	不明
306	・←郡調綿壱伯屯／四両／神亀二年‖ ・←――	(162)・24・4	39	不明
308	／←両／←亀二→‖	(37)・22・3	81	不明
309	←七年	(39)・24・5	81	不明

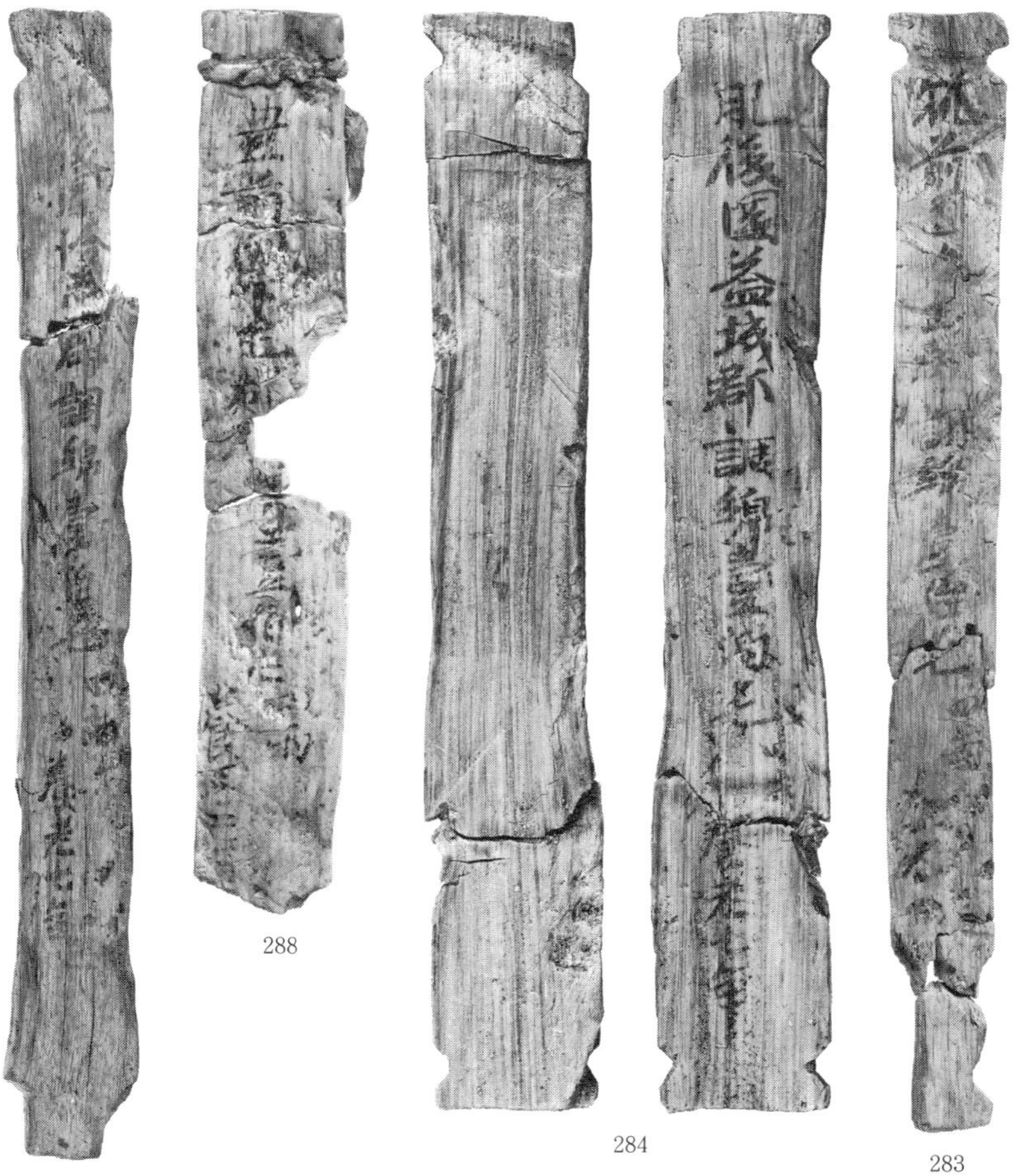

298　288　284　283

図 11　西海道諸国 SK820 出土調綿木簡（1）

296　295　294　293

図 12　西海道諸国 SK820 出土調綿木簡（2）

299

300

301

302

305

作成されたことは確実であろう。なお、両者の書式の違いが、時期差によるものか品目や収取体制の違いによるものかはわからない。

以上、都城出土の西海道諸国からの荷札は、①大宰府で一括作成されたものであり、②その際に広葉樹が用いられたことを再確認した。

さて、なぜ広葉樹を用いたのであろうか。ここで注目されるのが、大宰府出土木簡の樹種である。じつは、千点を優に超える大宰府出土木簡のうち、広葉樹とみられる木簡は一点しかない（史料2）。大宰府周辺で広葉樹が卓越していたため、大宰府からの木簡は広葉樹を多用した、ということではなさそうである。しかもその唯一の広葉樹木簡は、記載された文字や内容からみて、本来京進するための荷札だった一部——書き損じなどで廃棄されたのであろう——とみられる。[4] つまり、大宰府で使用された木簡のうち、広葉樹が用いられたのは京進用の付札だけであった。いいかえれば、京進用の付札にはわざわざ広葉樹が用意された、ということができるであろう。

木簡に広葉樹が利用される事例は多くなく、西海道の荷札以外では隠岐国の一部の木簡で目立つぐらいである。[5] これら広葉樹の木簡は、総じて①文字が小さめ、②穂先をきかせ、③丁寧に書かれる、という特徴がみられる。

木簡に文字を書く際には、紙に書く場合とは異なり、激しい滲みや流れ、筆（穂先）の滑りの悪さや引っかかりが存在する。とくに針葉樹の場合、木目が明瞭であり、滲み方も筆の滑りも均一ではない。その結果、小さめの文字を穂先をきかせて筆記することは、かなり高度な技術に属する。一方広葉樹の場合、針葉樹のような明瞭な木目がなく、滲み方や筆の滑りが比較的均一で、滲み方も穏やかになる。針葉樹に筆記する場合と比べると、広葉樹への筆記は紙への筆記に近く、小さめの文字を穂先をきかせながら丁寧に書くにはより適した素材ということができる。また、出土した木片としては、広葉樹は針葉樹よりも総じて「もろい」が、用材としてはヒノキ・スギよりも広葉樹の方が堅

史料 4

史料 4

史料 3

日向国からの木簡

図 13　西海道諸国広葉樹以外木簡

牢だと評価され、針葉樹に比べて割裁に困難さがあり、また切削に際しても堅いため困難だという[6]。

つまり広葉樹は整形して加工することは困難である。したがって、日常的な木簡に用いるには適さない。だが、文字の記載という観点からは、紙に近い書き心地であり、繊細な筆致での筆写に適する。丁寧な文字を書き込もうとした場合、またとくに堅牢性を与えようとした場合に、広葉樹をあえて選択した可能性が高いと考えられるのである。

一方、都城出土で西海道諸国からもたらされたとみられる木簡で、広葉樹でないものが三種類ある。一つは日向国からの牛皮の荷札であり、今泉隆雄氏の論考があり、その事情が明らかにされている[7]。もう一つが、種子島からの考文に付けられたとみられる木簡である（史料3）。考選に関わるような木簡であるにもかかわらず、文字もさほど美しくはない。また、ほかにこうした考選関連の付札が出土していない点から、これも背後に特殊事情がある可能性が高いだろう。

そして、もう一つが史料4である。「宗形郡大領」＋物品名という単純な記載で、宗形郡大領から、長屋王家に物品を送った際に付けられていた木簡と考えるのが自然であろう。(8)そして、この木簡は広葉樹ではない。この点から考えると、大宰府に一度集められて一括して荷札が作成され、都に送られた、というものではない、特殊事情が背景にある可能性が高いであろう。つまり、大宰府や筑前国を経由せず、宗形郡大領から長屋王家に直送されている可能性が高いとみられる。

宗形郡は筑前国であり、本来なら宗形郡大領は筑前国司の管轄下にあり、筑前国司は大宰府の管轄下にあり、大宰府が中央政府との連絡を取るという指揮管理体制にある。だが、この木簡から考えると、この規定に縛られない、独自の連携・連絡と物品の移動が、西海道でもとりわけ交通の要衝に当たる宗形郡の、最高責任者たる大領と、有力王族である長屋王の間に存在していた可能性が想定される。(9)宗形郡と長屋王の関係は、長屋王の祖母が宗形氏の出身であったことと関連して理解されているが、(10)制度の表には現れない人的なつながりを、文字・素材を通じて伝えてくれる木簡ということができるだろう。

「御田苅」木簡の使用方法

史料5は、非常に読みにくい。読み下しを記すと、

当月二十一日、御田苅りおわんぬ。御飯米倉、古稲を移すに依りて、収めるを得ず。よりて卿等急ぎ下りますべし。

内容は、長屋王家の御田で「御飯米」＝長屋王の家族の食米の収穫をしたが、御飯米用の倉に古稲を移納しており、収穫した御食米が収納できない。そこで、直接現地に来て、指示をしてほしい、というものである。

漢文の語順（不得収＝収めるを得ず）と日本語の語順や敬語（急下坐宜＝急ぎ下りますべし）の混在、助詞の利用（移依而＝移すに依りて）、高位でない人物を「卿」と呼ぶなど、奈良時代初頭の日常的な言語世界・表記方法を示す資料として、注目され、研究されている。(11)

では、この木簡は、どのように利用されたのだろうか。

まず、通常の文書木簡とはいいがたい。長屋王家の文書木簡は、家産機構内での文書でも、たとえば史料6のように公式様文書の書式を用いる。また、公式様文書の書式をとらない場合でも、史料7のように進上状など一定の「書式」に則る。長屋王家では、「文書」はしかるべき書式に則って作成されており、御田苅木簡のように、伝達内容だけを記すことはない。また、記載の手法も、御田苅木簡のように日本語的な「文章」になっている事例は少ない。しかも、発信元も伝達先も記さず、誰かに何かを伝達しようとしている――手紙、あるいは文書として作成されている――という事例は、長屋王家木簡ではほかにみあたらない。

木簡の内容からすると、突発的事態への対応の様相がうかがわれることから、緊急事態のため、書式に合わせて記載する余裕がなかった、という可能性も想定できなくはない。だが、突発的な事態であればなおさら、使い慣れた記載方法を用いるようにも思われる。突発的事例であろうと、発信元の記載はその木簡の信用を担保し業務を円滑化す

図14　御田苅木簡

るために必要であろうと考えられるなど、やはりその異例さが際立つ。

通常の文書木簡ではないと考えた場合、どのような用途が想定できるであろうか。大きな特徴である、「音声言語を思わせる書きぶり」からすると、音声での伝達との関連が考えられよう。つまり、本来、この木簡の記載内容は音声言語によって口頭伝達するもので、それが何らかの理由で書き留められたという可能性を考えてみたい。

その場合、この木簡の作成者は、伝達する側か、伝達される側か、いずれであろうか。前者の場合は、口頭で伝達する内容を使者もしくは派遣者が「手控え」としてメモしたものが、この木簡ということになる。この場合は「使者自身」が情報の伝達手段であり、木簡に発信元や送付先を書き込む必要はない。口上を述べる際、あるいは述べる直前にでも目を通して確認するためのものであるから、記載は必要最低限の内容を、音声言語に復原しやすい表記で記すことが望ましい。この木簡の記載は、こうした要件によく合致している。

一方、伝達される側、つまり受け取り側で口頭での伝達を受けての控えとして書いたと考えた場合、口頭での発声に合わせて筆記していったとすると、かなりゆっくり話したか、相当素早く書いたかどちらかと考えざるをえない。また、口上を述べた人物名などがメモされていない点から考えると、伝達者についての情報が「記憶」で済むような、きわめて短時間に利用され不要になると想定されたメモ等、限定的な時空間で利用されたと思われる。

この二つの想定では、どちらが蓋然性が高いであろうか。まず出土遺構との関係を考えたい。この木簡は長屋王家木簡のうちの一点で、SD4750と称される遺構から出土した。ここに廃棄された木簡は、基本的に長屋王家政所から廃棄されたものと考えられる。(12) 記載内容から、御田から長屋王家の家政機関中枢に対する連絡・要請であることが明らかである。発信者側が口上の手控えとして作成したと考えた場合、御田で作成されて、長屋王邸にもたらされたものとなる。発信者側の手控えが受信者側である長屋王家政所から廃棄されていることになり、何らかの事情で発信者側から受信者側に渡された事態を想定する必要がある。口頭伝達の控えを手交する事例としては、後代の口宣案の事例もあり、可能性としてはありうるかもしれない。

ただ、内容の伝達は口頭で終了しているにもかかわらず、発信者・受信者すら明瞭に示されていないこの木簡を、受信者側で控えておく必要性には疑問が残る。木簡だけで情報が十分に完結していれば、控えとして保管する意義が十分にあるが、この木簡のように不十分な場合にあえて保管してどのように利用するのであろうか。

一方、後者の場合、作成者と廃棄者が一致し、問題はない。出土遺構との関連から考えると、やや後者が有力である。

次に、ほかの木簡との関係を考えてみよう。長屋王家木簡の総数は約三万五〇〇〇点に及ぶが、その中で御田苅木簡のような木簡はほかにない。音声言語による口頭伝達は広く存在していたはずであるにもかかわらず、口頭伝達の音声言語をできるだけ再現しやすく文字化したようにみられるものは、この木簡が孤例である。よほど特殊な事例ということになろう。こうした点から考えれば、どちらもやや問題を含んでいる。

また、木簡そのものにも、非常に重要な情報が潜んでいる。この木簡は、ほぼ完璧に文字を割り付けている。決して大きいとはいえない木簡の表記面を活用して、その全体に文字を配置している。それも、「竟」と「大」の間や「収」と「故」の間など、意味の切れ目で、文字と文字の間を少し開けているのである。偶然の産物とは思われず、文字数が事前に想定され、意味の切れ目も予定されていたと考えるべきであろう。(13) 使者が述べる口上をその場で書き留めたというような場面では、こうした割り付けは不可能である。この点からは、前者がやや有力と判断できよう。

さて以上、出土遺構や伴出遺物、木簡自身の観察をふまえると、発信者側作成という可能性がやや高いようにも思われるが、それでも問題が残る。とくに、この木簡が、手慣れた筆致で、小ぶりな木簡の両面に、割り付けをしたかのようにぴったりと収めて書き上げられている点は重要だと思われる。端的にいえば、発信者側にせよ、受信者側にせよ、たんなる手控えにしては、できすぎではないだろうか、と感じられるのである。

そこで、発想を転換してみたいと思う。作成過程から考えると、①何らかの理由で木簡作成が企画される（記載の方法の方向性・内容の方向性含む）、②具体的な書き記すべき内容が決まる、③具体的な記載方法（日本語の語順と漢文が混ざった記載）が決まる、④記載する文字および文字数が決まる、⑤用意された木簡に文字の割り付けを行い書き込む、⑥使用後に廃棄する、という過程になる。

①の「理由」は、上述した伴出木簡の様相から考えて、かなり特別な事情ということになる。その「特別さ」が②〜⑤の「特別さ」をもたらしており、これらを総合すると、先に考えた二つの方向性以外も考えてみてもよいように思われる。実際に「用いられた」木簡ではなく、たとえば、使者が口上を述べる際の、練習のひな形、というような可能性はないだろうか。

そうであれば、非常に計画的な文字の割り付けも理解できる。また、ほかに事例が少ない点も、こうした木簡で練習して日常業務に当たったと考えれば、あくまでも教本であるから点数が少ないと考えられる。廃棄も、長屋王家の家政機関で各地に派遣する職員も含めたひな形・モデルケースとして作成したものであれば、そこで廃棄されることには疑問はない。木簡で、文書のひな形を練習した事例は知られるので、(14)口頭伝達のひな形が存在する可能性もあると考える。

以上、憶測にわたる部分も多いが、この御田苅木簡は口上のひな形であった可能性を強く呈示したい。

2　題籤軸の使用と廃棄

題籤軸と文書の関係

題籤軸は、文書を巻き付ける「軸部」と文書名を記した「題籤部」からなる独特の形状をもつ。紙の文書と深く関わる木簡である。題籤軸の出土は、その周辺に紙の文書が存在していたことを示唆し、また題籤軸が廃棄されている点からは、紙の文書もまたその周辺で役割を終えたことが想定され、注目度の高い木簡である。題籤軸を網羅的に扱った研究としては、北条朝彦氏(15)・杉本一樹氏(16)・高島英之氏(17)の研究などがある。

題籤軸は、出土品のほか、正倉院にも伝来し、「往来」もしくは「往来軸」と称される。往来軸だけで伝来するものもあるが、紙の文書が貼られた状態、いうなれば文書軸として利用されたままの状態で伝来する事例が多い(18)。正倉院の伝世品があるおかげで題籤軸の具体的な利用状況を想定することが可能となっている。たとえば、文書の右側に貼り付けられている事例、いわゆる「右軸」が多い点からは、事務作業が進行中で文書も「成長」している段階での軸としての性格が指摘されている。題籤軸は、日常的な事務処理・文書処理での紙の整理作業で用いられた、保管用というより、主として作業用の道具である。

正倉院伝世品も含めた完形品の題籤軸の軸部の長さは、三〇ｾﾝ強程度が多い(19)。奈良時代の紙の高さは二六〜二七ｾﾝ程度であり(20)、こうした紙を巻き付けると三〜五ｾﾝぐらいの余裕が生じ、貼り付けるには都合のよい長さといえよう。

あらためて出土している題籤軸を通覧してみたい（表17）。この中に、上記の三〇ｾﾝ強程度より短いものが、複数みられる。地方官衙出土の題籤軸が、しばしば正倉院伝来品よりも軸部が短い点は、既に北条氏が指摘し、地方で利

表17　題籤軸一覧

番号	本文	出典	遺跡名	法量	軸部
1	・馬 ・日記	木研 37-106 頁-（1）	柳之御所遺跡	129・（13）・3	100
2	引〈〉□〔六ヵ〕	秋田城 2-87	秋田城跡	（90）・12・2	50
3	・伊福部 ・弓継	木研 27-147 頁-（3）	厨川谷地遺跡	（172）・17・10	138
4	・□□□□ ・□□□	木研 27-147 頁-（6）	厨川谷地遺跡	（66）・（21）・5	0
5	・有宗 ・案文	木研 26-146 頁-（1）	古志田東遺跡	（45）・20・7	0
6	〈〉	木研 16-140 頁-（10）	山王遺跡	（343）・27・10	272
7	・解文＼案 ・会津郡＼主政益□〔継ヵ〕	木研 16-140 頁-（11）	山王遺跡	（289）・46・7	231
8	・右大臣□〔殿ヵ〕＼□〔餞ヵ〕馬□〔収ヵ〕文 ・□□〔大ヵ〕臣□〔殿ヵ〕＼餞馬収文	木研 18-122 頁-（1）	山王遺跡	（55）・36・8	0
9	馬□	木研 24-82 頁-（20）	市川橋遺跡	（280）・11・10	240
10	・失馬文 ・国判	木研 24-82 頁-（27）	市川橋遺跡	（130）・26・9	101
11	・収納借貸正税弐 ・　延暦十九年□	木研 24-83 頁-（29）	市川橋遺跡	（133）・28・6	0
12	・　□〔符ヵ〕 ・　□＼□□□	木研 24-83 頁-（34）	市川橋遺跡	（54）・42・9	0
13	七年出挙	木研 22-262 頁-（4）	矢玉遺跡	（225）・20・7	180
14	（墨痕なし）	下野国府跡 7-135	下野国府跡	（46）・（32）・8	0
15	・　〈〉＼〈〉 ・　〈〉	下野国府跡 7-355	下野国府跡	（62）・（32）・10	4
16	（墨痕不明瞭）	下野国府跡 7-809	下野国府跡	（103）・21・6	75
17	・〈〉 ・　〈〉	下野国府跡 7-1108	下野国府跡	（107）・39・6	53
18	（墨痕不明瞭）	下野国府跡 7-1467	下野国府跡	（80）・36・3	38
19	（墨痕あり）	下野国府跡 7-2035	下野国府跡	（128）・（32）・4	78
20	（墨痕不明瞭）	下野国府跡 7-2157	下野国府跡	（59）・（33）・4	7

番号	本文	出典	遺跡名	法量	軸部
21	・□〔薬〕師寺＼月料 ・〈〉□＼□〔解ヵ〕文	下野国府跡 7-2360	下野国府跡	(62)・27・5	9
22	・〈〉 ・□〔解ヵ〕文	下野国府跡 7-2361	下野国府跡	(79)・(28)・6	32
23	(墨痕不明)	下野国府跡 7-2364	下野国府跡	(88)・27・8	31
24	・〈〉 ・□＼　□	下野国府跡 7-2365	下野国府跡	(61)・(29)・8	7
25	(墨痕不明)	下野国府跡 7-2585	下野国府跡	(61)・21・3	46
26	・□三郡医生＼薬長差〈〉 ・解文延暦十＼年七月	下野国府跡 7-3485	下野国府跡	(111)・(23)・3	52
27	・〈〉＼始政日文 ・二月□□＼〈〉	下野国府跡 7-4169	下野国府跡	(93)・(27)・5	36
28	(墨痕認められない)	下野国府跡 7-4211	下野国府跡	(86)・36・4	12
29	(墨痕なし)	下野国府跡 7-4225	下野国府跡	(58)・25・2	5
30	〈〉	木研 9-72 頁-(5)	居倉遺跡	(64)・20・6	19
31	延長二年	伊場 12-77(伊場 1-77)	伊場遺跡	245・18・7	200
32	・(梵字) ・□〔(梵字)ヵ〕	木研 38-135 頁-(51)	堀切遺跡(F区)	188・40・10	144
33	・　〈〉(右側面) ・□〔(梵字)ヵ〕〈〉(表面) ・　□(左側面) ・　〈〉(裏面)	木研 38-135 頁-(52)	堀切遺跡(F区)	82・32・16	36
34	・足帯□ ・八月六	木研 30-73 頁-(5)	手原遺跡	(64)・24・3	7
35	仁王妙典	木研 37-95 頁-2(2)	松原内湖遺跡	191・36・1	64
36	六	木研 9-45 頁-(1)	平安京	169・7・5	152
37	・坂上殿□〔東ヵ〕収 ・□□十四年	木研 12-57 頁-(3)	平安京	(78)・35・5	4

番号	本文	出典	遺跡名	法量	軸部
38	・朱雀院炭日記＼□十一年五月十三日始 ・朱雀院炭日記＼□十一年五月十三日始	木研 17-53 頁-（4）	平安京	（80）・38・6	0
39	・□□〔一三ヵ〕□□＼弘仁七年 ・□□〔一三ヵ〕□□＼弘仁七年	木研 20-70 頁-（1）	平安京	（67）・30・5	19
40	・斉衡四年三条＼「我我□」 ・院正倉帳	木研 35-148 頁-（1）	平安京	（85）・35・5	11
41	・保延六年返抄 ・公役□□□物	木研 33-23 頁-（1）	平安京	（333）・20・6.5	275
42	運上目六	木研 10-29 頁-（23）	鳥羽離宮跡	（150）・14・3	93
43	・得度文 ・十一年五月廿日	木研 20-61 頁-1（26）	長岡宮	（66）・16・4	？
44	・　〈〉給□ ・〈〉□□	木研 20-61 頁-1（27）	長岡宮	（218）・18・6	？
45	・符案　／延暦／十年‖ ・符案　／延十年‖	木研 21-37 頁-1（21）	長岡宮	（80）・20・7	13
46	・周防国 ・延暦二三年	長岡京 1-135	長岡京	372・29・6	328
47	・大臣曹司作所 ・大臣曹司作所	長岡京 1-136	長岡京	（212）・15・9	167
48	金銀□〔帳ヵ〕	木研 15-43 頁-（2）	長岡京	（83）・（20）・（4.5）	5
49	・位田并墾田 ・位田并墾田	長岡京 2-1327	長岡京	（70）・22・8	0
50	・□□□年 ・□文	長岡左京木簡 1-116	長岡京	（149）・13・3	0
51	・始天応元年八月 ・〈〉	向日市報 55-1	長岡京	（86）・23.5・8.5	5
52	・内蔵北二＼蔵外出 ・〈〉＼延暦二年正月＼〈〉	向日市報 55-2	長岡京	（58）・30・11	0

番号	本文	出典	遺跡名	法量	軸部
53	・東院内候所収帳 ・延暦十三年正月一日	向日市報 55-4	長岡京	(104)・30.5・8.5	0
54	・「太」＼延暦十二年八月十二□〔日ヵ〕＼「太 太 太□」 ・「太」＼夜見物□〔取ヵ〕 遷□＼「□□」	向日市報 55-138	長岡京	(99)・20.5・7	0
55	・□□〔月ヵ〕賜五□＼←□□＼ □帳 ・〈〉	向日市報 55-139	長岡京	(99)・(45)・8	46
56	・寛治五年 ・米□□	木研 30-28 頁-(1)	難波野遺跡	(82)・21・6	0
57	・寿永三年 ・四至内券文	木研 12-76 頁-1 (1)	上清滝遺跡	361・19・5	301
58	・官稲 ・大同五年	木研 8-43 頁-(1)	但馬国府推定地	(45)・16.5・5	0
59	・佐須郷田率 ・ □□	木研 8-43 頁-(2)	但馬国府推定地	(82)・18・6	0
60	・造寺米残 ・弘仁三年	木研 9-62 頁-(1)	但馬国府推定地	(284)・19・4	239
61	〈〉	木研 9-62 頁-(4)	但馬国府推定地	(145)・21・7	?
62	・式部卿 ・□文	木研 9-62 頁-(6)	但馬国府推定地	(128)・16・6	71
63	《》	木研 9-63 頁-(13)	但馬国府推定地	(113)・21・9	?
64	・弘仁四年 「□」「□□」 ・□□□	日本古代木簡選	但馬国府推定地	317・18・4	264
65	・造寺料収納帳 ・寶亀三年四年＼借用 帳	木研 12-90 頁-(1)	但馬国分寺跡	(54)・26・5	0
66	□□〔諸郷ヵ〕徴部	木研 16-87 頁-(1)	袴狭遺跡 (2)	(57)・25・5	0

番号	本文	出典	遺跡名	法量	軸部
67	・朝来郡 ・死逃帳 ・天長□□（右側面） ・□□三年（左側面）	木研 18-74 頁-（1）	祢布ヶ森遺跡	（123）・25・9	71
68	・二方郡沽田結解 ・天長□〔四ヵ〕□	木研 18-74 頁-（2）	祢布ヶ森遺跡	（70）・28・7	0
69	・田公税帳 ・承和二年	木研 18-74 頁-（3）	祢布ヶ森遺跡	（46）・26・5	4
70	・養父郡＼買田券 ・寛平九年	木研 18-75 頁-（4）	祢布ヶ森遺跡	（60）・25・5	0
71	・気多□〔郡ヵ〕□□□ ・承和元年	木研 22-82 頁-（1）	祢布ヶ森遺跡	（77）・18・5	14
72	・←方郡帳 ・七年死者	木研 22-82 頁-（2）	祢布ヶ森遺跡	（148）・18・6	82
73	・七美郡□案 ・弘仁四年	木研 31-45 頁-2（1）	祢布ヶ森遺跡	（52）・22・5	0
74	・客作名帳 ・客作名帳	木研 31-45 頁-2（2）	祢布ヶ森遺跡	（49）・26・5	4
75	・雑解文帳 ・雑解文帳	木研 31-45 頁-2（3）	祢布ヶ森遺跡	（72）・17・5	0
76	・従常宮＼請雑物 ・二年	平城宮 2-1947	平城宮	（90）・24・6	38
77	・□公□□〔案ヵ〕→ ・延暦二年八□〔月ヵ〕	平城宮 2-2119	平城宮	（65）・32・7	1
78	・諸司解（表面） ・　二年（側面） ・諸司解文（裏面） ・　二年（側面）	平城宮 2-2640	平城宮	（56）・28・11	15
79	・人々剪 ・人々剪	城 7-6 下（46）	平城京	（102）・27・5	42
80	・絹収下□ ・御□＼絹収《》＼八月十□〈〉	城 7-7 上（51）	平城京	（74）・27・5	0

番号	本文	出典	遺跡名	法量	軸部
81	・§木工并仕丁粮 ・　□□	城 12-14 下（105）	平城宮	（119）・19・6	64
82	・釘用＼七月廿四日 ・　□□	城 12-14 下（108）	平城宮	（136）・20・4	86
83	・官人已□〔下ヵ〕＼雑□□〔使已ヵ〕＼上 ・天平神護＼二年正月	城 12-15 下（121）	平城宮	（51）・41・8	0
84	・北一贄＼殿出帳 ・天平廿年	城 11-10 上（60）	平城宮	（52）・29・5	1
85	・大炊寮 ・十九年	城 11-10 上（61）	平城宮	（126）・14・7	94
86	勝間太里□	城 12-11 下（72）	平城宮	（57）・21・4	0
87	・□民部収＼納近江大豆出 ・出帳＼天平十八年	城 17-17 下（137）	平城宮	（45）・25・4	0
88	・神護元年 ・七月解	城 17-17 下（138）	平城宮	（65）・14・5	8
89	四年□＼□文	(城 17-17 下（139）	平城宮	（66）・27・5	22
90	・資人放出　□ ・寶字八年	平城宮 4-3760	平城宮	（242）・33・5	168
91	□申故	平城宮 4-3761	平城宮	（118）・27・8	56
92	・五位上 ・故文	平城宮 4-3762	平城宮	（64）・29・6	16
93	・諸司解 ・諸司移	平城宮 4-3764	平城宮	（48）・29・2	1
94	・上日 ・上日	平城宮 4-3765	平城宮	（35）・8・4	6
95	・諸家并＼諸司□□〔移牒ヵ〕 ・　□	平城宮 4-3766	平城宮	（85）・39・5	0
96	・口宣 ・口宣	城 19-20 上（159）	平城宮	（52）・（19）・5	0
97	・宿直 ・宿直	城 19-20 上（160）	平城宮	（96）・29・6	1

番号	本文	出典	遺跡名	法量	軸部
98	・去勝寶九歳 ・奈良□□〔勘ヵ〕帳	平城宮 7-12479	平城宮	(68)・18・3	0
99	・国解／上日‖ ・国解／上日‖	平城宮 5-6164	平城宮	(51)・24・7	12
100	・諸司移 ・神護景雲＼三年	平城宮 5-6165	平城宮	389・26・9	341
101	・史生省掌＼神護景雲元年 ・史生省掌＼神護景雲元年	平城宮 5-6173	平城宮	(67)・30・10	19
102	・□〔諸ヵ〕□服□〔関ヵ〕 ・◇＼□□道□□〔関ヵ〕	平城宮 5-6179	平城宮	(77)・(25)・4	20
103	天平十九年	平城宮 7-11519	平城宮	(98)・19・5	47
104	・門々并雑物鋪帳 ・景雲四年八月	城 39-14 下（68))	平城宮	(80)・27・4	4
105	・／申‖進天申□＼八月謹解 ・□本□□＼□勝□□〔帳ヵ〕	平城宮 7-11952	平城宮	(56)・33・4	0
106	・出挙帳 ・八歳七月	城 43-14 上（74)	平城宮	(83)・24・7	21
107	・【□是是是天】 ・【□是是是天】	城 31-22 下（290)	平城京	(72)・32・2	6
108	・供養功文 ・供養功文	城 22-18 下（143)	平城京	(260)・18・7	205
109	・春夏節々美 ・禄帳／天平八年／八月一日‖智識	城 22-18 下（144)	平城京	(114)・26・6	45
110	・□物集殿 ・物出帳	城 22-18 下（145)	平城京	(63)・26・4	2
111	・人 給 味 物　「□□」 ・帳／　勘□帳／天平□年□月十五日‖	城 33-27 上	平城京	360・29・5	300

番号	本文	出典	遺跡名	法量	軸部
112	・八年八月以来 ・贄帳　【「□□□□〔天平八年ヵ〕□□□□□□□□□〔月九日苅田孔足ヵ〕」】	城 31-40 上	平城京	356・23・7	313
113	・北倉雑物帳 ・天平八年二月十日	平城京 3-4997	平城京	(67)・25・4	4
114	・掃守殿収納并 ・雑用帳　／天平八年／二月十一日||	平城京 3-4998	平城京	(60)・26・3	0
115	・人給味物帳 ・勘後帳＼天平八年七月廿一日	平城京 3-4995	平城京	(71)・26・8	15
116	・進内物帳 ・天平八年六月	平城京 3-4994	平城京	(56)・27・5	0
117	・荒和炭用帳 ・八年八月以来	平城京 3-4999	平城京	(56)・24・5	0
118	・用鉄釘帳 ・八年八月□□〔以来ヵ〕	城 24-20 下 (173)	平城京	(55)・24・4	0
119	・自左京職来銭□〔并ヵ〕 ・市米直銭帳	平城京 3-4996	平城京	(54)・20・3	0
120	・皮用帳 ・皮用帳	城 24-20 下 (175)	平城京	(79)・32・3	15
121	・法文 ・法文	平城京 3-5000	平城京	(64)・28・6	0
122	天　(刻書)	平城京 3-5001	平城京	(73)・25・6	33
123	□帳／　／二月||	城 31-23 上 (292)	平城京	(287)・(16)・6	218
124	・東西市 ・継文	城 30-6 下 (24)	平城京	(59)・27・2	0
125	・寶字七年六＼月諸司継文 ・寶字七年六→＼諸司継文	城 31-7 下 (10))	平城京	(96)・36・7	34
126	・八年 ・帳	城 31-23 上 (291)	平城京	(20)・19・4	0

番号	本文	出典	遺跡名	法量	軸部
127	□□□〔丂ヵ〕	（未公開）	平城京	(50)・23・6	0
128	・宇治銭用 ・〈〉銭用	西隆寺-47	西隆寺	(100)・25・4	26
129	・〈〉倉代作用 ・〈〉代作用	西隆寺-48	西隆寺	(67)・28・4	2
130	亀六年難	木研 16-21 頁-（1）	大安寺旧境内	(56)・31・5	0
131	・天喜六年　／七月廿六日／北宿□〔所ヵ〕‖ ・梨原御房	木研 16-27 頁-（1）	興福寺旧境内	(54)・18・3	0
132	浄土寺＼経論司	飛鳥藤原京 1-1456	山田寺跡	(72)・21・8	27
133	・養和□□〔元年ヵ〕沙汰 ・御相□〔折ヵ〕□□	木研 5-69 頁-（11）	助三畑遺跡	(34+65)・14・6	41
134	・大々寸魚下 ・□々寸魚下	木研 21-193 頁-（2）	新道（清輝小）遺跡	(75)・15・3	0
135	・〈〉 ・〈〉	木研 24-135 頁-（25）	安芸国分寺跡	(355)・29・10	268
136	・仁和二年仮文□〔案ヵ〕 ・仁和二年仮文	木研 37-168 頁-（1）	因幡国府遺跡	(73)・27・9	2
137	天長二年税＼帳	木研 18-158 頁-（10）	岩吉遺跡	(199.5)・23・4	295
138	・　知 ・　□	木研 30-214 頁-（40）	青木遺跡	(102)・47・6	13
139	・□〔郡ヵ〕村□文 ・天暦□〔元ヵ〕年	木研 37-182 頁-（1）	青谷横木遺跡	(64)・28・5	0
140	沽買布納帳	木研 35-110 頁-（3）	青谷横木遺跡	(65)・21・3.5	0
141	□□〔神主ヵ〕并祝所	木研 35-110 頁-（4）	青谷横木遺跡	(64.5)・25・6	2
142	天慶十年	木研 38-154 頁-2（15）	青谷横木遺跡	(96)・24・7	45
143	□（墨点）	木研 20-239 頁-（8）	出雲国庁跡	(111)・(16)・4	0
144	・〈〉 ・〈〉	観音寺 4-155	観音寺遺跡	(93)・26・7	8

番号	本文	出典	遺跡名	法量	軸部
145	・府国司 ・遭喪解文	大宰府木簡概報 1-9	大宰府跡	(86)・33・6	0
146	(墨痕なし)	大宰府木簡概報 2-232	大宰府跡	(49)・21・5	12
147	・延長五年／→／米■帳‖ ・　←／□所々／米■帳‖	大宰府木簡概報 2-244	大宰府跡	(97)・32・5	27
148	(墨痕なし)	大宰府木簡概報 2-287	大宰府跡	356・24・7	291
149	・寛治七年 ・□文□米	木研 19-209 頁-(1)	香椎 B 遺跡	(74)・20・6	0

用された紙の高さが都城のそれより低かった可能性なども考えている。[21] しかしながら、紙は規格品であり、地方・都城でそれほど高さが変わったとは考えにくい。そして都城出土の事例でも、たとえば、表17-41の平安京出土題籤軸の軸部は長さは二七・五㌢とやや短い。下部欠損とされているが、折れていると断定するのは難しいようにみられる。また、下部に向けて細く削られているため、仮に折れていたとしても、欠損部分はさほど長くないと考えられる。紙の高さよりも短い軸ということができる。このような短い題籤軸はどのように利用したのであろうか。

注目されるのが、下部が細く削られている点である。〇五一型式の木簡の利用でも想定されるように、下部を細くすることは、何かに差し込む際に都合がよい。題籤軸ではないが、史料8の平城宮木簡三七六三号は、文書名が書かれた〇五一形式の木簡であり、文書の束などに差し込んで用いられたのであろう。[22]

こうした点から考えると、41は文字記載の内容からもほぼ確実に題籤軸であることから、もし何かに差し込んだのであれば、その対象は「文書」だと考えるのが妥当であろう。つまり、題籤軸の軸部を文書軸として利用し、文書もしくは巻物の端をのり付けするのではなく、文書が連貼されたものが芯無しで巻かれていたり、文書が結ねられているもの、あるいは他の軸が装着された文書に、軸部を差し込んで文書のインデックスである題籤部を固定するという利用方法が、想定できると考えるのである。

このように考えると、31伊場遺跡出土題籤軸や9の市川橋遺跡出土題籤軸は、棒状で下端部を尖らせる形状がよく似ているが、これも文書に差し込む用法に都合がよい形状といえよう。また、7の山王遺跡出土題籤軸も、あるいは下端部を細めているとみることができるかもしれないだろう。

このように考えると、高島氏が「題籤軸は文書に付けられた「付け札」である」と指摘している点が注目される。(23)題籤軸の主題が「題籤」にあったとすれば、文書と題籤を「つなぐ」ものが軸部であり、つなぎ方は文書軸としての り付けされる場合も、尖った棒状のもので差し込まれる場合もあったと考えることができる。さらにいえば、軸部の代わりに紐や糸を用いてもよいのであり、その場合は「牌」等とも非常に近接する形状・使われ方をもつことになる。いずれにせよ、正倉院文書の題籤軸（往来軸）が文書よりも長く、文書に張り付けられていたために、「題籤軸は文書に張り付けるもの」と疑いなく考えられてきたように思われるが、題籤軸の世界には「軸の上端にインデックスを付けた」場合だけではなく、「インデックス（題籤）を軸で文書に固定・装着した」場合もあったことが明らかになったと考える。

このように考えた場合、軸部が紙の高さより長い場合でも、紙と軸部を「張り付け」ていたと、断定することはできないのではないだろうか。軸を紙に張り付けた場合、軸にたんに巻き付けた場合、紙の巻物や束に差し込んだ場合など、多様な利用方法を想定すべきであろう。ただし、軸部が紙の高さよりも短い事例はごく少数にとどまることから、やはり題籤軸を「軸」として用いる利用方法が主流だったとみられる。

さて、題籤軸は主として「未完成の文書」で用いられたと考えられるのに対し、完成した文書の軸は、円柱状の

「棒軸」が用いられ、棒軸を装着された文書のインデックスは棒軸の木口に書き込まれるか、糸・紐で牌（籤）が取り付けられる。こうした「棒軸」によく似ていながら、その利用方法がいまひとつ判然としない事例として、市川橋遺跡出土の木簡がある（史料9）。

太さは棒軸としてほどよい。片方の木口に、「安達」と記すのは安達郡に関する文書を示すと考えると理解しやすい。ところが、この木簡は長さが二二・二㌢しかなく、文書の軸としては短すぎる。さらに、「安達」という墨書を有する木口の反対側は、徐々に細く削り込んでおり、木口部分にも墨書ない。これでは、文書を巻き付けても紙がはみ出す上に、途中から細くなっているためうまく貼り付けることは困難、あるいは不可能である。そこで、この木簡を、上述の題籤軸の検討に照らして理解してみてはどうだろうか。

端部を細く尖らせるようにしているのは、巻物に差し込むためであり、差し込んで用いられたため長さも短かった、と考えるのである。この木簡は、形状は棒軸に近いものの、使われ方は題籤軸と同じで、「棒軸状題籤軸」とでも称すべき、簡便に文書のインデックスを付与する道具であった。題籤軸が作成され、用いられたような仕事・作業場所では、おそらく棒軸も使われていたであろう。こうした仕事・作業場所で、不要になった棒軸を加工して、題籤軸的に用いたという可能性も十分想定できると考える[24]。

題籤軸と文書の廃棄

さて、出土事例では、題籤部のみが発見され、軸部は欠損しているという事例が圧倒的に多いとされる。

これは、軸部と題籤部の間が弱いため、折れてしまった結果だ、と説明されてきている。確かに、題籤部を加工する際に軸部に垂直に刃物が当たる可能性も高そうであり、また題籤部と軸部の接点は形が変わる部分であるから、力も集中しやすいと考えられる。埋蔵状態において土圧で折れてしまうことも含め、形態的に弱いため題籤部と軸部の間で折損し、軸部はたんなる加工木と区別がつかないため「題籤軸の軸部」としては発見されず、題籤部のみが特徴的なためピックアップされるという説明は理解しやすい。

ところが、「軸部欠損」の実態を調べてみると、純粋に題籤部だけが残っている、という事例ばかりではない。軸部の一部も残っているという事例の方が多々ある。形態的に一番弱いと思われる、題籤部と軸部の接点は折れずに残っており、その下側のむしろ丈夫そうにみえる軸部で欠損している事例が目立つのである。

表17をもとに、軸部の残存長を整理したものが、図15である。[25] 軸部の残存長は計測方法によって、大きくとらえ方が変わり、ある程度計測値に幅をもたせて理解する必要があるが、それでもかなり特徴的な傾向がみられる。すなわち、軸部の長さは大きく二グループに分かれる。①二〇～三〇センチと②〇～一〇センチである。①は主として完形品に相当すると考えられ、軸部が失われているのは②であり、逆にいうと、折れている事例で残存部が一〇～二〇センチという事例はごく少ない。土中での折損と考えるには、あまりにも偏っているのではないだろうか。より詳細にみると、五センチ前後より短いものに一定の集中がみられ、また〇センチもかなりの数に及ぶ。このうち、〇センチは題籤部と軸部の接点で折れている事例で、また〇・一、二センチ程度のものも題籤部と軸部の接点で折れたささくれによるものも多いと判断される。注目したいのは、五センチ前後のグループである。形態的に弱いとは思われないこのような長さで欠損している事例が、一定数以上集中していることは、偶然とは考えがたい。何らかの人為的な働きかけが想定されると思われる。そして、欠損部分につい

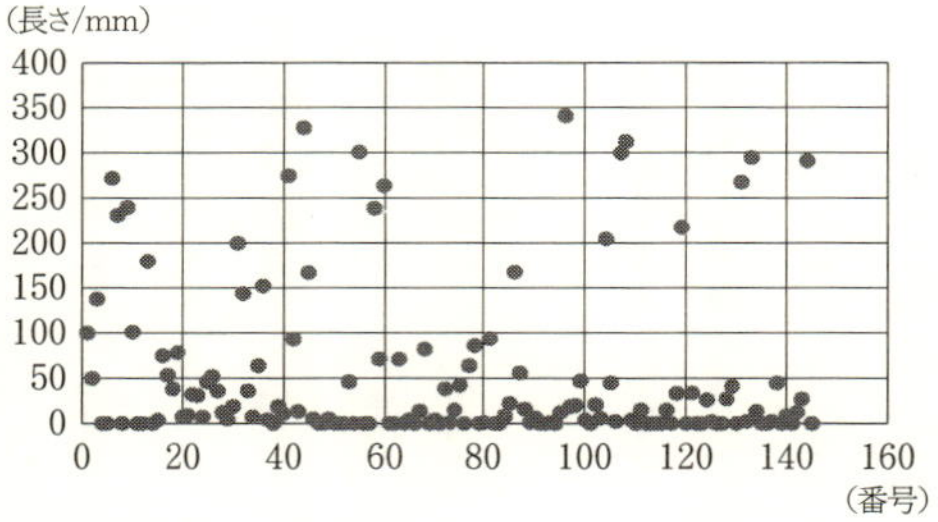

図15　軸部の残存長

て「人為的に折る」という報告がある点は注目すべきであろう。(26)

そこで、平城宮・京出土の題籤軸で、軸部で欠損している事例について確認してみた（表18）。確かに土圧も含めた何らかの事情で「折れた」例も存在し、また腐食などで詳細を確認できない事例も存在したが、人為的に切断していたり、刃物を入れてから折っていたとみられる事例も多く存在することが確認された。また、題籤部だけが発見されている場合＝残存軸長が〇㌢の事例でも、刃物を入れて折っている例がみいだされた。たとえば、図16では、片面は直線的に刃物を当てた痕跡が確認でき、もう片面はささくれて、表面の一部が失われており、片面から刃物を入れてもぎ取った様子がしっかりと確認できる。

以上から、平城宮・京には、題籤軸の題籤部もしくは題籤部の少し下で折って（または切って）破壊する行為が存在していた。各地の木簡については、実見をしていないため軽々には論じられないが、上述の残存軸部の長さの傾向から想像するならば、人為的に折ったり、切断している事例が多々含まれていると思われる。

では、なぜこうした題籤軸の破壊が行われたのであろうか。この問題を考える際、いつこの破壊が行われたのか、という点が重要だと考える。残存する軸部は、〇～一〇㌢、とくに五㌢程度以下が多い。この数字は、前項で触れた、平均的な題籤軸の軸部の長さ（三〇㌢強）から、奈良時代の平均的な紙の高さ（二七㌢弱）を引いた数字に近似する。つまり、紙が巻き付いた状態で、紙の端で切り落とした状態によく合致している。さらに、加賀美省一氏によれば、但馬国分寺で題籤部が発見された遺構で、徹底的に軸部を捜索しても、発見できた事例がなく、軸部と題籤部は別々に廃棄された可能性が高い、という。(27)

以上を整理すると、①題籤軸に紙が巻き付いた状態で題籤軸が破壊され、②題籤部と軸部は別の場所で廃棄された、という事態が想定できる。①の行為によって、文書はインデックスを失ってしまうが、逆にいえばインデックスを消

表18　軸部で欠損している題籤軸

番号	本文	出土エリア	遺構番号	軸部	下端部の状況	人為性
76	・従常宮＼請雑物 ・二年	平城宮内裏北方官衙地区	SK2101	38	切り折り	○
77	・□公□□〔案ヵ〕→ ・延暦二年八□〔月ヵ〕	平城宮内裏東方官衙地区	SD2700	1	切り折り	○
78	・諸司解（表面） ・　二年（側面） ・諸司解文（裏面） ・　二年（側面）	平城宮東院地区西辺	SB3322	15	切断	○
79	・人々前 ・人々前	平城京東三坊大路	SD650	42	折損	×
80	・絹収下□ ・御□＼絹収《》＼八月十□〈〉	平城京東三坊大路	SD650	0	破損	×
81	・§木工并仕丁粮 ・　□□	平城宮東院地区	SD3236C	64	折損	×
82	・釘用＼七月廿四日 ・　□□	平城宮東院地区	SD3236C	86	折損	×
83	・官人已□〔下ヵ〕＼雑□□〔使已ヵ〕＼上 ・天平神護＼二年正月	平城宮東院地区	SD3236C	0	不明（腐食激しい）	？
84	・北一贄＼殿出帳 ・天平廿年	平城宮左京二坊坊間大路西側溝	SD5780	1		
85	・大炊寮 ・十九年	平城宮左京二坊坊間大路西側溝	SD5780	94		
86	勝間太里□	平城宮東院地区	SD8600	0	折れヵ	△
87	・□民部収＼納近江大豆出 ・出帳＼天平十八年	平城宮第二次大極殿院・内裏東方官衙地区	SD2700	0	切り折り	○
88	・神護元年 ・七月解	平城宮第二次大極殿院・内裏東方官衙地区	SD2700	8	切り折り	○
89	四年□＼□文	平城宮第二次大極殿院・内裏東方官衙地区	SD2700	22	切り折り	○
90	・資人放出　□ ・寶字八年	平城宮式部省関連	SD4100	168	折損	×

番号	本文	出土エリア	遺構番号	軸部	下端部の状況	人為性
91	□申故	平城宮式部省関連	SD4100	56	切断	○
92	・五位上 ・故文	平城宮式部省関連	SD4100	16	切断	○
93	・諸司解 ・諸司移	平城宮式部省関連	SD4100	1	切り折り	○
94	・上日 ・上日	平城宮式部省関連	SD4100	6	切り折り	○
95	・諸家并＼諸司□□〔移牒ヵ〕 ・　□	平城宮式部省関連	SD4100	0	折損	×
96	・口宣 ・口宣	平城宮内裏東方東大溝地区	SD2700	0	切り折り	○
97	・宿直 ・宿直	平城宮内裏東方東大溝地区	SD2700	1	切り折り	○
98	・去勝寶九歳 ・奈良□□〔勘ヵ〕帳	平城宮第一次大極殿院築地回廊東南隅付近	SD5564	0	切り折り（または切断）	○
99	・国解／上日‖ ・国解／上日‖	平城宮式部省関連	SD4100	12	切り折り	○
100	・諸司移 ・神護景雲＼三年	平城宮式部省関連	SD4100	341	完形	／
101	・史生省掌＼神護景雲元年 ・史生省掌＼神護景雲元年	平城宮式部省関連	SD4100	19	切り折り	○
102	・□〔諸ヵ〕□服□〔関ヵ〕 ・〈〉＼□□道□□〔関ヵ〕	平城宮式部省関連	SD4100	20	不明（腐食きつい）	?
103	天平十九年	平城宮第一次大極殿院地区西楼	SB18500	47	切断か？	△
104	・門々并雑物鋪帳 ・景雲四年八月	平城宮東方官衙地区	SK19189	4	切り折り	○
105	・／申‖進天申□＼八月謹解 ・□本□□＼□勝□□〔帳ヵ〕	平城宮中央区朝堂院地区東南隅	SD3715	0	切り折り	○
106	・出挙帳 ・八歳七月	平城宮東方官衙地区	SK19189	21	切り折り	○

番号	本文	出土エリア	遺構番号	軸部	下端部の状況	人為性
107	・【□是是是天】 ・【□是是是天】	二条大路木簡	SD5100	6	切断	○
108	・供養功文 ・供養功文	二条大路木簡	SD5100	205	折損	×
109	・春夏節々美 ・禄帳／天平八年／八月一日‖智識	二条大路木簡	SD5100	45	折れ	×
110	・□物集殿 ・物出帳	二条大路木簡	SD5100	2	切り折り	○
111	・人給味物　「□□」 ・帳／　勘□帳／天平□年□月十五日‖	二条大路木簡	SD5100	300	完形	／
112	・八年八月以来 ・贊帳　【「□□□□〔天平八年ヵ〕□□□□□□□□〔月九日苅田孔足ヵ〕」】	二条大路木簡	SD5100	313	完形	／
113	・北倉雑物帳 ・天平八年二月十日	二条大路木簡	SD5300	4	切り折り	○
114	・掃守殿収納并 ・雑用帳　／天平八年／二月十一日‖	二条大路木簡	SD5300	0	切り折り	○
115	・人給味物帳 ・勘後帳＼天平八年七月廿一日	二条大路木簡	SD5300	15	切り折り	○
116	・進内物帳 ・天平八年六月	二条大路木簡	SD5300	0	切り折り	○
117	・荒和炭用帳 ・八年八月以来	二条大路木簡	SD5300	0	切り折り	○
118	・用鉄釘帳 ・八年八月□□〔以来ヵ〕	二条大路木簡	SD5300	0	切り折り	○
119	・自左京職来銭□〔并ヵ〕 ・市米直銭帳	二条大路木簡	SD5300	0	切り折り	○
120	・皮用帳 ・皮用帳	二条大路木簡	SD5300	15	折れか？	△
121	・法文 ・法文	二条大路木簡	SD5300	0	切り折り	○
122	天　（刻書）	二条大路木簡	SD5300	33	不明	？

番号	本文	出土エリア	遺構番号	軸部	下端部の状況	人為性
123	□帳／　／二月‖	二条大路木簡	SD5100	218	ほぼ完形	／
124	・東西市 ・継文	二条大路木簡	SD5100	0	不明	?
125	・寶字七年六＼月諸司継文 ・寶字七年六→＼諸司継文	平城京左京七条一坊十六坪東一坊大路西側溝	SD6400	34	切断	○
126	・八年 ・帳	二条大路木簡	SD5100	0	不明	?
127	□□□〔丂ヵ〕	平城京左京七条一坊十六坪東一坊大路西側溝	SD6400	0	不明	?

図16　題籤軸の欠損状況

去する行為とみることもできる。インデックスを消去する場面とは、おそらくは文書が不要になった時点であろう。①は、文書が不要になった際にインデックスを消去し、不要な文書であることを明示する行為と想定される。膨大な文書処理を行う上で、簡単に文書の要・不要を現認できる整理方法は非常に有効な整理技術であったろう。

そして②は、題籤部はインデックスの消去時点で不要になる一方、軸は紙の軸としての機能を維持しており、紙を再利用――おそらくは反故紙として――している間は必要であり、再利用が終了した時点で廃棄されたため、廃棄場所・時間が別になったものと考える。巻物を再利用する場合、字を書いた面は内側になる。軸が残っていれば、ちょうどトイレットペーパーのように引き出しながら、外側の未使用面を利用することができ、再利用の便宜にも適している。

インデックスの消去には、題籤軸そのものを取り外すという方法もありうる。前項で指摘した差し込み型の題籤軸であれば抜き取ればよい。だが、軸部が紙に張り付けられていた場合、巻物を全部一度開かなくては題籤軸の取り外しはできない。巻物を開くこと自体がかなりの手間がかかるが、紙の再利用を考えると、巻物を開きながら巻き取るか、開いてから巻き戻すことが必要となり、さらに手間が増大する。できれば軸としての機能は残したまま、インデックスだけをなくしてしまうことが望ましい。そこで、題籤軸を破壊＝題籤部の除去によって、インデックスを消去したと考えるのである。(28) 一方、地方遺跡出土の関係品の題籤軸の軸が短めの事例が多いのは、これらが差し込み型として用いられた題籤軸であり、抜き取って廃棄されたためと考えられる。

古代の文書処理・事務処理・紙の利用、それを効率的に行う鍵としての木簡の利用の様相をうかがうことができる、興味深い事例ということができよう。

おわりに

以上、木簡の作成がその利用場面・状況を考慮しながらなされていた様子が想定される事例と、木簡の使用方法が廃棄方法とも繋がって一連の世界を形作っていた事例を紹介した。

憶測にわたる部分も多々あるが、木簡が古代社会において活用されていた様相の一断面を示すことができたと考えている。こうした事例を丹念に積み上げ、古代社会における木簡の具体的な利用方法に迫り、行政運営の実態や、律令制的支配を可能にした行政技術を明らかにする一助にしていきたいと思う。

註

（1）この考え方は、本書第Ⅱ部で論じる「木簡の作法」の考え方の根幹である。

（2）東野治之「木簡にみられる地域性」（『日本古代木簡の研究』塙書房、一九八三。初出一九八二）、今泉隆雄「貢進物付札の諸問題」（『古代木簡の研究』吉川弘文館、一九九八。初出一九七八）など。

（3）今泉註2論文。

（4）大宰府出土広葉樹木簡については、鐘江宏之氏のご教示によりその存在に気づいた。

（5）拙稿「一行書きの隠岐国荷札」（西洋子・石上英一編『正倉院文書論集』青史出版、二〇〇五。本書第Ⅰ部第二章）。

（6）以上、用材としての広葉樹・針葉樹の違いや、木目に関しては、星野安治・浦蓉子両氏のご教示を得た。

（7）今泉隆雄「平城宮跡出土の日向国の牛皮荷札―牛皮貢進制と宮城四隅疫神祭―」（註2『古代木簡の研究』、初出一九八三）。

（8）記載がきわめて簡潔なため、宗形郡大領が平城京に上京し、彼に支給された物品とみることも不可能ではないが、出土状況ほかから考えて進上物品に付けられた木簡と考えるのが妥当であろう。

(9) 拙稿「古代東アジア文明と日本古代社会の接触の多様性」（王維坤・宇野隆夫編『古代東アジア交流の総合的研究』国際日本文化研究センター、二〇〇八）。
(10) 寺崎保広『長屋王』（吉川弘文館、一九九九）など。
(11) たとえば、東野治之「日本語論―漢字・漢文の受容と展開―」（坪井清足・平野邦雄編『新版古代の日本1』角川書店、一九九三）など。
(12) 奈良国立文化財研究所編『平城京左京二条二坊・三条二坊発掘調査報告』（奈良国立文化財研究所、一九九五）。
(13) 文字の大きさもほぼそろっている。ただし、最後が若干空いているようにもみえるが、全体の字数や割り付けは事前に計画されていたと考えるには差し支えない範囲であろうと考える。
(14) 文書のひな形の木簡としては、たとえば平城宮木簡七三号、七四号などがある。
(15) 北条朝彦「古代の題籤軸」（皆川完一編『古代中世史料学研究　上』吉川弘文館、一九九八）。
(16) 杉本一樹「文書と題籤軸（報告要旨）」（『木簡研究』二四、二〇〇二）。なお、資料類は口頭報告「文書と題籤軸」（『木簡学会但馬特別研究集会―古代但馬国と木簡―』二〇〇八）の資料集に掲載されている。
(17) 高島英之「題籤軸」（平川南・沖森卓也・栄原永遠男・山中章編『文字と古代日本I　支配と文字』吉川弘文館、二〇〇四）。
(18) 杉本註16論文など参照。
(19) 杉本註16論文。
(20) 杉本一樹「律令制公文書の基礎的観察」（初出一九九三）・「正倉院文書における紙について」（『日本古代文書の研究』吉川弘文館、二〇〇一）。
(21) 北条註15論文。
(22) ただし、この木簡と類似した平面的な〇五一型式の木簡を文書に差し込んだとみられる事例は、ほかにはみあたらない。題籤部（卒塔婆状の形状に加工する）の下にごく短い差し込み用の尖った部分をもつ事例が、滋賀県松原内湖遺跡出土木簡にある。「仁王妙典」と記しており、経典もしくはこけら経の束に差し込まれたと考えられている。『木簡研究』三七号（二〇一五）参照。

(23) 高島註17論文。なお舘野和己氏も同様の指摘をしている（「平城京の役所と官人」平野邦雄・鈴木靖民編『木簡が語る古代史　上』吉川弘文館、一九九六）。

(24) この木簡は、題籤軸の軸部よりはるかに太い。したがって、差し込みやすさという点では、題籤軸よりかなり劣り、差し込む対象は限定的にならざるをえない。

(25) 残存長は、主として写真・実測図によって計測した。また北条註15論文で取り上げられている事例については、主として北条氏の計測を援用した。

(26) 北条氏も人為的に折った事例の報告について、注目しているが、その理由・詳細については論じていない。北条註15論文。

(27) 口頭でのご教示による。

(28) 情報の本体はそのままで、インデックス部分を廃棄することでその情報体の存在を消すという方法は、今日コンピュータのファイル管理で行われている方法にも類似するように思われる。

参照木簡釈文

史料1

筑紫大宰進上筑前国穂波×　(74)・17・2　039　『平城宮発掘調査出土木簡概報』22-438

□□〔筑紫〕大宰進上筑前国嘉麻郡殖□〔種〕×　(84)・16・2　081　『平城宮発掘調査出土木簡概報』22-439

筑紫大宰進上肥後国託麻郡×　(87)・18・2　039　『平城宮発掘調査出土木簡概報』22-440

筑紫大宰進上薩麻国殖↓　(80)・17・2　039　『平城宮発掘調査出土木簡概報』22-444

筑紫大宰進上肥後国託麻郡…□子紫草　(68+19)・19・3　081　『平城宮発掘調査出土木簡概報』31-464

筑紫大宰進上肥後国託麻郡　(63)・20・2　081　『平城宮発掘調査出土木簡概報』31-465

史料2

上豊後国海部郡真紫草…□□〔斤ヵ〕□　(70+25)・(15)・2　081　『史跡大宰府跡調査出土木簡概報』2・206

史料3

・多褹嶋考六巻
状六巻

・三番　115・24・7　032　平城宮木簡 9886

史料4

宗形郡大□□鮨〔領鮒カ〕　116・27・4　032　『平城宮発掘調査出土木簡概報』21-384

宗形郡大領鯛醤　103・28・3　032　『平城宮発掘調査出土木簡概報』23-138

史料5

・当月廿一日御田苅竟大御飯米倉古稲

・移依而不得収故卿等急下坐宜　219・14・2　011　平城京木簡1712

史料6

・○符　召医許母矣進出急々

・○五月九日　家令　家扶　268・41・5　011　平城京木簡147

・佐保解　進生薑弍拾根□

・額田児君　和銅八年八月十一日付川瀬造麻呂　(348)・(28)・3　081　平城京木簡185

・○移　奈良務所専大物皇子右二処月料物及王子等

・○公料米進出　附紙師等　五月九日少書吏置始家令　家扶　241・28・3　011　平城京木簡1708

史料7

・片岡進上蓮葉卅枚　持人都夫良女　○
・御薗作人功事急々受給　六月二日真人　○
230・25・2　011『平城宮発掘調査出土木簡概報』21-42

・○召　採松　根麻呂筥入女益女右三人進出
・○又三月四月五月右三月油持衣縫安麻呂　参向　五月十二日鎌足家扶
320・40・3　011　平城京木簡1702

補論　難読木簡釈読の実例

はじめに

『平城宮木簡』で既報告の木簡の詳細な再観察の結果、新たな読みが想定されたり、性格が明らかになった木簡がある。これらについて、紹介したい。

1　陸奥国からの贄荷札

『平城宮木簡　三』三〇五九号木簡である。『平城宮木簡』での釈文は、

□

□□□□□郡□□□御贄壱籠　天平元年十一月十五日　319・25・6　031

である。大型の荷札木簡である。現状で保存処理済み。

表面の腐食が進行しており、木目がはなはだしく立つ。墨痕は薄い。肉眼でも墨痕の確認は可能だが、木目がきつく、判読はなかなか難しい。赤外線画像を利用して、墨痕を確認した。

すでに釈読されている「郡」字から想定すると、「郡」の前に五文字（〇〇国〇〇）が書かれていたと考えられる。赤外線画像では「国」字はほぼ確実に確認することができた。そこで、国名および郡名の絞り込みが次の作業となる。国名の一文字目にはこざとへんらしき墨痕がみられる。旁には四本程度の横画がある様子である。国名二文字目は、上下に分かれるようにみられ、上側は箱状に筆画が、下は「大」字状の筆画がみられる。一方郡名は、一文字目は斜め画と口から構成される文字であり、「石」または「名」と考えられる。二文字目は「取」字と読むことができた。

これらの諸条件にもっともよく適合する国郡名の組み合わせを検討した。まず、より確実性が高いと考えられる郡名について、「石取」および「名取」を『倭名類聚抄』で探すと、「石取」は存在せず「名取」が陸奥国にある。一方、国名一文字目にこざとへんがつく文字がくる国名を探すと、「陸奥」「阿波」のみである。こうした観察結果から、陸奥国名取郡と読むことが妥当な可能性が高まった。しかしながら、陸奥の調庸物は現地に留められて京進されなかったと考えられ(2)、出土木簡でも陸奥国からの荷札は確認されていなかった。「陸奥」からの木簡であると断定するためにはさらに慎重な検討が必要であると考えた。

そこで、「陸奥」の文字の類例を探し、本木簡の文字との照合を行った。具体的には、『平城宮木簡　四』四〇二四号木簡、「正倉院文書」中の「上階官人歴名」（『大日本古文書』二四巻七四頁。続々修二四帙五巻裏）などでの「陸奥」字との比較を行った。その結果、「奥」字は現行の書体とは若干異なり、「大」部分が上の部分とは若干離れている傾向にあるなど、本木簡の墨痕とこれらの類例はよく一致することが確認された。また、この木簡は税目が「贄」なので、調庸とは異なり、京進されていたと考えても問題はないと思われる。

よって、本木簡は陸奥国名取郡からの贄木簡であると確認された。また、「郡」字の下には郷名が書かれていた可能性と、物品名などが書かれていた可能性がある。本木簡の場合、「御贄」の直前の文字が「布」と読むことができ

2866 号（部分）

418 号（部分）

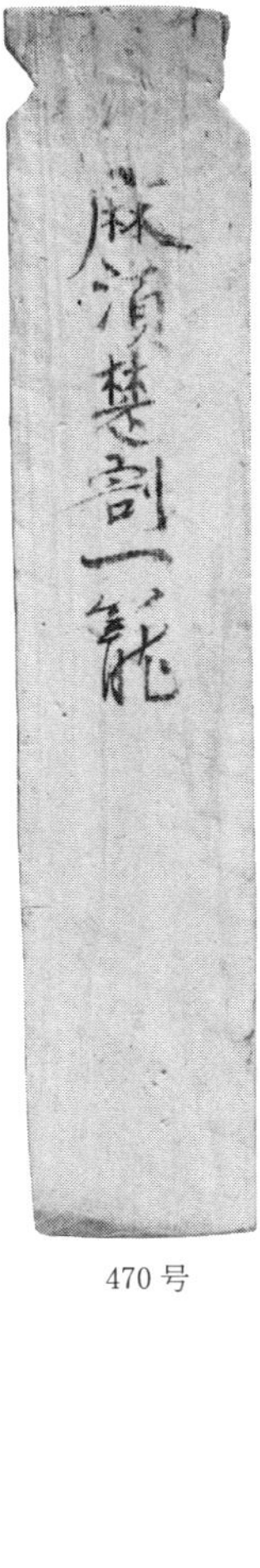

470 号

445 号
（赤外）

3059 号
（赤外）

図 17　平城宮出土の難読木簡の例

る。もし郷名であればここには「郷」と書くべきところなので、郷名ではなく物品名が書かれていたと考えられる。すなわち、本木簡は、国名＋郡名＋物品名＋「御贄」＋量目＋年紀という記載型式をとっていた。物品名は判読しがたい。「籠」単位であること、『延喜式』での陸奥の贄の規定、物品名三文字目の「布」字から、昆布である可能性が高い。一文字目に糸偏が確認されるので、「細」「縒」「縄」など昆布の形状を示す語が相当すると考えられる。

以上より、以下の新釈文が提示された。法量・型式番号は従前の通り。

□　□
陸奥国名取郡□□布御贄壱籠　　天平元年十一月十五日　　208・(21)・4　032

観察装置の進歩と字形の類例が増加したことによって釈読が深化した例と位置づけることができる。

2　麻生割鰒

『平城宮木簡　一』四四五号木簡である。

⊔〔割カ二籠カ〕□□□□□

と釈読されていた。現状で保存処理済み。

表面の腐食がすすみ、土中での傷も多い。さらに、右側三分の二ほどが欠損しており、墨痕は半存以下である。「割」および「二籠」字は釈読の可能性が示されていた。通常「籠」字の前には数字が、さらにその前に物品名がくると想定される。また、もし物品名が二文字以上で記される場合、「割」という文字が含まれる可能性が高いことになる。たとえば、「楚割」などが考えられる。また、図録所収の写真をよく観察すると、「割」と「二籠」の間の文字に魚偏らしき墨痕が認められた。魚偏の文字であるとすると、「割」以前が加工法で、魚偏の文字が魚類などの種類を示すと考えられる。

「割」がつく加工方法としては、「楚割」「背割」がよく知られる。しかし、これらの語がつく木簡では「佐米楚割」のように魚類の種類などはそれらの語の前に来る。本木簡の状況とはあまり合致しない。

逆に木簡で「割」の後に魚類の種類などが記される例を探すと、「割軍布」「割鰒」という例が確認できる。(3) 軍布＝ワカメには魚偏の付く文字での表記方法はなく、類例から考えると「割鰒」の可能性がもっとも高い。アワビであれば、数量を籠で表示している例は多々ある。また、「割鰒」では「麻生割鰒」の例がもっとも多い。

以上の見通しの上で現物での確認を行い、墨痕の詳細な確認を行うこととした。現存処理済みの本木簡の現物は、図録の状態より肉眼での墨痕観察は困難になっていた。そこで、赤外線画像を用いて残存する墨痕の詳細な観察を行った。

まず、「割」「二籠」はほぼ確からしいと確認できた。また魚偏も確認できた。上記の検討の基礎となった材料は、いずれも確かであった。そこで、「割」字の上の文字の墨痕を検討すると、二文字分ほどであることが確認できた。一文字目は、左に払う画等が確認され、二文字目は小さく左に払う画と、横画三つが確認できた。こうした墨痕は、「麻生」と非常によく合致する。

以上から、次のような釈文が提示された。法量・型式番号は従前のままである。

麻生割鰒二籠

本木簡が出土し、図録が編集された頃には、「麻生割鰒」木簡の出土例は知られていなかった。その後出土例が増えた結果、こうした新たな釈読が可能となった。類例の増加によって新たな語句や表示パターンが知られるようになり、新釈読が可能となった例ということができる。

さらに、新たに釈読された文字から、木簡の想定中心を設定し、原形の復原を試みたところ、幅二・五㌢ほどの木簡に復原された。幅・切り込みの形状などが四七〇号木簡（240・48・6）とよく似る。さらに筆の運びも非常に近いことが明らかになった。つまり、本木簡とこの四七〇号木簡はおそらく同一目的で、同時期に、同一人物によって作成され、同じように利用され、同じように廃棄され、同一の土坑から出土したのであろう。品目の違いなども考慮にいれると、この二点の木簡は各地で作成されて都城にもたらされた荷札ではなく、都城で作成され荷物に付けられた付札であると考えられる。

麻生割鰒の木簡は、志摩国からの贄荷札とされる小型の〇五一型式木簡[4]に記された例のみが知られていた。おそらく、のちに歌枕として有名になる麻生地区の鰒の加工品であろう。本木簡は、こうした小型の〇五一型式木簡が付けられて都に届いた荷物に、さらに付け直された木簡ということになる。木簡の付け替えなどの具体的様相を伝える資料であり、かつ木簡製作や利用の場面を知ることのできる資料である。

3　年魚の木簡など

上記の二例以外にも、文字の理解が深化した例がある。

『平城宮木簡　三』二八六六号木簡は、物品の進上状に類する木簡である。物品として「煮汗鮓十二口」と「鮒十五口」があがっている。しかし、このうち「煮汗鮓」というのはいささか奇妙である。煮汗は煮干で、現在の煮干しとほぼ同様のものと考えられ、鮓は現在のナレズシのようなものと考えられる。すると、「煮干鮓」煮干しを原料としたナレズシということになってしまう。

そこであらためて文字を確認すると、「鮓」と釈読されていた文字は「魚」偏に「乍」ではなく、「魚」偏に「年」という文字である。この二文字を右から読むと、「年魚」すなわち鮎である。煮干年魚であれば、物品としても理解できる。このように漢字二文字を右から左に並べて一文字として表記する例は、『平城宮木簡　二』二二五八号木簡で「釆女」を「女」偏に「釆」と記す例があり、古代における合わせ字の一つのパターンであったと考えられる。今後、注意すべき異体字のあり方であろう。

『平城宮木簡　一』四一八号木簡に記された「品」を上下逆にした字形も、これまで読まれてこなかった文字である。これと同様の字形が、漢簡の書体を集めて作られた「千字文」中に、「駆」の旁にある。(5)元の漢簡を確認することはできていないが、金石文からの字形には「品」の異体字としていくつかの字形が収録されており、(6)そのなかにこの上下反転した字形も含まれている。漢簡の世界では、この字形は「品」の異体字であった。日本では、この字形はほかに類例を確認できないが、漢代の用例から考えて、この四一八号木簡の文字が「品」と読みうる可能性は非常に高いと考えられる。古い書体が残って用いられている点、しかもそれが比較的文化流入が多かったと思われる瀬戸内海沿岸地域で利用されている点は注目すべきであり、日本の漢字文化の重層性を考えさせる事例であると思われる。

また、魚のアジを「阿除」とも「阿遅」とも記すような事例から、音の表記で「除」と「遅」が通用することが知られる。そこで「品除」＝「品遅」＝「品治」というウヂ名であると考えられる。アジの各種表記は、図録刊行後に類例が増えて知られるようになった事柄である。こうした音による通用の事例も、類例の増加をふまえて十分に注意して検討すべき観点であると考える。

おわりに

近年のさまざまな見直しの中で確認されたことのいくつかを紹介した。類例が大幅に増加するなかで、こうした類例をいかに蓄積し、検索・利用しやすくしていくか、重要な課題であると感じる。こうした作業のためには、類例を体系的に理解するための研究が前提として必要である。さらなる研究を推し進めていきたい。

註

（1）この再釈読については、馬場基「陸奥国荷札の「発見」」（『奈良文化財研究所紀要　二〇〇四』奈良文化財研究所、二〇〇四）で紹介した。
（2）鈴木拓也「陸奥・出羽の調庸と蝦夷の饗給」（『古代東北の支配構造』吉川弘文館、一九九八。初出一九九六）。
（3）「割軍布」は大宰府史跡出土木簡中に一例確認される。
（4）渡辺晃宏「志摩国の贄と二条大路木簡」（奈良国立文化財研究所『長屋王家木簡・二条大路木簡を読む』二〇〇一。初出一九九六）。
（5）張大順『木簡千字文』（木耳社、二〇〇三）。この書物における当該字形の存在は、舘野和己氏のご教示により確認できた。
（6）太甫熙永編『篆書字典』（国書刊行会、一九七八）など。

第Ⅱ部　木簡の作法

第一章　木簡の世界

はじめに

平城宮の発掘調査で、最大の発見の一つとして木簡があげられる。文字資料が少ない古代史分野で、地中から膨大な文字資料が出土する。しかも、編纂されたり、書写されたりしたものではなく、奈良時代のままの「生の資料」である。一緒に出土する遺物もあるから、それらと合わせての分析も期待できる。一方、木簡だからこその難しさ、課題や方法についても繰り返し指摘されてきている(1)。

本章では、こうした既往の調査・研究の蓄積を前提として、いくつかの具体的な事例を取り上げつつ、平城宮・京出土木簡の世界の一端を紹介したい。

1　木簡出土

木簡がみつかる理由

発掘調査で木簡が発見されるための条件は、大きく二つある。

一つは、環境である。木簡は、墨書のある木製品である。木簡の素材・材質は木で、木は、普通は土の中で腐ってしまう。にもかかわらず、木質遺物が出土するのは、日本の場合、水分によって遺物が酸素から遮断されることで、木を腐朽させる菌の活動が、抑え込まれていたことによる。だから、古代の木簡が腐ってしまわずに土の中で保存され、今日に伝わるためには、地下水が豊富な土、という環境が必須条件なのである。(2)

二つめは人的な条件で、木簡の出土には最低限二人の人物が存在することが必要だ。二人の人物とは、木簡を捨てた人と、それを掘り出す人である。当たり前のようだが、非常に重要なことだと思う。

そもそも、木簡が存在する背景には、木簡を利用した人がおり、その木簡を作成した人がいる。さらには、木簡の作成を命じた人がおり、木簡の作成が必要となるような制度を作った人がいる。また木簡に使う木を切る人がおり、筆を作る人がおり、墨を作る人がおり、硯を作る人もいる。一点の木簡には、多くの古代人が関わっていて、われわれ現代人や未来の人々は、木簡を介してそうした古代人たちと相対している。この古代人との遭遇は、木簡を捨てた人物と掘り出した人物の、奇跡の出会いによってもたらされたものなのだ。

どんなに条件のよい土の中でも、木簡は徐々に劣化するから、ずっと埋めておいてよいというわけでもない。一方、もし掘り出す人が、出会いに気づかなければ、古代人との遭遇は永遠に失われてしまう。木簡出土は古代人と現代人の出会いをプロデュースするが、その出土の瞬間はもっとも危険な瞬間の一つともいえよう。(3)

さて、平城宮・京で出土するたいていの遺物は、ゴミとして捨てられたものである。木簡もまた、基本的にはゴミとして投棄されたことは、まず間違いない。木簡が利用されていた最後の状態が、現在われわれが眼にすることのできる姿である。古代社会における木簡利用を考え、木簡から古代社会を復原しようとするためには、ゴミになるまでの過程を考えておかなければならない。

なぜその木簡がゴミと認識されて捨てられたのか、またなぜその場所に捨てられたのか、それらを確定することは非常にむずかしい。だが、ある程度「どういう場面で木簡が廃棄されているのか」「どういう状況で木簡はゴミになるのか」といった問題について考えておくことは、やはり必要だろう。

内裏の建て替えと木簡

そこで、SK820と称される土坑を例に、木簡の廃棄と出土について考えてみよう(4)。

発掘調査で、木簡が発見される遺構は、溝・土坑・柱穴・井戸・池・整地土など、多様である。その中でも、土坑はゴミ捨て穴として掘削され、利用されたものが多く、投棄と出土の状況が同じと考えられ、木簡をどのように捨てたのかを考えやすい例ということができるだろう。

土坑SK820は、平城宮内裏外郭内の北東に位置する。平面はほぼ正方形で、検出面（遺構を発見した面）では一辺三・八㍍、底部では一辺三・二㍍。検出面から底部までの深さ約一・七㍍。なかなか巨大な穴である。

この穴を埋めている土の様子は以下のとおりである。底部から五㌢ほど自然遺物を主体とする層があり、その上に五〇㌢ほど有機物を多く含む暗褐色の土が堆積する。その上は、赤褐色の土が一一五㌢「つまっていた」。こうした土の様子と、出土遺物が良好に保存されていたことなどから、ごく短期間の間にゴミが投棄され、一気に埋められた、と考えられている。そして、木簡や木製品・土器類は暗褐色の土層から大量に出土した。

木簡の内容は、天皇の身辺に関わるものや、兵衛に関連するものが多い。兵衛は、内裏の警護にあたるから、全体として天皇の身辺に近い木簡群である。ただし、一ヵ所の役所から捨てられたとは考えがたい内容の広がりがある。何ヵ所かの役所から、一度にゴミが捨てられる場面とはどういう場面か。これを考える上で重要なのが、遺構の変遷と、一緒に出土している他の遺物である。土坑SK820が埋められた後、この場所には建物が建つ。現在、SK820の場所は整備されているが、土坑の面影をみつけることはできない。というのは、その後に立てられた建物が表示されているからである。つまり、SK820は建物が立て替えられる、そのちょうど間に掘られて利用されたゴミ捨て穴である。また、SK820が利用された時期は周辺の区画施設が整備途中で、比較的オープンな空間であったと考えられる。そして、木簡とともに出土している木製品には、木材の加工に伴う木の破片や檜皮が大量に含まれている。

こうしたことから、SK820は内裏地区の建て替えに伴うゴミ捨て穴と考えられる。したがって、木簡もこうした工事現場において、建て替えに伴うゴミと一緒に捨てられたわけである。だから、SK820出土木簡には、大きく二つのまとまりが想定されよう。一つは、ちょうど同時期に日常的に利用され、廃棄された木簡である。たんに、都合のよい穴が掘られていたから、そこに木簡が捨てられたというものである。もう一つは、建物の建て替えに伴い、その中（建物内）にあったゴミとして木簡が捨てられた、というものである。取り壊す建物の中を掃除した際に、出てきたゴミの一つに木簡があった。

そして、SK820の場合、もう一つの可能性が想定できる。その想定の根拠は、土坑の年代である。出土木簡の年紀の分析から、天平一九年（七四七）頃に埋められた、と考えられている。これは、聖武天皇が平城に還都して間もない。その時期を考えると、平城還都の荷解きに伴って廃棄された木簡も含まれる、と考えられる。

以上、SK820への木簡廃棄は、①周辺のいくつかの役所や役所の建物から廃棄されたとみられる、②廃棄の理由は大きく三つの場面が想定される、という点が指摘できる。特に、廃棄の場面として、「建て替え」のような特別な理由が存在することは注目すべきだと考える。

二条大路木簡と光明皇后

建物の建て替え時期にゴミ捨て穴が掘られ、木簡が大量に投棄された例はほかにもある。たとえば有名な「長屋王家木簡」は、SD4750と称される遺構から出土した三万五〇〇〇点に及ぶ木簡群だが、このSD4750は長屋王邸の時期変遷でいうとA期からB期へと建て替えられる、その中間の時期に掘られて、利用されたものである。(5)

木簡ゴミは、日常的に発生している。だが、それが土坑にまとめて大量廃棄されるのは、必ずしも日常的なことではなく、建物の建て替えなど、別の理由が想定されることが多いようである。今度は逆に、こうした「木簡が大量廃棄されるのは建物の建て替え等特別な場面が多い」という観点から、木簡群について分析してみよう。

左京二坊域の、二条大路上に長大な土坑が穿たれ、そこから木簡をはじめとする大量の遺物が出土した。この木簡群は二条大路木簡と称され、総点数は七万点を超える。(6) この溝については、他の条坊側溝と接続しないことから、ゴミ捨てのために掘られたもの、とされるが、路面保護のために掘られた側溝の一類型ではないか、という指摘も存在する。ただし、出土木簡はほぼ一時期に集中し、廃棄の時期は比較的短期間に集中すると考えて差し支えない。

二条大路木簡は大きく二つの木簡群からなる。(7) 一つは、南側の、かつて長屋王邸であった宅地から投棄された木簡群で、皇后宮職（光明皇后の皇后宮職）の木簡と考えられている（Ⅰ群）。もう一つは、二条大路北側から投棄された木簡群で、内容の分析から藤原麻呂の家政機関の木簡と考えられている（Ⅱ群）。『平城京木簡　三』で、ある程度の見通しが述べられ、一部の木簡の報告もなされているⅡ群の木簡の廃棄について確認しよう。

Ⅱ群の木簡には、大きく三つの廃棄のグループが想定できる。

一つめは、造営関係の木簡である。天平七年（七三五）末から八年初にかけての時期に集中する。遺構変遷でも建物の充実が想定されている時期に符合するから、その造営に伴う木簡であろう。

二つめは、天平八年六月から七月にかけての、吉野行幸に関わる木簡である。Ⅱ群の木簡には、この吉野行幸に関係することが明らかな木簡が少なからず含まれている。さらに、Ⅱ群の木簡でもっとも点数が多いのは天平八年の年紀をもつ木簡であり、それも年の中頃が目立つ。これはまさに吉野行幸の時期と重なる。

三つめが麻呂の死去に伴う廃棄である。麻呂の死去は天平九年七月、Ⅱ群の木簡の可能性が想定される木簡で、最新の年紀は天平九年八月四日である。ただ、Ⅱ群木簡の時期は天平九年三月までにまとまる傾向があるので、死去を契機とみるか、それ以前に一度何らかの契機を考えるかは、検討の余地があるであろう。

重要なことは、あたかも天平七年から九年までの、藤原麻呂家家政機関の活動をそのまま映し出すようにみえる二条大路木簡Ⅱ群も、実際にはいくつかの特別な場面を中心としたものである、という点である。確かに家政機関の日常的業務をうかがわせる木簡も多く含まれ、日々の業務の中で廃棄された木簡が含まれる可能性もある。だが、特別な契機に利用されたり廃棄されたりした木簡群が中心となっている、という点は確かだと思われ、この点は十分に考慮しておく必要があろう。

出土木簡籌木論と東方官衙土坑の衝撃

さて、「木簡はいつ捨てられるのか」という点から検討をして、いくつかの仮説を得るにいたった。だが、「木簡の捨て方」について、最近重要な指摘がなされ、また一方で驚くべき調査成果が明らかになった。

木簡は、たいてい壊れて出土する。そしてその多くは、土の中で折れてしまったわけでも、発掘調査の時に折れてしまったわけでもなく、どうも奈良時代に壊されて捨てられたと考えられる状況で出土する。かつてはあまり注目されていなかったが、近年では記載内容を無効にするシュレッダー処理とする見方で落ち着きつつあった。そこに提示

されたのが、「出土木簡籌木論」である。(8)

出土木簡籌木論では、壊れて出土する木簡の観察を通じて、出土木簡の多くは籌木（糞べら）であったと結論づける。籌木の投棄場所と便所との関係も別個に論じており、非常に説得力に富む。翻って考えてみると、出土木簡の中には木製品に転用されているものがままみうけられる。文字を記載する機能を失った後、木という材質が利用されているもので、新聞紙を包装に使うのに似ている。だから、木製品の一つである籌木に転用されていたというのも自然に首肯できるし、逆に木として使える木簡をそのまま捨てるのは不自然にも感じられる。

細長く割られた木簡を籌木と考えるか否かは、それぞれの遺物の詳細な観察と、籌木とはどういう遺物なのかという理解の問題に関わってくる点がある。また、完形で出土する木簡の存在や、上述のように木簡が建て替えなど特殊な場面で一括廃棄されることがままある点なども考慮に入れると、すべての木簡が籌木ということはないだろう。だが、籌木として再利用された木簡も多かった、という点は非常に重要な観点となろう。

もう一つは、平城第四四〇次調査の成果である。(9)東区朝堂院の東側の官衙域での調査で、SK19189という土坑が発見された。削屑を中心とする膨大な木簡が出土し、現在も洗浄作業中で総点数はまだわからない。(10)注目すべきは、その土坑の堆積状況である。木屑層の上層が漸移的に炭層となり、さらにその上に薄く粘質の粒子がきわめて細かい土となっている。木屑を放り込んだ後に火をつけて焼却したと考えられる。火は外に広がるから、内側に焼け残った木屑があり、外側は炭や灰となっている、というわけである。

この状況を、発掘調査の概報で端的に、そして的確に、次のように指摘する。(11)

SK19189では木屑を焼却したと考えられる炭層を確認している。廃棄物の明確な焼却を示す土坑は宮内では初の発見となる。これまで木簡は焼却処分されることはないと考えられてきたが、その発想を覆す事例である。木簡だけでなく宮内の廃棄物処理のあり方を考える上でも今回の発見は重要なものとなるであろう。

古代に存在したであろう木簡の、どの部分が現在出土している木簡なのか。正確に知ることは困難だが、ある程度イメージを作っておく必要がある。そのためには、木簡の廃棄を考えることは非常に重要である。そして、新しい調査や研究が提示された現在、木簡の廃棄について、あらためて整理・検討すべき段階にきているのではないだろうか。

2　木簡の検討

木簡の分類と働き

木簡は、文書・付札・その他に大きく三分類される[12]（図18）。これは、基本的には古文書における分類に依拠しつつ、そこに木簡の機能や形状といった観点を加味した分類である。平城宮・京出土の木簡の整理・分析の中で培われた分類であり、木簡を考える際の一つの出発点となる。ただし、この分類も必ずしも十全ではない点には注意が必要である。

木簡は、「木」という特性から、二つの特徴的なあり方が指摘できる。一つは「現物」との密接な関係であり、もう一つはさまざまな「動き」に関連する、という点である。

たとえば、物品に装着される付札は、木簡ならではの利用方法ということができるだろう。物品の現物と、非常に密接な関係が存在する。画指木簡、門牓木簡など、現物（物の場合も人の場合もある）との密接な関係や、

図18　木簡の分類

木簡
- A　文書
  - a　文書
  - b　記録
    - α　伝票
    - β　帳簿
- B　付札
  - a　荷札
  - b　付札
- C　その他

図19　進上状に類似する荷札木簡

関係のあり方は木簡の機能を考える上で重要な観点である。

また、木簡にはさまざまな「動き」が伴う。全国からの貢進物に装着された荷札は、貢進物と密接な関係があると同時に、全国から都へと移動した木簡である。人を呼び出すために利用された召文も、呼び出し先まで運ばれるという動きがある。また、人事評価に際して利用される木簡も、作業過程で動かすことが前提とされ利用されており、またそこに記載された情報＝人事評価は確定途中であり、動いている情報である。むろん、紙の文書でも、物理的な空間移動や情報の動きが想定できるものも多いが、木簡の場合はほぼ必ずこうした「動き」を伴っている[13]。

現物との密接な関係や、動くという特徴は、木簡の働きや記載内容が抽象化された情報ではなく、現実に機能するものであったことと密接に関係していると思われる。そして、現実に機能するという性格ゆえに、先に示した分類だけではカバーしきれない側面も有している。一点の木簡がいくつかの性格をあわせもっていたり、あるいは作成から廃棄までの間に性格を変化させたりするのである。

たとえば進上状と称される木簡がある。

進上元　＋　「進上」（または「進」）　＋　物品名

という記載が基本である。物品の進上に際して添えられる「文書」に分類されているが、中には切り込みを有して物品にくくりつけられていたと考えられるものもある。こうなると、物品の付札、あるいは荷札に限りなく近い。書式が文書の型式であるから、文書に分類されるのは当然だ、という見方もあるかもしれない。だが、たとえば参河国幡豆郡の島々から送られる御贄の荷札の書式をみてみると、

某島海部（＝進上元）＋「供奉」（そなえたてまつる＝進上文言）＋某月料＋品目

という具合であり、進上状の書式に類似する。また、国が進上主体となる贄荷札でも、

某国　＋　進上　＋　品目

という書式をとり、進上状と選ぶところはない。にもかかわらず後の二者は荷札に分類されてきている。(14)

わかりきったように感じられる文書と荷札の分類も、その実際的な機能や文言の詳細に検討を及ぼすと、中間的な性格の木簡が多数存在している。木簡を考える際には、それぞれの木簡の具体的な働きを視野に入れておく必要があろう。

一次資料・木簡の強み

木簡は、一次資料である。古代人から、直接われわれの元に届けられる。編纂や、転写などの意図的な操作が加わっていない。こうした強みから、たとえば郡評論争にも大きな影響を与えたことは、よく知られるとおりである。(15)律令には明確な規定がない贄については木簡の分析から多くのことが明らかにされている。それ以外にも、正史には記載されない日常的な官司運営で用いられたことから、古代社会の実相を考える上でも重要な材料である。

さて、近年の研究で、土中から出土した考古学的遺物であり、一次資料である木簡が、非常に大きな役割を果たした例を紹介しよう。(16)

平城宮には二つの中枢区画がある。その内、西側の「中央区」と称される地域に、奈良時代前半の大極殿がそびえ

ていた。第一次大極殿である。第一次大極殿自体は台地上のしっかりとした地盤の上に乗っているが、周囲を囲む築地回廊やその南面に開く門、あるいは第一次大極殿前の広場は谷を埋め立てて造成された部分が少なくない。その造成土の中から、和銅三年（七一〇）の年紀をもつ、伊勢国からの米の荷札が出土した。月ははっきりとしないが、三月か五月のようである。

この木簡によって、大極殿前広場や周辺の回廊を作るための整地作業が、和銅三年三月もしくは五月以降であることが明らかになった。伊勢から都に運ばれて、消費されるまでの時間も考えると、さらにもう少し遅い時期と考えてよいかもしれない。当然、広場や回廊の建設は整地の後だから、さらに遅れることになる。平城京への遷都は和銅三年三月のことである。平城遷都の時点では、大極殿前広場や回廊は工事にすら入っておらず、地ならしを行っている段階だったわけである。

この木簡からは、大極殿本体が工事中だったのか、できあがっていたのかを知ることはできない。しかし、大極殿が乗っている部分は、台地を削って土地を平坦にしている。谷を埋めるとき、わざわざ遠くから土を持ってくるより、近所で削った土を利用する方が自然であろう。こうした事情も考えると、遷都時点では大極殿もまだ地ならしが行われている程度の段階だったと考えるのが自然であろう。

『続日本紀』は、和銅三年の正月に大極殿を用いての儀式を記した後、霊亀元年（七一五）まで大極殿の記事を載せていない。このことも、和銅三年の木簡が整地土から出土したことと合わせると、双方が補って非常に理解しやすい。『続日本紀』によれば、和銅三年正月には、まだ藤原宮に大極殿はそびえ立っていた。平城宮大極殿は藤原宮大極殿を移築したと考えられているが、正月に儀式で使っていた大極殿が三月に平城宮に移築できる、とはちょっと考えにくい。木簡と発掘成果によれば、平城遷都時には、大極殿も地ならし工事の最中であった。両者はよく符合する。だから、『続日本紀』が伝える次の大極殿こそ、平城宮大極殿の完成と考えるべきであろう。

木簡の、文字の記載だけでは知りえなかった事実が、出土層位、周辺の遺構との関連性の分析、さらに『続日本紀』の記載の読み込みによって明らかになった例である。木簡研究の醍醐味ということができよう。

下級役人の出身地と出勤状況

もう一例、木簡が一次資料としての強みを発揮した例をご紹介しよう。木簡、といっても、今回活躍するのはその削屑である。

平城宮の東北隅部分には、文官の人事を司る式部省が置かれていた。式部省では、人事評価のために、本人の官位・姓名・年齢・本貫地・出勤日数などが記された木簡が利用され、削られては繰り返し利用される。その一部が、周辺から出土しており、『平城宮木簡』四〜六に収められて報告されている。

木簡を用いて、式部省でこうした人事評価を受けるのは、六位以下のいわゆる下級官人層である。したがって、この木簡群のデータは、下級官人たちに関するデータということができる。そして、この木簡群から知ることができる点を二つ紹介しよう。

一つは、彼らの出身地である[17]（表19）。彼らの本貫地は、平城京を中心に大和・河内・山背など畿内に広がってい

図20　考選木簡の削屑

表19　式部省跡出土の考課木簡からみた官人の本貫地

平城京	**115**	河内国	86	伊賀国	6	因幡国	1
左京	30	綿部郡	2	伊勢国	3	出雲国	3
右京	52	石川郡	3	尾張国	7	播磨国	10
大和国	60	古市郡	6	参河国	6	美作国	2
添上郡	4	安宿郡	3	遠江国	10	備前国	2
添下郡	2	大県郡	6	駿河国	2	備中国	5
平群郡	4	高安郡	6	伊豆国	2	備後国	1
広瀬郡	3	讃良郡	1	甲斐国	3	安芸国	1
葛上郡	4	茨田郡	2	相模国	1	周防国	1
葛下郡	1	交野郡	1	武蔵国	3	紀伊国	3
忍海郡	3	若江郡	3	上総国	3	讃岐国	5
宇智郡	1	渋川郡	2	下総国	4	伊予国	2
吉野郡	2	志紀郡	11	常陸国	5	筑後国	1
城上郡	5	丹比郡	13	近江国	31	肥前の国	2
城下郡	3	和泉国	9	美濃国	7	肥後国	1
十市郡	1	大鳥郡	2	飛騨国	2	畿外小計	**166**
山辺郡	6	和泉郡	5	信濃国	6	総数　515点	
山背国	42	摂津郡	37	上野国	4		
乙訓郡	2	住吉郡	5	下野国	2	京　：22.3%	
葛野郡	6	百済郡	2	陸奥国	2	畿内：45.4%	
愛宕郡	12	西成郡	6	出羽国	2	畿外：32.2%	
紀伊郡	2	嶋下郡	1	若狭国	2		
宇治郡	3	豊嶋郡	4	越前国	2		
久世郡	1	川辺郡	2	能登国	1		
綴喜郡	3	菟原郡	2	越中国	3		
相楽郡	2	畿内小計	**234**	丹波国	2		
				丹後国	1		
				但馬国	4		

る。あくまでも本貫地のデータであり、実際の居住地ではない可能性もあるが、下級官人たちの本拠地が平城京に集中しきっておらず、畿内の各地に分散していた傾向を指摘することができるだろう。

　もう一つは彼らの出勤日数の実態である（表20）[18]。奈良時代前半では、一〇〇〜二〇〇日程度がもっとも多い。下級官人は、一四〇日〜二〇〇日程度以上の出勤で人事評価の対象となりうるから、必要最低限の上日で済ましていた官人たちが多かったということができる。奈良時代後半で注目すべきなのは「去不」という記載であり、これは前年度「勤務成績無し」であったことを意味する。勤務成績が不良でも、出勤日数が足りていれば、それなりの相応の評価を得られるはずだから、「勤務成績無し」＝出勤日不足、ということになろう。奈良時代後半、下級官人の半数が人事評価を受けるためには勤務日数不足だった。瀕死の重病などの可能性も想定できるが、ほかのデータをつきあわせると、やはりかなりの割合で、確たる理由もなくなぜか出勤日数が足りていないようである。古代の下級官人といえば激務で通っているが、どうも必ずしもそうでもなさそうだ。この数値データは、通説に一定の見直しを迫るものということができよう。

小さな破片ですらないような削屑のデータから、本拠地が畿内各地に分散していて、出勤状況も「皆勤」とはいいがたいというような、下級官人の実相の一端を知ることができ、通説に疑問も提示できるわけである。

表20　古代下級官人出勤日数実態調査

出勤日数（日）		奈良時代前半（人）		奈良時代後半（人）	
300〜		6		3	
200〜299		10		15	
100〜199	190〜199	13	1	2	0
	180〜189		3		0
	170〜179		0		0
	160〜169		1		0
	150〜159		2		0
	140〜149		2		1
	〜140		1		0
	不　明		3		1
〜100		1		0	
去　上・中・下		—		76	
去　　不		—		78	

木簡の「年」は信用できるか

ここまで、一次資料としての木簡の強み・おもしろさを紹介してきた。ここでは、そうした木簡の扱いで、注意すべき例を挙げてみよう。

木簡には年月日が記されることがある。この年紀の記載は、遺物や遺構の絶対年代を知る手がかりとして非常に有効だと考えられている。だが、この年紀が信用できない場合もある。記載された年紀と、捨てられた時に大きな時間差がある場合もある、ということである。たとえば、前出の土坑SK820の場合、もっとも古い年紀は養老二年（七一八）と土坑の時期より三〇年近く遡る。

そこで、土坑の時期と年紀が食い違う木簡を整理してみると、綿と塩の荷札であり、要するに保存のきく物資である。荷札に記される年紀は貢進の年紀だから、荷札の年紀と土坑の時期差は、貢進されてから消費までの時間を反映していると考えられる。

一般に、文書木簡は作成されてすぐに利用され、使命を終えるため、そこに記された年紀は遺構の年代を直接示すと考えられる。荷札の場合は都までの輸送や、倉庫への収納、さらに備蓄などの過程があり、その時間差を考える必要がある。

だが、たいていの物資は、それほど長く保管されることなく消費されている様子である。物品の性格にもよるだろうし、消費のパターンにもよるだろう。SK820でも、塩の荷札も含めてたいていの荷札は、天平一七年である。それだけに、年紀が記された木簡が出土すると、その年紀を中心に考えてしまいがちである。もし、その荷札が長期保存されたものだとしても、同じ遺構から他に年紀のある遺物が出土していなければ、長期保存だと積極的に決めにくい。

塩の場合、SK820の例からもわかるように、長期保存する場合も、そうでない場合もあるため、難しい。だが、より詳細に塩の荷札を分析し、都城における製塩土器の出土や生産地の様子を総合すると、どうやら都で出回っていた塩は大きく四種類あり、貢進された塩はそのうちの三種類であることが知られる。その三種類は産地と対応しており、若狭型・東海型・周防型（瀬戸内型）に分類できる。若狭型・東海型は遺構の年代観と二〇年近くずれることがあり、周防型は遺構の年代観とのずれは三年程度に収まる。だから、塩の荷札でも、周防国のものであればそこに記された年紀は比較的直接その遺構の年代を示すし、若狭国や尾張国であれば、木簡の年紀よりほかの遺物の年代観を優先した方がよいであろう、ということになる。(19)

文字に書かれている、という威力は魔力に近い。しかし、その文字の情報が、どのような過程で土に埋まったのか、そうした検討をしなければその情報を生かしきることはできないのである。

3　木簡の読み解き

木簡で遊ぶ

木簡で遊ぶのは、われわれではない。古代人である。木簡で遊んでいるらしい例としては、落書きとくじ引き札がある。ここでは、くじ引き札を紹介しよう。

一組は、長屋王邸で出土した。一〇ｾﾝ強ほどの長さで、「此取人者盗人妻成」「此取人者御六世」などと書かれている。これらが、くじ引き札だったと推定されている。「此取人者」が「この札を取った人は」という意味で、その後の「盗人の妻となる」「弥勒の世に」などが、くじの当たり・はずれに相当するような文言になる[20]。

長屋王邸の片隅で、こんなくじ引き遊びが楽しまれていたわけであるが、「妻となる」というような文言からする

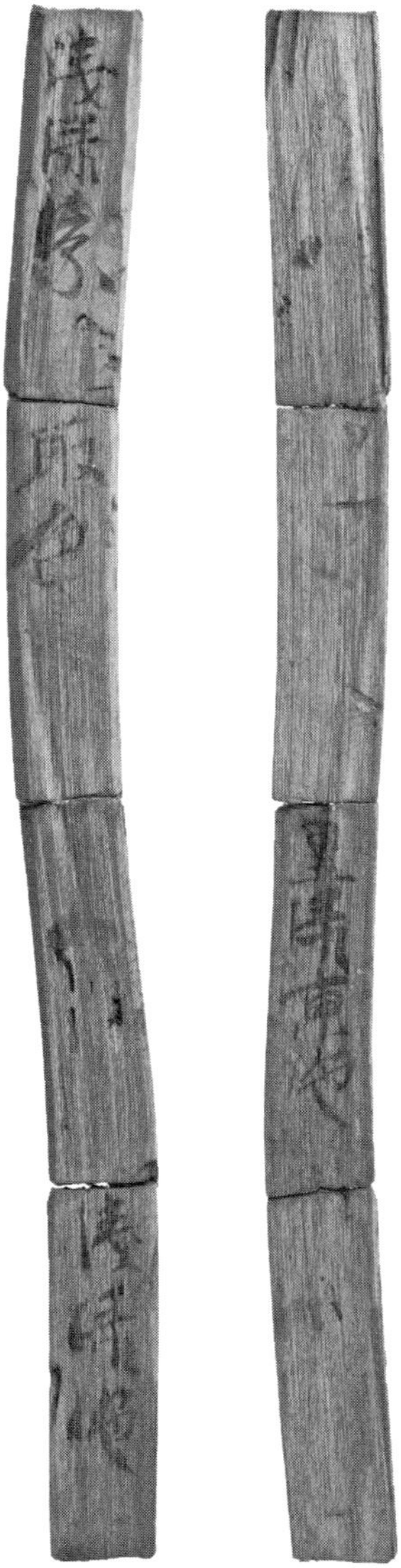

図21　くじ引き札

と、くじ引きをして楽しんでいたのはおそらく女性である。奈良時代の淑女の密やかな楽しみが、井戸の中から出土した。

もう一組、たびたび話題になっているSK820から出土した。繊維の品名と色だけを記した小さな札である。これらの札が、もとは一枚の長い板を割って作られたことが、明らかになった。作成の時も一緒に作られ、廃棄も一緒。だから、これらの札は、作成―利用―廃棄の一連の過程で、一組のものとして扱われていたと考えられる。

さらに、正体不明の「取色」という札がある。「取色」では繊維製品の付札にはふさわしくない。そんなわけで、ご褒美などでもらった繊維製品を分配する際のくじ引き札ではないか、ということになった(21)。

上記の説明の中では、「取色」は、オールマイティーカードとされているが、くじ引きのタイトルみたいなものではないか、普段しまっておくときに、一番上に載せて「繊維製品分配くじ」という見出しとしていたのではないか、という考え方もあり（舘野和己氏・佐藤信氏の口頭でのご教示による）、こちらのほうがわかりやすいように思うが、いずれにせよこの一群の札をくじ引き札とみる点では共通している。

ただしこの「取札」グループ木簡がくじ引き札であるかどうかには、若干問題も残る。というのは、大きさや雰囲気のよく似た木簡が、推定造酒司から出土している。この木簡群では、女性の人名と数字や色を記している。これらがくじ引きといえるか、あるいはこれらの木簡群はSK820出土のくじ引き札とは性格が異なるのか、このあたりは今後の検討課題であろう。

小便禁止札の読み方

平城宮の中枢部分、第一次大極殿南面回廊にとりついて建つ西楼という楼閣建物跡から、前代未聞の木簡が出土した。

此所不得小便　203・55・6　011　『平城宮発掘調査出土木簡概報』37−10上

書いてある内容は一目瞭然、「ここで小便をしてはいけません」。困ったのは、その用途である。手紙や、荷札でないことは明らか。普通に文字から考えたら、看板か何かであろうが、なにしろ類例がない。看板といえるかどうか、奈良文化財研究所平城宮跡発掘調査部史料調査室の総力を挙げての検討が始まった。

看板と考える際の問題点は、二つ。一つはどうやって掲げたのかがわからない。穴でも開けてくれていれば、ぶら下げたり打ち付けたりしたことがわかるのだが、穴はない。土に差して立てるような加工もない。だから、掲げられていた根拠がない。二つめは、この文字や木簡の大きさで、看板として機能しえたのか、という点。木簡としては大振りな文字だが、看板として掲げるには少々文字が小さいのではないか。

まず、後者についての解決が早かった。現代の立ち小便禁止のメッセージをみれば、たいていそれほど大きくない。立ち小便では、電信柱とか、塀の隅とか、なんとなく的になるものがあって隠れられるような、そういう場所が好まれるようである。そして立ち小便禁止のメッセージは、そうしたスポットをピンポイントで封じるようなものが多い。古代人も、きっと同じだったろう。だから、大きさは十分である。

図22　小便禁止木簡

そうなると、問題は掲示方法である。これは結局しっかりとは解決しなかった。ただ、上記のような立ち小便スポットの特徴から、そうした立ち小便の的になるような部分に置けばよいのではないか、ということになった。

そして、看板であるという結論にいたる上で、大きな役割を果たしたのが「利用の場面」の想定である。この木簡は、建物を壊した際にできた穴から出土した。この穴は後に埋められて整地される。だから、建物の解体に伴う掃除や、工事現場で使われた可能性が想定できる。そして、木簡の加工は非常に粗い。文字が書かれている面も、簡単に削っているだけで、しっかりとした平滑面は作っていない。裏にいたっては、大型の工具で割ったままである。上下の切断も、大胆な切り折り加工で、削って仕上げるような仕事はしていない。この加工と、出土状況から、造営工事の際に、手元にあった木片で「小便禁止」のために作成された、と考えられた。ならば、工事現場の立ち小便スポットに置くには、じつにふさわしい木簡ではないか(22)。

その後も検討が続けられた。一緒に出土した土器に、火鉢として使われたと考えられるものがある、という情報から(23)、寒かったからつい小便が近くなって、不届き者が続出した可能性が論じられた。また、「小便」と書かれた辺りの腐食が進んでいるのは、この看板に立腹した面々があえてそこを的として放尿したのではないか、などの議論もあった。だが、これらの点は結論にいたっていない(24)。

おもしろおかしい、という意味ではここまでで十分なのだが、もう少し考えてみるとこの木簡はなかなか意味深長である。工事現場で立ち小便を禁止された人々はだれだろうか。まさか、貴族たちではあるまい。実際に工事に従事する人々であろう。こうした人々に、「文字」でメッセージを発信した、ということは、彼らもある程度文字を理解しえた可能性があるのではないだろうか。書けはしなかったかもしれないが、簡単な文章やよく使う言い回しなら、読むことはできる。

もし腐食の理由が想定どおりであったならば、意味がわかってねらっているわけだから、ますます彼らが文字を解した可能性は高まる。奈良時代の文字の普及を考える上で、一つの鍵となる材料ではないかと思う。

ちなみに、立ち小便禁止木簡と一緒に、膨大な籌木も出土している。大便はＯＫで小便だけ禁止されていた、というわけではないだろう。利用された場所と、廃棄の場所の関係もうかがうことができる材料である。

おわりに

木簡が教えてくれることは、まだまだたくさんある。奈良時代も衣服にのり付けをしていたことなど古代人の皮膚に近い情報や、木津からの木材や奈良山丘陵で焼かれた瓦を車に積んで輸送していること、門の出入りの規制、給与の様子などの制度の運用などに関わる日常的な様子、当時の人の言葉遣いの様子など、木簡から引き出せる情報は非常に多い。そして、木簡から情報を最大限引き出すためには、ほかの遺物や遺構の中で位置づけるといった作業が非常に重要であることは、これまでみてきたとおりである。

幸い、こうした「意識」は広まっているようで、近年では木簡を素材としたたいていの研究では出土遺構に関しての言及がある。だが、時として、手続き上必要な作業として形式化しているように感じられることもなくはないと思う。

だから、「意識」から「形式的」に触れるのではなく、実質を伴った分析・研究を目指し、平城宮・京の実相に近づけるよう努力しなければならないと反省しつつ、筆を置くことにしたい。

註

（1）木簡学会編『日本古代木簡選』（岩波書店、一九九〇）および木簡学会編『日本古代木簡集成』（東京大学出版会、二〇〇三）。

（2）高妻洋成「木簡を伝える―木簡の科学的な分析、保存処理と伝来環境―」（奈良文化財研究所編『〈歴史の証人〉木簡を究める』奈良文化財研究所、二〇一五）。

（3）出土時点は、木簡にとって急激に環境が変化する瞬間でもある。突如として紫外線・酸素に曝され、また急激に乾燥が進む。そういう点でも、木簡の保存の上では危険な時間帯ということができる。

（4）『平城宮木簡　一　解説』（奈良国立文化財研究所、一九六九）、『平城宮跡発掘調査報告Ⅶ』（奈良国立文化財研究所、一九七六）。

（5）『平城京左京三条二坊発掘調査報告』（奈良国立文化財研究所、一九九五）。

（6）註5報告書、『平城京木簡　三』（奈良文化財研究所、二〇〇六）。

（7）註5報告書。

（8）井上和人『日本古代都城制の研究』（吉川弘文館、二〇〇八）。

（9）今井晃樹他「東方官衙地区の調査」（『奈良文化財研究所紀要　二〇〇九』奈良文化財研究所、二〇〇九）。

（10）二〇一七年七月現在も洗浄作業中である。

（11）註9概報。

（12）註4『平城宮木簡　一　解説』で本格的に呈示された分類方法であり、木簡学会はじめ広く利用されている。

（13）一方、紙文書は時間的移動（＝保存）に強い。移動という点から考えると、木簡は空間・情報的移動、紙は時間的移動に適している。

（14）馬場基「荷札と荷物のかたるもの」（『木簡研究』三〇、二〇〇八。本書第Ⅰ部第一章）。なお、進上状では複数の物品が列挙されることがあるのに対し、荷札ではあくまでも一種類の物品に付けられる点などから、両者は明瞭に峻別されていたという市大樹氏の批判もある。確かに律令的貢納と家政機関内部での物の動きの差など、貢進物付札と進上状では利用の場面にも差がみられる。そして、こうした差があるにもかかわらず、「モノ」と木簡の結びつけられ方や、木簡の文言のあり方に連続性がみられる点に注目したというのが私見の立場である。

（15）郡評論争については多くの整理がある。一例として『評制下荷札木簡集成』（奈良文化財研究所、二〇〇六）。

（16）以下、渡辺晃宏「平城宮第一次大極殿の成立」（『奈良文化財研究所紀要　二〇〇三』奈良文化財研究所、二〇〇三）による。

(17) 寺崎保広「平城宮における下級官人の本貫地」(『古代史と史料』私家版、二〇〇四)。
(18) 馬場基「古代下級官人出勤日数実態調査」(『日本歴史』七二九、二〇〇九)。
(19) 馬場基「文献資料から見た古代の塩」(『塩の生産・流通と官衙・集落』奈良文化財研究所研究報告第12冊、奈良文化財研究所、二〇一三。本書第Ⅰ部第三章)。
(20) 東野治之「長屋王家木簡の「御六世」」(『国文学　教材と資料』四七―四、二〇〇二)。
(21) 渡辺晃宏「平城宮跡出土の「籤引き札」」(『日本歴史』七〇九、二〇〇七)。
(22) 近代の小便禁止札にも「此処小便無用」という類似した表現の事例があり、子供がこれをみながら「コンナ字ガボクタダチニヨメルモンカ」と小便をしているという絵はがきがあるということである(山崎達雄『ごみとトイレの近代誌—絵葉書と新聞広告から読み解く—』彩流社、二〇一六)。
(23) 清野孝之他「第一次大極殿院西楼の調査」(『奈良文化財研究所紀要　二〇〇三』奈良文化財研究所、二〇〇三)。
(24) 尿の成分が木簡に残存している可能性自体低く、さらにそれを非破壊の自然科学的手法で検出することは難しいとの見解を、奈良文化財研究所埋蔵文化財センター主任研究員の脇谷草一郎氏より得た。

〔付記〕本章は、「木簡の世界」と題して、田辺征夫・佐藤信編『古代の都2　平城京の時代』(吉川弘文館、二〇一〇)に収録されたものである。いわゆる一般読者向けの文章で、研究論文としてはやや物足りない部分もあったが、木簡の廃棄場面の検討などは新たな考察であること等もふまえ、本文はほぼ初出どおりとした。ただし、註は付け直した。

第二章　木簡の作法と一〇〇年の理由

はじめに

近年、出土点数が急激に増加し、研究の進捗も著しい韓国古代木簡は、日本古代木簡を考える上でも欠かせない材料となっている。形態や文字遣いなど、両者の差異や共通性は、多くの研究者が注目しており、日本古代木簡の源流を韓国古代木簡に求める議論が多く出されている(1)。

ただ、これらの議論で比較的扱われていない視点があるように感じられる。それは「木簡文化」という発想である(2)。どのような場面でどのような木簡が選択されるのか。どのように作成され、使用されるのか。そして、それはその場面のどのような部分を形成するのか。端的な例をいえば、紙と木の使い分けの問題であり、支配制度――行政体系や徴収システムなど――のどの部分を担うのか、というような問題である。

古代木簡は、支配体制の一端を担っていた。徴収をスムーズかつ確実に行ったり、行政処理や連絡を確実に効率よく行うための「道具」として、木簡は存在していた。木簡は個別に存在するのではなく、木簡を作成し使用する作法とともに存在していたはずである。たとえば、口頭の言語で処理をするのか、文字を使うのか。文字を使う場合には、紙を使うのか、木簡を使うのか。文字を使った場合でも、口頭での補足は行うのか。書式はどうするのか。必要な記載内容はなにか。ある目的を達した後に処分するのか、保管するのか。一つの木簡が作成された背後には、こうした選択と決定、それを支えた制度や慣習、つまり木簡作成の作法が広大に存在するのである。(3)

したがって、たんに「形態が似ている」にとどまらず、その背後にある作法の差異や共通性に着目することで、木簡の意義や、古代社会をより深く理解することができるようになるであろう。本章では、こうした問題意識から、日韓の古代木簡を比較することを試みたいと思う。

なお、筆者の語学力不足のため、主として日本語で公表されている研究成果のみ参照しており、本来博捜すべき韓国語での研究成果について十分に取り入れることができなかった。あるいは、本章で述べることの中には、すでに韓国語での研究が公表されているものがあるかもしれない。この点、あらかじめお詫び申し上げ、御寛恕賜ることをお願いする。

1 多面体・棒状木簡の再検討

多面体・棒状の荷札木簡

韓国古代木簡を日本古代木簡と比較した際、両者の違いとしていくつかの点が指摘されてきている。それらの中でも、韓国古代木簡に存在し、日本古代木簡では例外的な「多面体」「棒状」木簡と称される木簡について確認をしていきたい。

日本古代木簡は、板状が基本である。文字は板の表裏面に記載される。板の側面に文字が書かれた木簡も存在するが、板の側面が当初から筆記面と意識されたとは考えがたい。また、角柱状の木簡＝觚も出土しているが、日本古代木簡の中ではあくまでも例外的存在にとどまっている。

一方、韓国木簡には觚が多数確認されている。また、荷札木簡も棒状を呈する例があり、文書木簡や典籍にも棒状・柱状の材の例が存在する。こうした点から、板状が基本である日本古代木簡に対し、韓国古代木簡では、棒状の材を用いた木簡の世界の広がりが存在する、と指摘されている。[4] 確かに、棒状を呈する多面体の木簡は、日本古代木簡と比べ韓国古代木簡の際だった特徴ということができる。

しかし、韓国古代木簡の棒状木簡も、必ずしもすべて同じ性格ということはできないように感じられる。韓国の多面体・棒状の木簡は、木の髄の部分を有する棒状という点で共通する形態的特徴をもつものの、その形状が選択された理由、本章でいうところの作法は必ずしも共通しないのではないだろうか。棒状の木簡がどのような場面で使用されているか、その場合どのような理由で棒状が選択されているのかを考えてみたい。

多面体・棒状木簡の内容を検討すると、①典籍、②文書・書状（案文らしきもの含む）、③荷札に分類できる。このうち、①典籍については、論語木簡のように觚の形状をとる。日本で発見されている数少ない觚も、典籍の木簡であり、関連性をうかがうことができよう。[5]

①典籍と②文書・書状は、比較的文字数が多いという点で共通する。筆記面の確保という点からも、多面体を採用した可能性を考えることもできよう。しかし、③荷札に記載される文字数はさほど多くはない。そこでまず、棒状の荷札について考えたい。

棒状を呈する荷札は、咸安城山山城出土木簡中にみられる。[6] しかし、これらの木簡の筆記面は一面もしくは二面である。棒状の形状によって筆記面を多く確保しているわけではなく、板状の木簡と、筆記面は同じである。こうした点から考えると、棒状の荷札は積極的に棒状という形態を選択したのではなく、板状を基本とする体系の中で板状への加工が不徹底だったもの、と理解しうる可能性が指摘できよう。

日本国内にも、棒状を呈する荷札が存在する。福岡県大宰府出土の、『大宰府史跡出土木簡　二』二一三号木簡である。(7)この木簡は、木簡を幹とする枝が生えていた根本も残っているという珍しい木簡である。使用場面はほかの板状木簡と同じである。紫根に付けられた荷札だが、その分量が多いためか、比較的大型の木簡で、こうした大型のものを作る際に、長い板を確保するよりも長い枝を確保し、皮を剝いて筆記面を削り出す方が容易だったため、こうした形状の木簡が作成されたと考えられる。

この大宰府の例も勘案すると、城山山城出土の棒状荷札は、積極的に棒状を選択したというより、板状の代用として棒状の材に筆記面を削りだしたもの、と判断すべきであろう。慶州出土木簡でも、付札で棒状に近い形態をもつものがあるが（一七三号など）、これも面を作っており基本的には板状の付札の延長にあると捉えることができる。

じつは、こうした棒状の木簡について、韓国の研究者はしばしば「髄のある木簡」という表現を用いている。これはきわめて適切な表現ということができよう。日本側で、「髄がある」という材の用い方・形状の特徴を端的に表現したものを、多面体の木簡という内容に読み替えてしまったふしがあるように思われる。この際、板状を志向しつつ「髄がある」付札も多面体木簡と捉えられてしまったのではないだろうか。あくまでも、目指した形態としては板材（厚さは問わない）であり、用いた材が棒であった、という点を確認しておきたい。

面を作り出さない木簡

一方、①典籍、②文書・書状は、すべて同じような性格と捉えることができるだろうか。

確かに、大型の板材を用いず、多くの文字を記すための工夫という点で、共通する部分も多い。しかし、詳細に観

図23　慶州月城垓子出土木簡148号

察していくと、すこし気になる点がみつかる。それは、面の有無である。

觚の形状をとる木簡は、四面を確保するために明瞭に面を作り出す。また、三面の木簡でも、面は明瞭に作られる。つまり、木簡は角柱状を呈する。しかし、写真で観察する限り、明瞭な面の形成がみられない木簡が存在する。そのうち、一四八・一五二・一五三号（『月城垓子』一〇〜一二号）木簡について、慶州文化財研究所で実見の機会を与えられた。以下、その観察成果を示す（図23〜25）。

一四八号木簡は、上端部は半分ほどは材に垂直の加工が認められるが、もう半分は材に対して斜めに切断されたような状態で、下端部は各方向から刃物を入れて整形している。下端部の加工に比べ、上端部の加工が雑な印象を受けるが、本来は平面状に加工されていたと考えられ、斜めの面は欠損とみることができる。上下両端で、極端に加工が異なることになるが、一応完形品と考えておく。下部に節があり、盛り上がっている。

一五二号木簡は、上下端とも、髄が飛び出したようになっている。各方向から刃を入れてキリオリしてから、一定の整形を加えたのであろう。上端部分はキリオリ後の整形が粗く、木の繊維が荒れた状況が残るが、下端部は丁寧に加工する。下端部の加工の状況は、一四八号下端部によく似ている。この木簡も下部に節が存在する。なお、写真では、一見筆記面を平坦に作り出しているようにみえる部分がある。だが現物観察の結果、筆記後に面取り状に加工されて形成された平坦面の可能性が高いと判断した。

図24　慶州月城垓子出土木簡152号

一五三号木簡は、上下両端とも各方向から刃を入れて整形する。とくに上端の整形は特徴的である。円錐状ではなく、角錐状に整形する。なお、角錐の各面は、木簡本体の筆記面とほぼ対応している。下端部は円錐状を志向した加工となっている。これは一四八号・一五二号と共通する形状である。また、下部に節があることも共通する。

以上の観察からこの三点の木簡に共通することは、

①文字を書くための面を作り出してい

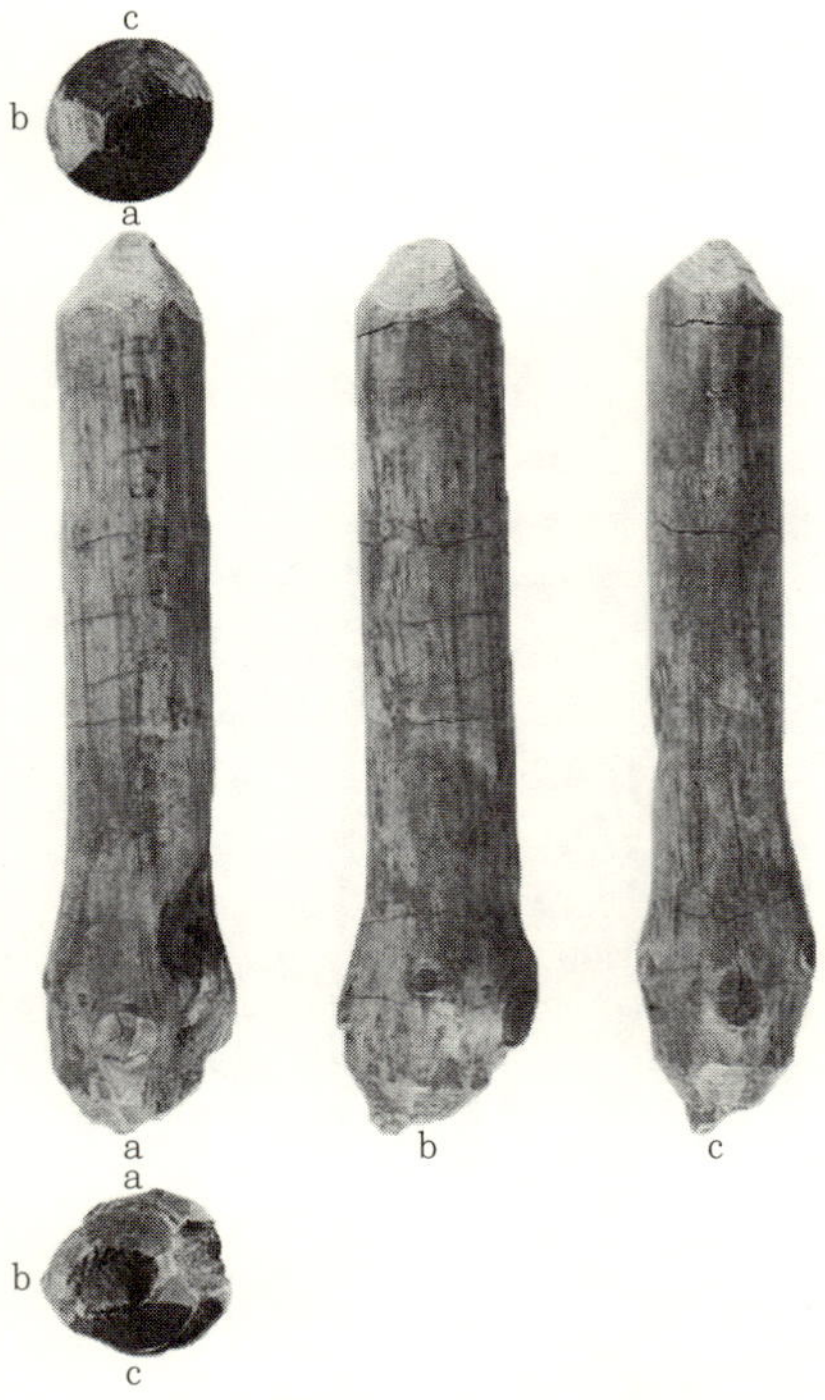

図25　慶州月城垓子出土木簡153号

ない

②下端は各方向から刃を入れて調整する

③下部に節があり、下部の形状がいびつである

④全長が二〇㌢強（一五三号が最大で二四㌢。ただし筆記面の長さは三点ともほぼ同じになる）

であり、国立慶州文化財研究所『月城垓子発掘調査報告書Ⅱ』（国立慶州文化財研究所、二〇〇四～二〇〇六）の内容を含めるとさらに、

⑤出土地点が近接する

という点も指摘できる。

①～④の特徴は、韓国木簡でもほかには例がみあたらず、この三点の大きな特徴ということができる。もう少し、この特徴について考えてみたい。

柱状の部分に文字を記している。筆記用の面をもたず、円柱という形状を選択している。多くの文字を記すためには面が多く必要で、その結果円柱状になったという可能性も皆無ではない。だが、典籍も文字数は多いという点では共通するのに、典籍では筆記面を明瞭に作り出している。筆記面の確保であれば、たとえば六角柱などの形態も考えられるのに、書写が難しいであろう円柱状を採用している。文章の行数が多くなった結果、円柱状になったという説明はそれだけでは不十分であろう。また、この三点の木簡は全長も比較的短い。もし、記載文字数を増やすことが目的ならば、全長を長くするという方法もあるが、それを採用していない。この点からも、記載文字数を増やすために円柱になってしまった、という見方も不十分であろう。むしろ、この木簡を作成する際に、別の何らかの理由によって円柱状の形態が積極的に選択されている可能性が高い。

すると、円柱の形状とともに、下部に節を有することについても一定の意義がある可能性が想定できよう。また大きさも比較的近い。この三点は、同じような木の使い方によって作成され、同じような形状の木簡として使用されたわけであり、さらに出土地が近接することも合わせて考えると、ごく近接するか、同一の役所で使用されて廃棄された可能性が想定できる。つまり、ある特定の役所で、こうした木簡の使い方・作法（材の選択・形状の選択・使用・廃棄）に基づいて使われたのがこの三点だったと考えるのである。

さて、その役所の特定はなかなか難しい。周辺の官司群の調査の進展をまち、合わせて考えるべき課題である。ただし、記載内容から、官司の特定にはいたらなくても、使用の場面について一定の見通しをもてるように思われる。

一五三号木簡では、「典太等教事」の語が釈読されている。典太等という役職は国王に直属する秘書官的な役職であり、「教」という語も国王の意思を示す文言としてふさわしい。この木簡で示されている内容は、典太等に対する「教」という捉え方と、典太等が「教」を受けて伝える（日本でいえば奉勅宣のようなイメージ）という捉え方の二通りがあると考えるが、いずれにせよ国王の意思と、それを受けて実現する秘書官が登場する王権中枢部に密着したものと捉えることができるであろう。文中にみえる「白」＝申すも、こうした国王の意思とその側近による文字化・伝達という世界を思わせる。一四八号も、「敬白」等の文言がみえ、一五三号に近い内容と捉えることができるであろう。

やや様相が異なるのが一五二号で、薬の名前が読まれている。全体に墨痕の残りがとくに悪く、文意がつかめない。どのような文脈で薬品名が登場するかによって評価が分かれるが、形状その他の特徴から、ほかの二点と共通する場面で用いられた木簡と考えておくことにしたい。

ただし、慶州以外での出土木簡で、少し問題になる木簡も存在するので、これについてふれておきたい。河南二聖山城出土の一一九号木簡である。

実物は実見していないが、写真でみる限り円柱状の形状をもつ。一行文字を記し、「五十三」という数字を割書風に右寄せで書く。帳簿もしくは考選木簡のような雰囲気の書きぶりであり、王権中枢部とは直接結びつきそうにはない。

この木簡は、上下が折損もしくは非常に乱雑な加工とみられること、節を有さないこと、が慶州出土の三点とは大きく異なる。全長は一八・五チセンとされているので、もし慶州タイプの円柱木簡であれば、節の一部ぐらいは見いだせる可能性が高いが、写真では確認できない。全貌がいまひとつよくわからないので、何ともいえない。非常に丁寧に円柱状の形状を作っているようであり、あたかも文書軸にメモをしたような印象もなくはない。ともあれ、都城出土ではないことも合わせると、慶州の三点とは異なる作法によって作成された可能性が高いであろう。だが一方、こうした形状が他にまだみあたらないことも合わせると、独自の作法に基づくものともいいがたい。一応、その存在は確認し留意しつつ、今回の考察からははずすことにしたい。

さて、前述の仮説に基づけば、この三点の円柱状木簡は、国王や王権の身辺に近い場所で、彼らの音声による意思のやりとりを文字化し、伝達する木簡と位置づけることができる。場面や使用方法などが限定された、独特の木簡の作法の可能性がみいだせると考える。

なお、一四八・一五二・一五三号木簡は、おそらくは典太等ら国王に近侍する役職によって作成されたものであろう。また、一五三号にみえる「勺」も「芍」の草冠を省略した字形の可能性があるとすれば薬品に関連するものの可能性があり、内廷における薬品を中心とした管理部局が廃棄元という想定ができるのではないかと思う。

さて、以上韓国の棒状木簡を整理し、以下の見通しを得た。

①荷札はたんに材の都合によってその形態になったものである。表裏を有し、形態と使用法の観点からみると板状木簡と同じである。

②典籍・文書などの場合、円柱状の木簡が注目される。書写面を平面で作り出さないこの木簡のうち、慶州で発見された三点は王権の中枢に関連する文書で使用されている。

これをふまえて、節をあらため、韓国での木簡の作法と、日本木簡との関わりを考えることにする。

2　韓国古代木簡文化と日本古代木簡

新羅木簡文化と百済木簡文化

さて、前節での仮説に一定の蓋然性が認められるとすると、この円柱状木簡は現在のところ新羅でのみ確認されている。つまり、円柱状の材を使用する作法は、新羅独特の木簡使用法、新羅木簡文化の可能性がある、ということができるであろう。そして新羅木簡文化が存在するとすれば、百済木簡文化も存在すると考えることができる。

あらためて百済・新羅の木簡を通覧すると、共通したり似ている点が多い。髄を有する木簡は、百済・新羅を通じて多くみられる。文字の書きぶりも、材の雰囲気も、両者で似ているものが多い。そういった観点からすると、百済・新羅がそれぞれ固有の木簡文化をもっていた、とはいえないようにもみえる。

また、注意しなければならないのが、いつ頃の、どのような場面で用いられた、どのような性格の木簡が出土しているか、という点である。新羅木簡でまとまった出土がみられる鴨雁池・月城垓子・城山山城の三者をとっても、鴨雁池は八世紀に降る宮廷内部で使用された物品付札を中心とする木簡群[8]、月城垓子は七世紀を中心とする都の木簡、城山山城は六世紀代の山城に運び込まれた荷札である。官司間で使用された木簡群や、都城の荷札などはあまりみられない。一方、百済木簡は、扶余出土木簡は主として官司で用いられた木簡、陵寺跡出土木簡は境界域の木簡である。扶余出土木簡と月城出土木簡にはある程度性格の共通性もみられるように思うが、基本的には百済・新羅を容易に横断的に比較できるような、性格が共通する木簡群が存在していない。

だが、それでも新羅・百済でどうも木簡の作法に若干の違いがあったように感じられる。たとえば、羅州伏岩里遺跡出土木簡は、材の様相も文字の書きぶり・雰囲気も、新羅木簡とは大きく異なり、日本の木簡に非常によく似ている。八世紀代の慶州出土新羅木簡は、時代も、都城という出土地の性格も日本の平城宮木簡と共通するが、文字の書風や木の使い方など、大きく異なる。しかし、時代も異なり、また遺跡の性格も異なるはずの羅州伏岩里木簡と平城宮出土木簡は、材の雰囲気も、文字の様相も、共通する点が多くみられるように感じられる。

尹善泰氏は、「中国漢代の「編綴文化」、古代日本の「板状木簡文化」に対比される韓国古代の「多面木簡文化」を提唱したい」と述べる[9]。また、多面木簡は、八世紀以降紙にとって代わられるという見通しも示した。これまでの検討をふまえてさらに踏み込んで、多面木簡とはすこし様子の違う「円柱木簡」も存在していたらしいことを軸に考えると、韓国古代の木簡文化にもいくつかバリエーションがあり、新羅と百済では共通する面と異なる面があったということができよう。なお、出土木簡群の性格の偏りからすると、八世紀に文書作成の場面で木簡が利用されなくなったという点は、可能性としては十分考えられるが、まだ検討の余地も残されているように思う。鴨雁池出土木簡と、月城垓子出土木簡では時期のみならず性格も異なるのである。

さて、新羅と百済では、それぞれ独自の木簡文化を展開していた、と考えることができるとすると、こうした木簡文化の存在は、非常に重要な示唆を与える。現在、韓国での古代木簡の出土は一〇〇〇点に満たない。日本の古代木簡が二〇万点を優に超えていることと、大きな違いがある。その理由について、①発掘調査の進展状況（低湿地の調査を行っているか、など）、②木簡に利用された材や土壌などの自然的要因、③紙の普及による木簡使用数の差、というような可能性が想定できる。

このうち、①の理由の部分は今後の調査の進展によって解消されていくものだが、②と③の理由はいかんともしがたいものであり、もしこれらの理由で韓国での木簡出土が少ないとすれば、今後もそれほど多くの出土は見込めない、ということになってしまう。

②については、筆者の知識ではその当否は判断できない。確かに、韓国出土木簡には材の状態がよくないようにみられるものも多く、松材の多用なども含めて木簡が土中で残りにくい要件もあるようには感じられる。しかし、状態のよい木簡もあることを考えると、②の理由も想定できるが、それでも土中で一定以上の割合で保存されていると思われる。

だが、③の理由であるとすると、点数の増加は絶望的なものとなる。そもそも木簡が利用されていなければ、捨てられる木簡も少なくなり、土中で保存されて残り、発掘調査で発見される木簡はさらに少なくなる。

しかし、もし百済・新羅にそれぞれ固有の特徴があるような木簡文化が存在しているとすれば、その背景には多くの木簡使用が想定されるであろう。木簡をたくさん作成し、使用するからこそ、それぞれ独自の使用法や作成法＝作法が成立すると考えられるからである。また、とくに百済木簡でみられる帳簿木簡や伝票に近似するような木簡の存在は、日常的な木簡利用の可能性を示しているであろう。百済では日常的な木簡利用が想定されるから、当然今後の出土も期待される。一方、新羅では百済とは異なる木簡文化をもつほど木簡利用が盛んであったから、こちらでもまたさらなる木簡の出土が期待される。たとえば、これまで、慶州では荷札木簡（貢進物付札）が発見されていない。城山山城木簡の荷札から考えると、慶州に運び込まれた物資に荷札が付けられていなかったとは考えがたい。

なお、この点に関連して、少し補足しておく。三上喜孝氏は城山山城木簡について地方の山城出土の木簡であり、「城山山城木簡もまた、（宮都とは異なる）地方木簡として考える必要がある」という指摘をする。(10) しかし、橋本繁氏が明らかにしたように、城山山城木簡は非常に体系的な収取制度に則って作成された木簡であり、(11)「定型化される前の木簡」ではなく、定型化されて消費地へと運び込まれた木簡である。三上氏が典型的な宮都木簡の類型としていると想定される平城宮出土の荷札も、通覧すると城山山城と同様の書式や形状の多様性は存在する。こうした点から考えても、城山山城木簡は単純に「地方木簡」という括りにはできないであろう。

さて、百済・新羅の木簡文化が存在するとすれば、それらと日本古代木簡との関係もまた存在するはずである。項をあらためて検討したい。

韓国木簡文化と古代日本木簡

すでに、韓国木簡と日本木簡の比較研究は多い。その中では、日本木簡でも、都城出土ではなく地方出土木簡に韓国木簡との共通性が多い点などが指摘されている。

本章で着目したいのは、韓国最南端の地域にあたる城山山城出土木簡が六世紀半ばなのに対し、(補註) 対岸の日本で木簡が本格的に利用されるようになるのが七世紀半ばで、その差が一〇〇年にも及ぶという点である。対馬海峡を渡るのに、なぜ一〇〇年もの時間が必要だったのであろうか。(12)

この問いに対しても、いくつかの回答の方向性が考えられる。まず、日本列島にも、現在発見されていない、六世紀代、あるいは七世紀前半の木簡がある、と想定するか、それともやはりその頃には木簡は利用されていなかった、あるいは利用されていてもそれほど多くはなかった、と考えるか、という二つの方向がある。つまり、発見されたものに一〇〇年の差がある、というだけなのか、利用の実態に一〇〇年の差がある、と考えるか、ということである。

このどちらか、にわかには判断しがたい。前者の立場をとる東野治之氏は、仏教の伝来に伴い国内に文字文化が急速に広まり水準も高まったと考えられること、寺院の造営や経営は単純な個々の技術の積み上げではなく、それらを全体として管理・運営する体制が必要であること、そして実際に法隆寺本尊台座墨書などから、上宮王家周辺で後代の律令的行政運営に通じる機能的な家政運営が行われていたことを指摘し、当該期の日本でも木簡が盛んに利用されていたことを想定する。(13)

ただし、今日にいたるまで日本で六世紀代の木簡は出土していない。また、日本で出土しているもっとも古い時期に属する木簡と、城山山城木簡の間には決定的な差が存在している。それは、東野氏が注目した一つの要素である、運営体制・システムの存在である。

城山山城木簡は、よく整った書式をもつ。また記載内容も、負担者の個人名記載がみられるなど、詳細である。そこに記された地名は洛東江流域の地域であり、そうした地域から最前線の城山山城へと物資が運ばれたことに対応している。遠隔地間での物資の移動や集積に際して、統一的な書式に基づく詳細な記載をもった荷札が添付されている状況から、その背後に帳簿を軸として体系化された収取・支配体制が存在していたことは想像にかたくない。城山山城木簡から垣間みられるのは、新羅全土（フロンティアは別としても）を覆う帳簿などを背景とした統一的な支配体制と、その構成要素としての木簡使用、という状況である。(14)

一方、日本木簡の最古期と目される木簡のうち、たとえば難波宮出土木簡をみると、(15)整った書式は確認できず、人名や品目のみを記した「付札」などが主体である。城山山城木簡が背景にもつような体制・システムはみてとれない。日本木簡の最古期に属するものは、いずれも単発的な木簡としての様相が強く、大きなシステムの一環としての位置づけがなかなかみえてこないように思われる。

翻って、八世紀代の木簡を考えると、それらはいずれも律令制支配という大きなシステムの一部を構成するものである。荷札木簡も帳簿を軸として行われる支配体制の手段として使用されるものであるし、宮内で用いられる文書・帳簿もまた律令文書行政の一環に組み込まれていることはいうまでもない。たんに、物品名称を示せばよいような木簡とは異なる、大きなシステムの構成要素という特徴こそ、古代木簡がほかの時代の木簡よりも歴史的資料としての魅力に富む理由の一つであろう。こうした観点からみれば、日本木簡の最古期に属する木簡は、まだこの特徴を身につけていない。一方、城山山城木簡は、すでにそうした特徴が色濃い。

すくなくとも、出土例からみる限り、確かに一〇〇年の差は歴然として存在する。そしてそれは、帳簿の利用なども含めた支配体制が新羅と日本で大きく異なっていた、ということを意味するように思われる。確かに、東野氏の指摘のように、上宮王家などではそうした管理運営体制が成立し、運用されつつあった可能性は十分に考えられる。少し時代が降るが、『日本書紀』大化元年（六四五）七月戊辰条で、任那の調と百済の調を区別するために「可具題国与所出調」という記載がみられる。これなどは、日本側に任那の調とすべき範囲のリストがあって成り立ちうるとも考えられるので、帳簿を軸とした支配体制とみられないこともない。ただ、そうしたシステムの成立と運用は先進的な経営形態をとる一部の王家やミヤケ、寺院にとどまっていたのではないだろうか。全国規模でなかったからこそ、日本では六世紀に遡る城山山城のようなタイプの木簡の出土がみられないのではないかと思う。

では、日本で七世紀後半以降、爆発的に木簡が増大するのはなぜか。律令的支配の発展が背後にあることは、明らかであるが、もう一つ大きな条件があったと考える。支配制度・システムは、運用されてこそ意味がある。制度だけが制定されても、運用されなければ行政機構は活動できないし、軍事的行動も不可能である。当然収取も行えない。制度を背景に、それをしっかり運用して実社会での効力を発揮させるという能力が必要である。

とくに、木簡は、紙の帳簿よりも「動いた情報」を扱う傾向にある。たとえば、日常的な伝票は、まだ確定して帳簿に記載されない段階の情報の伝達に用いられるものである。こうした木簡の運用には、より現実に対応しながら機能する必要があるから、さまざまな「ノウハウ」が必要である。つまり、木簡を使いこなすには、文字が書けるだけでも、木が削れるだけでも、律令法を知っているだけでも不十分で、そのシステムの運用に関する実際的なノウハウが、必要不可欠なのである。だから、城山山城の木簡を、かりに古代日本人が知っていても、すぐに真似はできない。ノウハウをもつ人間が少なければ、そうした制度やシステムの実際的な運用は、一部の王家や寺院などにとどまらざるをえない。

実際的なノウハウの、大量の移入契機として考えられるのは、やはり百済滅亡であろう。百済遺民が日本古代国家成立に果たした役割は、つとに説かれているが、木簡を利用した実態的な支配体制構築という観点からも彼らの存在は無視できないと考える。扶余出土木簡にみられる運営状況と日本古代の支配体制の類似、さらには百済末期に属する伏岩里遺跡出土木簡と日本木簡の加工法や字形にいたるまでの近似性は、行政システムの一部たる日本古代木簡成立に果たした百済遺民の役割を語って余りある。そして、日本古代木簡が、こうした成り立ちをもつからこそ、百済木簡文化とは別の文化をはぐくんだ新羅木簡とは、さまざまな面で違いが生じたのではないだろうか。

おわりに

以上、雑駁ではあったが、百済・新羅のそれぞれの木簡文化の存在を想定し、古代韓国で木簡が盛んに利用されていたであろうことを述べた。また、日本古代木簡はそうした木簡文化のうち百済の系譜を引くこと、また木簡の体系的運営には帳簿をはじめさまざまなノウハウが必要であり、そうしたノウハウや支配体制・システムの成立の遅れが日本木簡の遅れであり、またその成立の契機が百済滅亡である可能性を述べた。最後に、木簡の形態をめぐって少し補足しておきたい。

韓国で、髄を有する木簡が多いのは、やはり用材による理由が大きいのではないだろうか。百済木簡の系譜を引く日本木簡では、髄を有する木簡がほとんどみられないことからも推測できるように思う。あえて多角形の木簡を多用したというより、木材の事情で多角形にせざるをえなかった場合が多かった可能性を想定しておきたい(16)。

日韓の古代木簡の共通点と差異は、支配体制の段階、システムの違い、さらには用材にまつわる条件＝自然条件など多くの点にまたがる。日本の地方木簡と韓国木簡が類似する、という指摘についての検討など、実力不足で行えなかったが、これも単純に両者が似ているというような見方ではなく、もう少しさまざまな要素・角度から観察する必要があるように感じる。研究を進めていきたいと思っている。

註

（1）近年の日本における韓国木簡の研究成果がまとめられたものとしては、朝鮮文化研究所編『韓国出土木簡の世界』（雄山閣、二〇〇七)、工藤元男・李成市編『東アジア古代出土文字資料の研究』(雄山閣、二〇〇九)などがあげられる。

(2) 木簡文化という語を使っての議論としては、尹善泰氏が多面体木簡を特徴とする「韓国木簡文化」を提唱されている。氏の見解については後にふれる。

(3) こうした木簡の作法を考える上で、たとえば佐藤信氏が提唱する「書写の場」というような視点は有効で、重要であろう。また、日本古代の荷札作成の作法を検討し、支配制度の中での役割を論じた、拙稿「荷札と荷物のかたるもの」(『木簡研究』二九、二〇〇八。本書第Ⅰ部第一章)がある。

(4) 尹氏の指摘など。

(5) 橋本繁「金海出土の論語木簡」(朝鮮文化研究所編『韓国出土木簡の世界』雄山閣、二〇〇七)など。

(6) 国立昌原文化財研究所編『韓国の古代木簡』(国立昌原文化財研究所、二〇〇六)15・18・40・48など。なお、以下韓国出土木簡については、原則として同報告書の番号による。

(7) 酒井芳司・馬場基「木片の調達環境と木簡」(『木簡研究』二六、二〇〇四)。

(8) 橋本繁「慶州鴨雁池木簡と新羅内廷」(朝鮮文化研究所編『韓国出土木簡の世界』雄山閣、二〇〇七)。

(9) 尹善泰「木簡からみた漢字文化の受容と変容」(工藤元男・李成市編『東アジア古代出土文字資料の研究』雄山閣、二〇〇九)。

(10) 三上喜孝「韓国出土木簡と日本古代木簡—比較研究の可能性をめぐって—」(註6『韓国出土木簡の世界』)。

(11) 橋本繁「城山山城出土木簡と六世紀新羅地方支配」(工藤元男・李成市編『東アジア古代出土文字資料の研究』雄山閣、二〇〇九)。

(12) 拙稿「百年の理由」(『木簡研究』三一、二〇〇九)で若干の見通しを述べた。

(13) 東野治之「古代日本の文字文化—空白の六世紀を考える—」(国立歴史民俗博物館・平川南編『古代日本　文字の来た道』大修館書店、二〇〇五)。

(14) 橋本註11論文。

(15) 江浦洋「大阪・難波宮」(『木簡研究』二二、二〇〇〇)で紹介されている内容に基づいて検討した。

(16) 東野治之「巻頭言—情報化と松と檜—」(『木簡研究』二四、二〇〇二)。

〔補註〕 城山山城出土木簡については、近年六世紀末とみる見方が有力になりつつあるが、本章の論旨には影響がないため本文のままとした。

〔付記〕 本章は、訪韓中多くの方々にお世話になった成果に依っている。朴晟鎮氏・車順喆氏をはじめとする大韓民国国立文化財研究所の先生方に心より御礼申し上げ、また成果を十分に咀嚼しきれていない点をお詫び申し上げます。

第三章　埼玉県稲荷山古墳出土鉄剣銘をめぐって

はじめに

木簡が出土するためには、まず木簡が存在しなければならない。木簡が存在する背景には、それぞれの社会において「木簡を利用しなければならない」事情・理由が存在していた。また、存在した木簡が土中に埋もれるためには、廃棄・埋納などの行為が必要である。いうまでもなく、ある木簡を廃棄・埋納するという行為の選択の背景にも、事情・理由が存在していた。出土木簡の分析は、記載された文字を釈読することはもちろんであるが、こうした出土にいたる多様な事情・理由を解きほぐすことでもある。

そしてこうした観点からの分析は、木簡以外の資料に対しても有効なのではないかと考える。おそらくは、従来とは若干ことなった理解が呈示できるのではないだろうか。埼玉県稲荷山古墳出土鉄剣銘を事例に検討してみたい。

1　稲荷山古墳出土鉄剣銘の特質

埼玉県の稲荷山古墳出土鉄剣銘文の発見は、古代史研究に非常に大きなインパクトを与え、今日まで多くの研究が

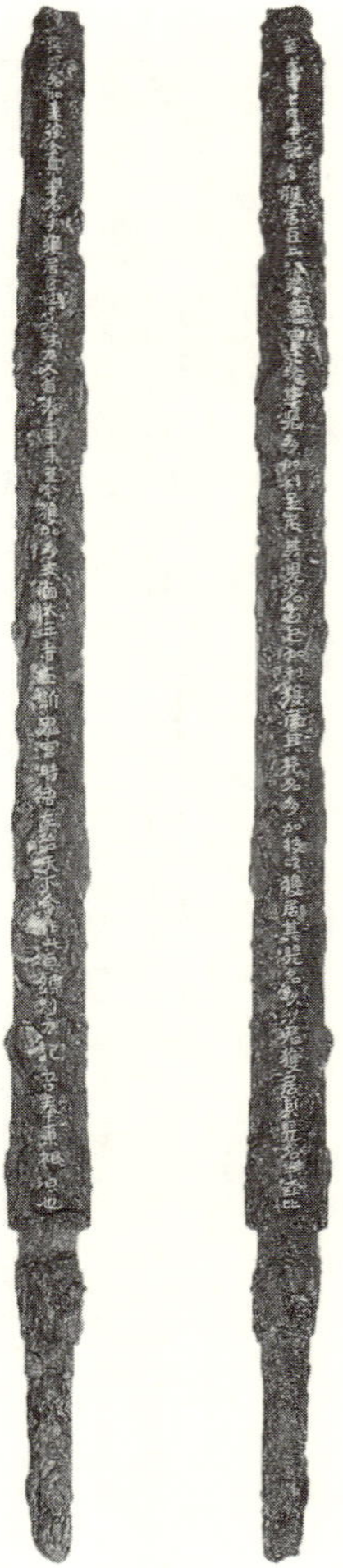

図26　稲荷山古墳出土鉄剣

積み重ねられてきた(1)。とりわけ、鉄剣が出土した礫郭の被葬者がどういう人物なのかという問題が焦点になっている。

先行研究での見方を簡単に整理すると、

A　被葬者をヲワケ臣本人とみる

　aヲワケ臣を北武蔵地域の豪族とみる

　bヲワケ臣は畿内の豪族で、北武蔵に派遣された人物とみる

B　被葬者はヲワケ臣本人とみない

　aヲワケ臣は畿内の豪族で、鉄剣はヲワケ臣から北武蔵の豪族に賜与された

という三つの立場になる(2)。議論の中では、

1　稲荷山古墳に関する考古学的知見や見解

2　銘文の解釈

3　五〜六世紀の日本列島や関東地方の歴史的状況に関する理解

の三つの要素から検討が進められ、これらが複雑にからみあってそれぞれの立場が論じられている。このうち、本章の観点からは「2　銘文の解釈」にまだ分析の余地が残されているように思われる。

確かに、銘文の文章としての読み込みは、日本史学のみならず、東洋史学・国語学など幅広い分野から深められている。また、類例との比較という点でも、熊本県の江田船山古墳出土大刀の銘文等との比較研究も繰り返し行われている。これらの研究成果の水準はきわめて高いと考えるが、一方で被葬者の特定や古代史の解明といった目的を離れて、純粋に「モノ」に記された「文字」として分析する視点ではなお深める余地があるのではないかと思う。

本書で繰り返し主張しているように、木簡の検討では、なぜ木が選択されたのか、なぜその形状なのか等の木簡の作成から廃棄にいたる「事情」を検討することが、大きな成果に繋がる。そして刀剣に刻まれた銘文の場合、「器物」としての刀剣に「文字」が記されているのであり、器物と文字記載の関係は木簡の場合の「木」と「文字」の関係よりも密接だと思われる。したがって、「器物に文字を記した事情」を考察することで、文字記載の内容や特質がより深く理解できるであろう。

そこで、銘文と刀剣の関係という観点から、これまでもしばしば比較検討されてきている稲荷山古墳鉄剣銘と、江田船山古墳大刀銘を比較してみよう。それぞれの銘文は資料1・2に掲げた。

まず、江田船山古墳出土大刀銘を検討する。この銘文では、①ワカタケル大王の治世下、典曹人として仕えたムリテが命じて、丁寧な工程を経て刀を作ったという作刀の経緯を記した後、②この刀を佩する人間には幸運が訪れると

図27　江田船山古墳出土大刀

いう吉祥句が記され、③最後に作刀者名と銘文作成者名が刻まれる。①作刀の経緯と③作刀者の記載は、刀の説明そのものである。また②吉祥句も、刀剣の霊力を讃えるものであるから、やはり刀の説明と理解することができよう。江田船山古墳出土大刀の銘文は、この「大刀そのものの説明」であり、大刀に密着した密接不可分な内容が記されている。古代史研究上では銘文の記載内容そのものに歴史的資料としての意義があるかも知れないが、古墳時代の人々にとっては、この銘文は大刀から離れてはまったく無意味なものであった。

では、稲荷山古墳鉄剣銘はどうであろうか。まず①辛亥年の七月に文字を刻んだという銘文作成の日時を記し、②ヲワケ臣の系譜と代々の功績、③ヲワケ臣自身の功績を記した後、④作刀したことと⑤銘文を刻んだことを記す。江田船山古墳大刀銘と比べると、稲荷山古墳出土鉄剣銘の①②③が江田船山古墳出土大刀銘にはなく、江田船山古墳大刀銘の②③が稲荷山古墳出土鉄剣銘にはないことは一目瞭然である。また、稲荷山古墳鉄剣銘の⑤に直接該当する部分も江田船山古墳大刀銘には見当たらない。そして江田船山古墳出土大刀銘の①が、稲荷山古墳出土鉄剣銘の④に該当するようにみえる。

稲荷山古墳出土鉄剣銘の④は「令作此百練利刀」、⑤は「記吾奉事根原也」という部分である。この表現には、刀剣と銘文の関係がかなり濃縮されて示されていると思われる。④「百練の利刀を作った」という作刀行為と、⑤「吾が奉事根原を記した」という銘文作成行為を併記しているのだが、この両者の関係は完全の等値ではない、と読めるのではないだろうか。②・③の記載、特に③の最後の「吾、天下を佐治す」とのつながりを考えると、「天下を佐治するほどの活躍をしたので、利刀を作り、活躍ぶりを刻んだ」というニュアンスが感じられると思う。つまり、稲荷山古墳鉄剣銘の目的は、⑤の「記吾奉事根原」にある、と考える。

さて、稲荷山古墳鉄剣銘の主たる目的が「記吾奉事根原」にあるとするならば、極端にいえば、文章や文字の記載が目的であり、その媒体として鉄剣（百練の利刀）を用意した、という関係で理解される。その銘文は銘文の刻まれた「鉄剣」の説明ではなく、銘文それ自体に存在意義のあるものである。鉄剣は書写媒体に過ぎず、そういった意味では他の媒体――たとえば石や木――でも代替することが可能な存在であり、稲荷山古墳出土鉄剣銘は、古代人にとっても、鉄剣から切り離されても意味のある情報であった。もちろん、あえて「百練の利刀」を用意したことには重大な意味が存在するはずではあるが、江田船山古墳出土大刀銘にみえる大刀との密着した関係とは、大きく様相が異なるのである。

2 稲荷山古墳鉄剣の役割

この違いは、渡辺晃宏氏が呈示した木簡分類の観点を参考にすると、より明瞭になる。渡辺氏は、文字を木に記す際の目的・機能という観点から、

a 情報伝達機能をもつ木簡……文書・伝票・祈願札など
b 属性表示機能をもつ木簡……荷札・付札、
c 墨書媒体機能をもつ木簡……習書・落書、柿経など（中国の冊書はこの範疇）

という三分類を提案した。(3) 抽象的な情報の伝達を目指した記載か、その文字が付された物品の内容を掲示した記載か、それとも誰かに示すなどの目的はなく、ただ単に墨を乗せただけの記載か、という分け方である。a・cの分け方・事例の呈示などに若干の疑問も残るが、「属性表示」という木簡の在り方を抽出した点で画期的な分類方法ということができる。この分類に当てはめると、江田船山古墳出土大刀はbに、稲荷山古墳出土鉄剣はaに該当する。

さて、和田萃氏は稲荷山古墳出土鉄剣銘には「家記」が記されている点を強調して江田船山古墳鉄刀銘とは「根本的」・「決定的」に違うと指摘し、(4) また東京国立博物館編『保存修理報告書江田船山古墳出土　国宝　銀嵌銘大刀』の「まとめ」では「船山古墳の銘文は吉祥句的であるが、しばしば対比される稲荷山古墳の銘文は系譜主体のものである。ほぼ同時代と考えられるこの両者の銘文の主題の違いは何に由来するのであろうか」と、両者の違いを鋭く指摘している。(5) これらの指摘はその後の研究で必ずしもしっかりと継承され、検討されてはいないように思われるが、とくに東京国立博物館が銘文の「主題」の違いと表現した両者の銘文記載目的の違いは、「器物（刀剣）と銘文の関係」という視点での分析や、木簡研究での分類の導入によって、より明確になったと考える。

では、刀剣に施される銘文として、この両者はどちらがより一般的なのであろうか。西山要一氏の研究に依拠すると、古代東アジアの刀剣銘文では刀の製作過程やすばらしさを示す語句「鍛錬句」と、「招福」や「護身」など願いを記す語句から構成されることが基本だという。(6)「鍛錬句」と「吉祥句」の組み合わせは、刀剣そのものを説明する銘文であり、江田船山古墳大刀銘の①②に該当し、渡辺氏の分類ではbに該当する内容であるつまり江田船山古墳大刀銘は、刀剣の銘文としてごく普通で自然であるのに対し、稲荷山古墳鉄剣銘はかなり特異な事例と評価することができるだろう。

以上から考えると、江田船山古墳大刀が被葬者の元にもたらされた過程と、稲荷山古墳鉄剣が被葬者の元にもたらされた過程は、同一視はできない。江田船山古墳大刀銘は、ごく普通の銘文であり、大刀自身が当時期待され、果たした役割も通常の刀剣と同じであったと考えられる。あくまでも「優れた刀剣」という位置づけで取り扱われたはずであるから、有力者からの賜与なども当然想定できるだろう。

一方、稲荷山古墳鉄剣銘はきわめて特異な銘文であり、当時この鉄剣が期待された役割は、通常の刀剣のそれとはまったく異なっていたと考えるべきである。これまでみてきたように、稲荷山古墳鉄剣は「すぐれた鉄剣」であることよりも「銘文の記述」が重要であり、「銘文を存在させる」ことこそがその役割であった。被葬者と鉄剣の関係も、刀剣と被葬者という関係よりも銘文と被葬者の関係として捉える必要があると考える。

今回の検討から直接指摘できるのは以上までであり、被葬者の性格に対して直接踏み込めるものではない。だが、以上の検討から明らかになった稲荷山古墳鉄剣の性格から考えると、先行研究でのAの立場、「ヲワケ臣」が被葬者と考えるのがもっとも自然ではないだろうか（付記）。

そして興味深いのは、稲荷山古墳鉄剣銘が、群馬県の山ノ上碑の銘文（資料3）と類似している点である。両者は二百年近くの時代差があり、直接比較するには適当ではないかもしれない。また、どちらも系譜を記しているのであるから、類似していて当然といえば当然で、一方で系譜の記載方法には差異もある。だが、銘文の構成と表現の類似は、注目しても良いであろう。

山ノ上碑は、

①記載年月日　＋　②系譜　＋　③記載目的　＋　④記載者

図28　山ノ上碑拓本

という構成をとる。これを稲荷山古墳鉄剣銘と比較すると、稲荷山古墳鉄剣銘の③・④が山ノ上碑にはなく、山ノ上碑の④が稲荷山古墳鉄剣銘にないが、それ以外は記載順も含めてまったく同じといってよいだろう。両者は同じ構成なのである。

そして、山ノ上碑の系譜でも「三家を定める」等始祖の功績から書き起こされている様子は、ちょうど稲荷山古墳鉄剣銘②と同様である。[7]そして、山ノ上碑で「母の為に記し定める文なり」と碑文の目的を宣言して文章を終える様子は、稲荷山古墳鉄剣が「吾が奉事根原を記すなり」として銘文を終えている様子と、非常に似ている。この類似から考えると、両者の性格には相通じるものがあるのではないだろうか。稲荷山古墳鉄剣は、墓碑（墓誌）に近い性格を有するように思われる。

おわりに

以上、文字が書かれた対象と記載内容を考えるという視点から、稲荷山古墳鉄剣銘について検討した。稲荷山古墳鉄剣銘は、刀剣の銘文としては異例のもので、鉄剣は「剣」としての役割よりも銘文を刻む媒体としての役割が強かったと考えられる。そして、銘文が山ノ上碑に類似することから、この鉄剣は墓碑・墓誌に近い性格が想定できる。このように考えると、被葬者はヲワケ臣本人の可能性が高い。ヲワケ臣本人ではなくとも、その近親者までの範囲に留まるであろうと推定される。

註

（1）近年の研究では、吉川敏子『氏と家の古代史』（塙書房、二〇一三）などがある。また、高橋一夫『鉄剣銘一一五文字の謎に迫る』（新泉社、二〇〇五）に先行研究が整理されている。
（2）高橋註1書をもとに整理した。
（3）渡辺晃宏「墨書のる木製品とその機能」（角谷常子編『東アジア木簡学のために』汲古書院、二〇一四）。
（4）和田萃「ヲワケ臣とワカタケル大王」（上田正昭・大塚初重監修、金井塚良一編『稲荷山古墳の鉄剣を見直す』学生社、二〇〇一）。

（5）東京国立博物館編『保存修理報告書江田船山古墳出土　国宝　銀嵌銘大刀』（東京国立博物館、一九九三）。当該部分の執筆は本村豪章・望月幹夫両氏。

（6）西山要一「東アジアの古代象嵌銘大刀」（『文化財学報』一七、一九九九）。

（7）系譜の最初にこうした記載がくる意味については義江明子「「山の上碑」の「児」「孫」「娶」」（『日本古代系譜様式論』吉川弘文館、二〇〇〇）に端的に述べられている。

〔付記〕ヲワケ臣は、北武蔵地域の豪族なのか、畿内の豪族なのか、若干憶説を述べたい。

義江明子氏は以下の指摘をしている（『日本古代系譜様式論』吉川弘文館、二〇〇〇所収各論文）。ウヂは、単純な血縁集団とはいえない人的集団で、稲荷山古墳鉄剣銘の系譜は「地位継承」を記したものである。そして、始祖は、ウヂにとってはその職掌・奉事の根源を保障する「伝承」をもつ人物でなければならない。始祖は奉事根源に相応しいことが必須であり、直接的な血縁上の始祖である必要はない。

こうした点から考えると、阿倍氏の祖がおなじく「オホヒコ」と称する人物であることを根拠に、ヲワケ臣を畿内豪族とみることは、少し慎重でよいのではないだろうか。また「オホヒコ」という名前は、男性名の「ヒコ」に美称の「オホ」がついただけのようにもみえ、固有名詞というより一般名詞に近く思われるのだが、いかがであろうか。銘文から、ヲワケ臣を畿内の豪族と考える根拠は、必ずしも強くはないように感じられる。

一方、北武蔵の豪族だという根拠も、銘文だけからは読み取りえない。ヲワケ臣は大王に近侍した時期があることから考えれば、出土遺物に畿内系のものが混ざっていたとしても、畿内出身ゆえなのか、中央との密接な関係ゆえなのかは、判断が難しいであろう。

総合的に検討して判断すべきではあるが、私は筑紫国造磐井の事例を参考にしたい。磐井は、中央から朝鮮半島への六万人の大遠征軍を指揮する将軍として派遣された近江毛野臣に対して「今為二使者一、昔為二吾伴一。摩レ肩触レ肘、共レ器同レ食。安四得率爾為レ使、俾三余自伏二爾前一」と高らかに宣言する（『日本書紀』継体二一年六月甲午条）。近江毛野臣と磐井は、かつては「伴」であり、肩をすりあわせ肘をぶつけながら、同じ器から一緒に食事をした仲であり、そのような対等なはずの相手が急に「使者だ」といってやってきても、なぜ随わなければならないのか、という主張である。彼らが「伴」であったのは、おそらく大王のもとに上番して、仕奉していた場面であろう。六世紀初頭にはこのように地方豪族の上番、そこでの地方豪族同士や中央豪族も巻き込んだ「対等」な関係が生み出されていた。律令時代の郡司子弟の兵衛の上番の淵源にあたると考えられるが、中央・地方の豪族の関係は、律令制下に比べてはるかにフラットだったであろう。こうした点を考慮すると、狩野久氏が論じるように（「稲荷山鉄剣銘をどう読むか」『発掘文字が語る古代王権と列島社会』吉川弘文館、二〇一〇。初出二〇〇三）、北武蔵のヲワケ臣は在地系豪族であり、ワカタケル大王のもとに上番して「丈刀人」として仕奉した、という見通しが一番素直に感じられる。

参照資料銘文

資料1

（表）辛亥年七月中記、乎獲居臣上祖名意富比垝、其児多加利足尼、其児名弖已加利獲居、其児名多加披次獲居、其児名多沙鬼獲居、其児名半弖比

（裏）其児名加差披余、其児名乎獲居臣、世々為杖刀人首、奉事来至今。獲加多支鹵大王寺、在斯鬼宮時、吾左治天下、令作此百練利刀、記吾奉事根源也。

資料2

台〔治〕天下獲□□□鹵大王世、奉事典曹人名无□〔利カ〕弖、八月中、用大鐵釜、并四尺廷刀、八十練、□〔九カ〕十振、三寸上好□〔刊カ〕刀、服此刀者、長寿、子孫洋々、得□恩也、不失其所統、作刀者名伊太□〔和カ〕、書者張安也。

資料3

辛己歳集月三日記
佐野三家定賜健守命孫黒売刀自此
新川臣児斯多々弥足尼孫大児臣娶生児
長利僧母為記定文也　放光寺僧

第四章　「木簡の作法」論から東アジア木簡学に迫るために

はじめに

日本における木簡の研究は、単独の木簡に記載された内容だけを中心に分析するという段階から、木簡という資料をその作成から廃棄までのライフサイクルを確認した上で、内容を検討するという段階を経て、今日では一緒に出土した木簡を「群」として捉えて検討したり、共伴する遺物や遺跡とあわせて総合的に理解しよう、という段階に進んできている。こうした研究の展開の中で、木簡を分析する上での重要な観点として、「紙木併用」や上述の「ライフサイクル」、また「考古遺物としての特性」などが強調されてきている(1)。

研究の手続き等がある程度固まってきたことは、研究の質に一定の水準を与えるという意味で望ましい面もあるが、一方で形骸化という弊害も招きつつあるように感じる。木簡に関する論文で、出土遺跡について詳述する必要のない分析にまでも遺跡や出土遺構について報告書の引き写しのような記載を行ったりするような例が散見される。結果的に、木簡という資料としっかり向き合うことがおろそかになることが危惧される。日本の古代木簡は、情報が断片的である一方、点数は比較的多い。必ずしも扱いやすい資料とはいえず、研究上の手続き・作業について、今後も各研究者がしっかりと考える必要があるように思われる。

そこで本章では、「一つ一つの木簡から帰納的に導かれた、包括的木簡資料分析の方向性」を考えることを目標とし、「木簡の作法」という考え方を提示したいと思う。

1 「木簡の作法」の考え方

木簡を作成してから廃棄するまでの一連の作業は、単純に言葉を木に書き留めた、という次元ではない。さまざまな制度・慣習、ノウハウなどが詰まっている。

木簡は、人によって社会の中で利用された一つの道具である。木簡は、「人」が作って・使って・捨てた「道具」なのである。したがって、そしてそれぞれの場面で、木簡への働きかけや木簡からの働きかけといった、木簡と関わった人の動きが重要な要素となる。

逆にいうと、木簡の利用を必要としたり、促したり、あるいは受け入れたりした社会が存在していたからこそ木簡が存在しえた、ということになる。より具体的に各木簡に即して考えるならば、木簡を利用する社会で生活し、木簡を利用した人、受け入れた人が存在したことを意味する。木簡にとっては、常に同時代に関わった非常に多くの「人」の存在が前提となっている。

研究者は、つい研究者自身の問題関心等、今日的視点から木簡を捉えてしまいがちである。また、「木簡」だけをみる癖、あるいは木簡に直接書かれた内容だけを考えてしまう癖があるようにも感じる。だが、木簡はそもそもその利用者——日本古代木簡であれば、日本古代の人々や社会——の中に存在したものである。彼らが木簡を作成したり、利用したり、廃棄したりしたからこそ、今日の我々が木簡を目にすることができる。

そして、こうした木簡の利用者たちは、生活や仕事の中で木簡を利用し、関わっている。社会構造や、歴史的変遷を意識しながら使っていたわけではない。彼らが木簡を利用していた背景には木簡利用の動機、利用上のルールや慣習、木簡利用を支える要素などが存在していた。つまり、ある木簡一点が存在し、有効に利用されるためには、律令法を筆頭とする法令、さまざまな慣習、伝達相手との情報連絡に関する共通理解、無効化の手続きなど、さまざまな条件が背景に必要である。これまで、法令との関わりについては常に意識されてきたように思うが、それ以外の多くの条件については等閑視されることが多かった。だが、各木簡についてその「存在理由（もしくは存在可能理由）」を具体的に問いかけ、多様な条件を解きほぐすことが必要であると考える。木簡は、木簡だけで単独で存在していたわけではないのである。

人との関わりの中に木簡が存在するという観点や、さまざまな「道具」の中の一つとして木簡が存在する、という観点は、二人の先学による指摘がある。

一つめは、佐藤信氏が提唱する「書写の場」という考え方である。(2)文字を書く具体的な場面を想定することで、木簡利用の特性を明らかにしようとする。具体的な場面を想定することの重要性を示し、文字を書写する「時間」「空間」「人間」の存在を再発見した視点である。もう一つが、尹善泰氏が提唱する「木簡文化」という考え方である。(3)尹氏はこの視点から、中国・日本の木簡と韓国の木簡の形状や書きぶりの違いを、「木簡文化の違い」として全体的に把握する。木簡を「文化」として総合的に捉える視点である。

こうした先学の重要な視点の呈示をもとに、木簡と人との関わりのあり方――作成から廃棄までの一連の流れを、人と木簡の関わりとして総体的に捉える観点――に基づいて、私が現在提唱している視点・問題意識が、「木簡の作法」である。木簡の作法による分析は、「人による木簡の具体的な利用の、復原的検討を試みることから、木簡文化の様子、さらには社会における木簡の役割を探る。そして、最終的には、木簡文化・木簡の社会的役割から、その社会の歴史的特性等を明らかにする」ことを目指している。

かつて、「木簡のライフサイクル」という観点が提示された。「木簡の作法」の分析は、より踏み込んで、各場面における木簡を人との関わりに注目しながら、木簡に迫っていくことを目指す。この観点は木簡の検討方法としての普遍性を有しており、東アジア木簡学確立に適していると考えている。

以下、木簡の作法論という視点から、いくつかの検討事例を紹介したい。

2 手続きとしての木簡

平城宮南面には三つの門が開く。東側が壬生門、中央が朱雀門、西側が若犬養門である。この若犬養門周辺の発掘調査で、木簡が出土した。

出土木簡中に、大学寮近辺で馬を盗まれた、という内容が記された長大な木簡がある[4]（釈文①）。『木簡研究』誌では、その長大さから周知のために立てられた立て札、「告知札」であろう、とした。これに対し、記載が表裏にわたること、文言も大学寮関係者への告知を依頼したものであること（これに対し、告知札は通常「告知」という文言から始まる）、下端を明瞭に尖らせている（告知札は、土に突き刺して立てるために下端部を尖らせたと考えられている）形跡がないことなどから、告知札ではなく文書木簡である、という見方が出された[5]。そのように考えた場合、木簡の廃棄元が問題となる。大学寮は、平城宮外と想定され、若犬養門外の可能性もある。だがその場合、幅三〇㍍を超える二条大路をわたって、わざわざ平城宮の門の側に捨てたことになる。ほかに大学寮関連木簡もみあたらず、廃棄の場面を考えると不自然といわざるをえない。

この点について、渡辺晃宏氏は大学寮では木簡を受け取ってもらえず、木簡作成者（＝馬を盗まれた人物）が腹立ち紛れに門前に廃棄した、という可能性を想定している。(6) 場面としては面白いが、この木簡を文書木簡と考えた場合、これほど想像力を働かせなければ、その廃棄状況は理解しがたいということでもある。そしてまた、文書木簡としては異例に大きい。この木簡の提出者は地方出身者であり、都でこれだけの木材を確保するのは必ずしも容易ではなかったと思われる。何らかの理由から、あえて大型の木簡を作成したと考えた方が自然だと思う。

一方、告知札と考えた場合、どうなるであろう。これまでに発見された告知札についても、土に実際に立てた痕跡や、長期間風雨にさらされた痕跡が残るものはあまりみあたらない。したがって、主として問題になるのは、表裏にわたるという記載方法と、文言の理解であろう。

そこで、注目した木簡がある。伝世品であるが、中世の制札である。(7) 中世の制札には、紙の文書とセットで、保管用と掲示用として発行される場合のほか、正文として保管される制札、つまり掲げられない制札＝木簡の事例も存在することが明らかにされている。もっとも「掲げる」という行為と密接に関連しそうな制札の中に、実際には掲げないものが存在している。この場合、掲げるための制札を発行することが、事務手続き上重要な行為であり、それを掲げるか否かは別問題であった、ということを意味しよう。

また、こうした制札などの文書や木簡が、発給先側によって用意され、発給元はサインなど権威づけを行うだけ、という事例から考えれば、事務手続きと文字面が必ずしも一致していない様相が確認できる。

この制札の視点と、律令の規定から考えると、一つの可能性が浮かんでくるのではないだろうか。告知札の法的根拠は、捕亡令得闌遺物条と考えられている。告知札は、実態的機能もさることながら、法的根拠に基づいて作成されるものとしての側面も有している。逆にいうと、告知札は、その記載内容を読み、理解し、その上での対応を期待してのものではない可能性も十分考えられる。馬の逃亡など、法律上告知すべきとされた事態が発生した際、法律上（もしくは慣習上）必要とされた手続きにすぎないのではないか。役所に届け出るとともに、告知札を作成することが、手続きとして求められていたのではないか、と考えるのである。

だからこそ、告知札が長期間しっかりと掲示された痕跡はみあたらなくても不思議ではない。告知札を作成し、それをしかるべき場所に持っていくことが手続きなのであり、実際にそれが機能することはさほど期待されていない。そしてそうであれば、告知札は当時の識字率とはまったく無関係に存在しうる。だが、この手続きを踏んでいなければ、もし紛失物が発見されても、正当性を主張しがたい。

若犬養門出土の大型木簡も、同様の文脈で理解できないだろうか。紛失などの届けは、その告知が可能となる木簡とともに出される必要があった（もしくはあると考えて作成した）としたらどうであろうか。両面に文字が書かれるのも、実際に読まれて機能することを期待していなかったとしたら、普通に理解できる。本来が、提出書類であったならば、文言の問題もクリアできる。大きさは、掲示に耐える大きさが求められたと考えれば、理解できると思うのである。

若犬養門出土木簡の解釈については、断案とはいいがたい。だが、告知札の位置づけについては、こうした「作法」の中で作成されたという理解は、あながちはずれていないと考えている。

3　掲示・形状のメッセージ性

木簡を情報の掲示のために用いた例は、告知札以外にも存在する。その中に、メッセージの伝え方についてヒントを与えてくれる事例が存在する。古代日本の北端と南端でみつかった、二つの杭状木簡である(8)（釈文③・④）。

岩手県と鹿児島県でみつかったこの二点は、A田地の権利関連の木簡で、B田地のかたわらに掲示された木簡である。板状が多い日本の木簡の中では珍しく棒状の形状をもつ。下端を尖らせ、杭状に打ち込んで用いられたと考えられる。棒状の木簡に、田地の権利関係に関する内容を記載し、その田地のかたわらに打ち込んで示す、という一つの作法が確認できる。

このような発信方法を、受信者はどのように受け止めたのだろうか。在地社会に、十分な識字率が存在し、すべての人が文字で記載内容を読み、理解したとは考えがたい。法令などの掲示では、掲示と共にその内容を音声で読み上げていたと指摘されることから考えると(9)、これらの杭状木簡についても、田地に打ち込まれた際に、内容の読み上げが行われた可能性が想定できる。

そして、特異な形状を有する点にも着目すると、杭状の木製品に「文字」が書き込まれたものが、田地の端に打ち込まれているという姿そのものが、その田地に対する規制を表現しているという可能性が考えられる。この場合、受信者は文字を読める必要はない。文字を読めなくても、何らかの文字が記されていることが、形状と打ち込まれた場所と相まって、在地社会で充分なメッセージを発信していたと想定するわけである。

また、発見状況＝廃棄状況も非常に興味深い。どちらも、C杭列の中の一本の杭として、D木簡の文字が天地逆となって発見された。杭列の中の一本という状況から、文字記載をもつ木簡としての機能は失った状態で、木材として利用されたと考えられる。そして、木材として再利用する際に、木簡として利用していたむきとは天地逆にして用いている。

木簡として利用していた際の下端部は、土に突き立てるために尖らせている。つまり、そのままのむきで利用した方が手間が省けるのに、あえてそれを天地逆にして、木簡の上端を削って利用するという手間をかけている。この手間には、一定の理由があると考えるのが自然であろう。もっとも考えやすいのが、天地を逆にすることで、木簡としての効力を無効にしていた、という可能性であろう。田地の側に打ち込まれていることが木簡の発信力の一部である故に、その掲出法を解消することで木簡の効力を消滅させたわけである。

以上、北と南の杭状木簡から、形の選択・文字の記載・掲出法・効力の消滅という一連の流れの中に、さまざまな「作法」が存在し、その作法に則ることで木簡が効力を発揮していったという様相をみてとることができると考える。

形状のメッセージ性と、廃棄方法の関連性について、日本木簡では、在地における召喚状の検討で指摘されている。(10) 召喚状に相当する木簡は、在地社会では二尺（約六〇センチ）の大きさを一つの基準としていた、というものである。ただ、書式は「郡符」の型式をとるものや、「召文」の型式のものなど若干のばらつきがみられる。一方、都城周辺で作成・利用された召喚状は、大きさはまちまちであるが、書式はかなり高い共通性を有している。このあたりの違いに、都と地方の差が存在しているのではないだろうか。

召喚される人物が、自分への召喚が正当である（事実である）と認識する上で、使者による口頭の伝達だけでなく召喚状の提示が重要な意義をもったことは想像にかたくない。上記の状況からすると、都城周辺では、召喚状の形・大きさではなく、書式や記載内容が意義をもったと考えられる。これは、受信者側の識字や書式への知識を前提としての運用方法といえる。一方、地方木簡では、大きさに意義があり、文字の記載はそれほど、重要ではなかったのではないだろうか。これは、受信者側での識字は前提としていないといえる。そして地方での召喚状が、意図的に裁断されて廃棄されることは従来の指摘のとおりである。つまり、「長さ」を消してしまえば、木簡のもつ発信力と正当性は消滅するのである。

4　木簡と口頭伝達と新羅木簡の作法

日本古代における口頭伝達の重要性はとみに指摘されてきている。大きくは、口頭伝達から文字による伝達へ、という流れが指摘されている。文字の記載も、大きくは紙・木併用から紙へ、また日常的な木への記載と重要な場合の紙への記載、と捉えられているといえるだろう。日本古代の木簡は、口頭伝達の世界と共存していた。この点は、常識に属する内容であるが、一方で木簡の分析に際して意識されることは必ずしも多くはない。

しかし、女官の「宣」を記した削屑や、(11) 最近では「口宣」と記した木簡も出土するなど、(12) 口頭伝達をメモした木簡や、口頭伝達に基づいて作成された文書木簡が存在していたことは明白である。とくに女官の「宣」は、内裏北外郭出土の削屑であり、その背景に天皇の意思、つまり天皇が発した口頭伝達が存在していた可能性が高い。これらの場面は、平安時代には紙が利用されているが、たとえば蔵人が用いるのが「宿紙（漉き返した再生紙。品質が劣る）」である点も含めて、奈良時代には木簡が利用されていたとみてよいであろう。

こうした、天皇の意思は口頭が原則で、文字はあくまでもそのメモや、命令を受けて臣下が作成するもの、という点はある興味深い事実とよく対応する。渡辺晃宏氏の分析によれば、日本の文書木簡は、まず上申文書から成立するという[13]。申し上げる行為には、文字の書類添付が必要となり、命令は口頭こそ本筋だった、ということであろう。

木簡と口頭伝達との関連性は、口頭伝達とは無縁に思える荷札木簡にもみいだせる[14]。荷札木簡の本質は、物品の属性を示す「付札」であると考えるが、にもかかわらず「文書」に分類される進上状と類似する傾向を有する木簡などが存在する。また分析を進めると、きわめて簡便な書式をとる貢進物の荷札や、そもそも荷札を付けていない（文字による註記のない）貢進物も広範に存在していた可能性が浮かび上がる。これらの品は、贄に多く、王権に近い。こうした物品の貢納に際しては、「口頭での進上文言」と共に納入されたと考えるべきであろう。（なお、私見によれば進上状は「行為」に対する付札である。上申文書もまた、同様の性格と考えることもできるであろう。）

木簡と口頭伝達が、このように相互補完的であり、共存するものだと考えると、紙木併用のみならず、口頭と文字の分担も重要な視点として考える必要がある。口頭の伝達が、どの段階で文字に定着したのか、その場合口頭のまま伝達される情報と、文字に記される部分の仕分けはどのようになっているのか、などは非常に興味深い。

そして、この口頭と木簡の関係、また形状とメッセージの関係が凝縮されたような事例が、月城出土木簡中に存在していると考える。『月城垓子』一〇～一二号である。この考察に関する詳細は、『日韓文化財論叢Ⅱ』（韓国語版は『韓日文化財論叢Ⅱ』として国立文化財研究所から発行）に譲り[15]、結論的な部分のみ述べる。

この三点の木簡に共通することは、

①文字を書くための面を作り出していない

②下端は各方向から刃を入れて調整する

③下部に節があり、下部の形状がいびつである

④全長が二〇㌢強（一五三号が最大で二四㌢。ただし筆記面の長さは三点ともほぼ同じ）

⑤出土地点が近接する

という点である。

①〜④の特徴は、韓国木簡でもほかには例がみあたらず、この三点の大きな特徴である。柱状という形状は必ずしも筆写に適した形状とはいいがたく、この木簡を作成する際に、別の何らかの理由によって円柱状の形態が積極的に選択されている可能性が高い。

つまりこの三点は、同じような木の使い方で、同じような形状の木簡として使用されたわけであり、さらに出土地が近接することもあわせて考えると、ほぼ同じ場所・場面で、ある木簡の作法（材の選択・形状の選択・使用・廃棄）に基づいて使われたと考えられる。「典太等教事」「教」「白」「敬白」などの記載内容から考えると、国王の意思と、それを受けて実現する秘書官がいる王権中枢部に密着した場面であろう。国王や王権の身辺に近い場所で、彼らの音声による意思のやりとりを文字化し、伝達する木簡の可能性が想定され、円柱状という形状はそうした場面特有の選択だったと考えることができるだろう。

音声、場面、形状と、さまざまな要素がつまった、新羅における一つの木簡の作法である(16)。

5　木簡をいつ捨てるのか

最後に、出土木簡は、木簡はなぜ土中に存在するのかについて少し考えておきたい。

理由がわかりやすいのは墓所への埋納であろう。むろん、なぜその木簡が選択されて埋められたのかというような問題、あるいは木簡を埋めることが死者の祭祀とどのように関わるのか、といった問題は存在する。だが、土に埋もれた契機は非常に明瞭である。また、埋納という性格から考えて、土に入る瞬間には、完全な状態であったと想定される。

一方、廃棄され土中に捨てられた木簡も存在する。中国以外で発見される木簡は、ほぼすべてが廃棄されたものであり、中国でもその比率は決して低くないであろう。では、どのような契機・理由で木簡が廃棄されるのであろうか。

使い終わって、不要になったから捨てる、というのがもっとも単純な回答であろう。が、はたしてそれだけで充分なのであろうか。卑近な例を挙げても、我々の職場の机廻りや、家庭で「不要になれば捨てる」という行為がどれほど徹底されているだろうか。もちろん、日々不要品の廃棄は行っているが、それが徹底されていれば、年末の大掃除の必要性はぐっと下がるであろう。

出土状況からみても、廃棄の契機は単純に使い終わって不要になって捨てた、というだけでは説明しきれない。出土木簡の中には、まだまだ再利用可能な状態の木片もある。また、短期間に大量に木簡が廃棄されたゴミ捨て穴がみつかることもある。木簡がカバーする期間や役所の範囲は比較的限定される。木簡は日常的・恒常的に利用されていたのだから、本来は日常的・恒常的に不要な木簡も発生していたはずであるが、廃棄には偏りがみられる。

結論的にいうと、日本木簡で多くを占める一括性の高い出土は、何らかの理由があって「大掃除」が行われて廃棄されたものであると考える。また、大掃除を行った結果であるので、その直前に周辺で行われた行為――官衙での事務作業など――を反映していると考えられる。ただし、それは恒常的な行為なのか、一時的なものかは個別的な検討が必要となる。

具体的に、三つの例を提示したい。(17) 長屋王家木簡は、遺構の変遷状況などを参照しながら考えると、邸宅内の建物の建て替えに伴って廃棄された木簡群と考えられる。邸宅内という閉じた環境と、建物の建て替えという行為とをあわせ考えると、長屋王家木簡は長屋王家のあるセクションで日常的に行われていた業務が、輪切り状にみえているものと考えて差し支えないであろう。平城宮内裏外郭北土坑SK820は、天平一八年（七四六）頃を中心とする一括的廃棄のなされた土坑であるが、この契機は平城宮への還都とそれに続く内裏の建て替えと考えられる。したがって、この土坑周辺で日常的に行われていた業務の輪切り的様相と共に、引っ越しに伴う特殊な要素が入り込んでいると考えられる。聖武天皇の身の回りの品に関わる付札などは、後者の典型であろう。

一方、二条大路木簡は扱いが難しい。廃棄は天平一〇年以前のごく短い時期に収まるが、遺構の状況からは廃棄の契機を絞り込みにくい。そこで木簡の内容も含めての分析が必要となる。二条大路木簡は、大きく二つのグループに分けられることが指摘されているが、そのうち麻呂邸に関わるとされる木簡も、三つのグループに分けることができる。①聖武天皇の吉野行幸関連、②建物の建て替え関連、③その他である。この三者は、時期的にきわめて近接するので、別々のものと分けられない可能性もある。ただし重要なのは、すくなくとも聖武天皇の行幸のような特殊事情が含まれており、単純に廃棄元の日常業務の輪切りとはいいがたいこと、建物の建て替えが知られるのも建て替えに伴う内容の木簡が出土するからであり、建て替え前の大掃除で廃棄された木簡と捉えられるかは微妙であること、の二点は指摘でき、長屋王家木簡やSK820出土木簡よりも慎重に周辺施設との関連を考える必要がある。

同様の観点で取り上げやすい例として、韓国・城山山城出土木簡を取り上げたい。城山山城木簡はその内容の分析から、主体は荷札で、洛東江沿岸の各地から物資が送られ、集積されていた様相を示す、と指摘されている。一方出土状況は、山城谷部の整地土中から、他の有機物と共にみつかっている。谷部という地形的特色などから、単純な廃棄ではなく整地層の一部として有機物が利用された可能性が考えられている。廃棄の契機は、築城のための材料としての利用、ということができる。

築城材料として木簡が利用された点から、当時山城内にあって「利用できる」＝捨ててもかまわない木簡はすべて利用されたと考えられるであろう。そして、文書木簡が確認しがたいこと、削屑がみつかっていないことなどから考えると、城山山城で木簡の作成や再利用が行われていた可能性は低いということになろう。

おわりに

書写の場という考え方に関心をもちはじめたのは、日々木簡をみる中での「字が上手いなぁ」「下手だなぁ」といった、素朴な、古代官人たちへの思いの積み重ねであり、それを研究レベルで考えたいと思ったきっかけは、荷札を分析していて「荷物との関係性」という視点の欠落に気づいたことであった。

一方、木簡文化という観点に惹きつけられたのは、なぜ日本と密接な関わりをもつ伽耶地域では六世紀代の木簡が大量に出土するのに、木簡の使用が日本に及ばないのだろうという疑問をもっていたことがきっかけで、新羅木簡に漠然と日本木簡との距離を感じる中で、羅州伏岩里木簡があまりに日本木簡に似ていることにおどろいた時に一気に研究レベルでの関心に高まった。

木簡は道具である。道具を使うのは人だし、背景にはさまざまな文化がある。だから、文字が書けるだけでも、木が削れるだけでも木簡は作れない。簡単な付札ぐらいは作れても、その体系的な運用や社会での活用には、さらに膨大なノウハウや技術の蓄積、つまり「木簡文化」が必要となる。寺院建築などの技術は、直接それに携わる工人集団だけでも、とりあえず可能だが、全国支配に直結する木簡システムは、より広いすそ野を必要とする。つまり、木簡文化がさまざまな「書写の場」にもたらされて、さらには受け手にまで広まらないと、木簡の本格的運用は不可能である。

この「木簡文化」が欠落していたから、日本では六世紀代には木簡の本格運用はできない。本格的な行政運営のノウハウ・技術の蓄積がなかったのである。これこそ、対馬海峡を木簡がなかなか渡れなかった理由だと思う。

そして、七世紀末に確認できる日木木簡文化が、百済木簡文化に類似するならば、支配システムとしての木簡と木簡文化がどこからどの契機でもたらされたのかはきわめて明白であろう。百済・高句麗の滅亡、それに伴う百済・高句麗遺民は、それまで彼らが蓄積してきたノウハウ・技術を身につけて日本列島に大量に移動してきた。このことにより、日本列島における行政運営のノウハウ・技術量は飛躍的に増大し、末端にまで及び、木簡の本格的な運用が可能になったと考える。日本列島独自ではなかなか蓄積しえないノウハウ・技術を、人的な移動によって一気に移入することができたのである。

そしてこうした「木簡の作法」に基づく分析から得られた見通しは、もう一つ興味深い見通しを与える。日本古代史研究では、「法律制度」と「実態」が対峙的に捉えられ、双方の差異が注目されることが多い。しかしながら、「法律・制度」と「実態」が乖離していたとしても、これが対立的であれば国家運営は成り立ちえない。両者の差異は、対立的なものではなく、連続的に結びついている必要がある。両者を結びつけているものは「運用」であろう。「法律・制度」と「実態」の二極で捉えるのは不十分であり、両者を連続させる「運用」も考える必要がある。

また、私見によれば、木簡もまた「法律・制度」と「実態」を結びつける存在であった。この見解をふまえつつ、木簡が「道具」であるという観点からすると、上記の「運用」の一つの具体例が木簡、あるいは「木簡の作法」・「木簡文化」であると位置づけることができよう。そして「運用」の具体例である「木簡の作法」の淵源が朝鮮半島にみいだせる。

つまり、中国直輸入を指向した「法律・制度」、中国の社会状況とはかけ離れた文明状況にある日本列島の「実態」、朝鮮半島での楽浪郡・帯方郡以来の中国文明との接触に始まる行政運営に関する多くのノウハウ・技術の蓄積[18]＝「運用」の三者によって、日本古代国家は支えられていたのである。

七世紀後半以降の急速な国家体制の整備に、百済遺民の影響が大きいことは縷々指摘されているが、その具体像はあまり示されてこなかったように思う。木簡の作法・木簡文化の移入という観点でみると、その重要な役割は「運用」の確立であった。律令法を書き写したり、手直しするぐらいであれば、日本列島の人々でも可能であったかもしれない。一定数の知識人がいればよい。限定された範囲で、律令法を適用させる程度でも同様である。しかし、これを全国規模で施行するためには、「運用」を除外することはできない。その重要な鍵を、朝鮮半島で蓄積されたノウハウ・技術の移入でクリアすることで、日本古代律令国家は成立した。

明治維新後の維新政府において、旧幕府官吏が行政の実務・運営に熟達した人材として活躍したことはよく知られている。どれだけ進んだ法律・制度がつくられても、その運用ができなければ国家は混乱するだけである。日本古代律令国家でも事情は同様であろう。運用体系が整備されてこそ、法律・制度は実態と向き合い、関係性をもつことができる。

木簡の作法論は、まだ十分確立した概念ではない。というよりも、「木簡の作法論」という視点・問題意識をもちながら、木簡を分析することが、木簡文化の解明、ひいては木簡を通じての歴史解明を豊かにする、という主張である。諸賢のご指導と批判を切に願うものである。

註

（1）近年の木簡の研究史の整理としては、和田萃「木簡は語る―研究の足跡―」（木簡学会編『木簡から古代がみえる』岩波書店、二〇一〇）がある。
（2）佐藤信『出土文字資料の古代史』（東京大学出版会、二〇〇二）。
（3）尹善泰「木簡からみた漢字文化の受容と変容」（工藤元男・李成市編『東アジア古代出土文字資料の研究』雄山閣、二〇〇九）。
（4）『平城宮発掘調査出土木簡概報』一五―一六上。
（5）今泉隆雄氏は『木簡研究』四（一九八二）で「告知札」であろう、とした。これに対して、清水みき「告知札」（『月刊考古学ジャーナル』三三九、一九九一）などは、文書木簡とみる。なお、典型的な告知札の釈文例は釈文②に掲げた。
（6）渡辺晃宏『平城京一三〇〇年全検証』（柏書房、二〇一〇）。
（7）田良島哲「中世木札文書研究の現状と課題」（『木簡研究』二五、二〇〇三）。
（8）岩手県・道上遺跡出土木簡（『木簡研究』三二、二〇一〇所収）と、鹿児島県・京田遺跡出土木簡（『木簡研究』二四、二〇〇二所収）である。なお、出土状況についてそれぞれ『木簡研究』誌上においての紹介は以下のとおりである。
道上遺跡出土木簡「検出時は上下逆さまの状態で突き刺さっており、杭としての天地と木簡としての天地が逆の状態であった。これは木簡が杭列の構成材に転用されたものと推定される。」
京田遺跡出土木簡「本来は、下端を尖らせ単独で立てられていた杭状の木簡を、上下逆転させ、当初の上端を尖らせて杭列の杭の一本として再利用していた。」
（9）平川南「牓示札の語るもの」（『発見!古代のお触れ書き』大修館書店、二〇〇一）など。
（10）平川南『古代地方木簡の研究』（吉川弘文館、二〇〇三）。
（11）『平城宮木簡』八二一～八四号。
（12）『平城宮発掘調査出土木簡概報』三八―二〇上。「左弁官口宣」で書き始める。
（13）渡辺晃宏「木簡から万葉の世紀を読む」（高岡市万葉歴史館叢書20『奈良時代の歌びと』高岡市万葉歴史館、二〇〇八）。なお、この論文では音声による伝達と木簡の関係についてもつっこんだ言及がある。

(14) 馬場基「荷札と荷物のかたるもの」(『木簡研究』二九、二〇〇八。本書第Ⅰ部第一章)。

(15) 馬場基「木簡の作法と一〇〇年の理由」(奈良文化財研究所学報第87冊『日韓文化財論叢Ⅱ』独立行政法人国立文化財機構奈良文化財研究所・大韓民国国立文化財研究所、二〇一一。本書第Ⅱ部第二章)。

(16) 上記理解について後掲「東亜的簡牘与社会―東亜簡牘学探討」にて述べた際、李成市氏より「宮人」という記載に注目すれば、内廷的な様相がよりいっそう明らかになるであろうというご教示を頂戴した。

(17) 馬場基「木簡の世界」(田辺征夫・佐藤信編『古代の都2　平城京の時代』吉川弘文館、二〇一〇。本書第Ⅱ部第一章)。

(18) 李成市氏より、漢代の楽浪郡・帯方郡の設置が、朝鮮半島に大きな影響を与え、生活レベルまで漢文化が流入して影響を与えたことについて、耳杯の利用を例にしたご教示を得た。中国文化との直接的な接触が日常的な道具の利用にまで変化をもたらした事実は、行政の運営なども含めた広範な影響の存在を示唆する。なお、李成市氏から具体的な史料をご教示いただいたにもかかわらず、筆者の愚鈍により失念し、怠惰によって探し出しておらず、呈示することができない。この点を、深くお詫びする。

〔付記〕本章は、「東亜的簡牘与社会―東亜簡牘学探討」(中国法政大学法律古籍研究所・奈良大学簡牘研究会・中国法律史学会古代法律文献専業委員会共催。二〇一一年八月二九~三〇日、中国北京花園飯店)および韓国木簡学会第六回国際学術大会(二〇一一年一一月五日、韓国国立中央博物館)での報告に基づく。北京研究会の席上で金秉駿先生から、新羅月城出土木簡について、王の命令を伝える木簡として粗末ではないかというご指摘を頂戴した。この点を踏まえ、本章では日本での女官の宣を示す削屑の様相や、宿紙利用などを書き添えた。

また、ソウルでの韓国木簡学会席上で、李炳鎬氏から日韓木簡の時期差などについてもう少ししっかり述べた方が良い等のご指摘を頂戴した。その指摘を踏まえることで、最後に「木簡の作法」を考えることが歴史像を造り上げる上で重要な視点と成り得る旨を書き込めたと思う。記して両先生に感謝する次第である。

参考木簡釈文

①・常陸国那賀郡人公子部牛主之□□〔以カ〕今月廿七日夜自大学寮辺被盗鹿毛□□　□歳八／□□後脚□□□□　宜告知諸生徒及官□□□〔諸カ〕

・人等若有見露者諸□□〔聆カ〕□□□□□［　　］□□□□□□□□□〔天平カ　八年六月廿八カ〕日

702・32・6　011　城15-16上

②告知　往還諸人走失黒鹿毛牡馬一匹在験片目白／額少白

件馬以今月六日申時山階寺南花薗池辺而走失也　九月八日

若有見捉者可告来山階寺中室自南端第三房之

993・73・9　051　城7-8

③　禁制田参段之事　字垂楊池□〔側カ〕

右田公子廣守丸進田也而□□酒□□

件田由被犯行者□□役主［　　］之契状□〔并カ〕

白干禁制如件

□永□二□二□［　　］

463・44・42　061　木研32-78頁-(1)

④・告知諸田刀□〔祢カ〕等　勘取□田二段九条三里一曽□□

・右件水田□　□□□子□□〔息カ〕□□□□□□□□

・　嘉祥三年三月十四日　大領薩麻公

・　擬小領

(400)・26・28　081　木研24-155頁-(1)

第五章　書写技術の伝播と日本文字文化の基層

はじめに

「文字文化」というと、文字の理解や文字を用いての言語の表現、あるいは芸術レベルでの「書」が想起されがちである。だが、こうした広汎な文字の運用を、基底部分で支えている重要な要素として、日常的な「文字を書く」ことそのものの技術の体系がある。

文字を書く技術は、一つの「体育」的な、運動技術である。文字の意味を理解していたり、自分の表現しようとする意味内容にあてるべき文字が選択できても、運動技術を身につけ、それに対応する運動能力を有していなければ、文字を書き記すことはできない。頭脳明晰な人物の悪字は、決して珍しいことではない。

また、この運動技術は、道具を用いる運動技術である。道具の変化に応じて体の使い方が変わる。また、時代の変化や地域の特性に応じて道具や体の使い方が変わるのは、今日のスポーツ競技を引き合いに出すまでもなく、想像にかたくない。一方、優れたトップアスリートは最新の技術をただちに導入し、新しい道具にもすぐに適応できるのに対して、普通の人々はえてして一度身につけた技術を、なかなか変化させることが難しいのも、経験的にもただちに了解できることであろう。

本章では、こうした文字を書く運動技術＝「筆写運動技術」のあり方を通して、日本の文字文化の基層を考えてみたい。

1　日本での文字の書き方

「手で持って書く」世界

管見の限り、文字を書く状況を描いた絵として最も古いものは、平安時代後期の作とされる『信貴山縁起絵巻』の一場面である(1)。三巻からなる『信貴山縁起絵巻』のうちの「山崎長者の巻」にある（図29）。

図29　『信貴山縁起絵巻』（部分）

長者の屋敷の縁で、法体の人物が子供の隣に座る。法体の人物が座った正面、足のすぐ下には文字が書かれた巻物らしきものが描かれる。左膝の前には硯がおかれ、人物から少し離れた左側に机が描かれる。机の上には、巻物や折本らしきものが置かれている。そして、机などの台は使わず、左手に紙を持って文字を書く。紙をただ持ったのでは紙はたわんで折れてしまうから、紙の左側を若干内側に巻き込み、さらに紙を若干内側に湾曲させて形状を保たせている。筆は、筆を持つ手の部分をカナメにして、筆が三本ほど重なったように描く。おそらくは、筆を持った手の部分を中心にして筆が素早く動いている様子を表現したものであろう。今日の漫画のような技法である。筆の持ち方は、「単鉤法」と呼ばれるもので(2)、今日我々がペンや鉛筆を持つ持ち方と同様である。

『信貴山縁起絵巻』に描かれた、「文字を書く様子」を整理すると、以下のようになる。

①筆の持ち方は単鉤法。
②筆の動かし方は、手先を駆使する。（腕を大きく動かしていない）
③紙を左手に持って書く。
④机は物置台として使われている。

上記のうち、①と②は今日の我々の書写運動技術とよく似ており、ほぼ同じといえるだろう。ところが、③手で持って書く、④机はものを置く台として利用、という部分が、今日の我々の筆写運動技術のあり方と大きく異なる。「手で持つ」「机は使わない。机は物置台」という部分が突出して奇異に感じられるのである。

ところが、前近代日本の絵画資料をあたっていくと、「手で持って書く」場面の方が圧倒的に多い。むしろ「机に置いて書く」方が例外的といえる。

たとえば、『絵巻物による日本常民絵引き』で文字を書く場面を探してみよう(3)（表21）。「手で持って」書く事例が圧倒的に多く、机に向かって、わざわざ手で紙を持ち、左手を机にあてがって書くものさえある。解説でも、手で持って書くことが日常的であったことを繰り返し指摘している。机など台上に紙を置いて文字を書くのは、丁寧な文字を書かなければならない写経のような特別な場合に限られていた様子である。また、机も物置台として用いられていることが多い。巻物が置いてある場面もあるが、そこに書き込むのではなく、巻物をみる台として利用していることが多い(4)。ただし、写経の場面など、机の上で文字を書いている場面も、少ないながら存在する。この点については後述する。

平安時代後期以降の日本では、紙を手に持って書くことが日常的だったのである。

表21　常民絵引から文字筆写場面

巻	頁	番号	絵巻名	筆の持ち方	書写媒体の場所	机の有無	その他
2	157	255	一遍上人聖絵	単鉤カ	手	なし	数名で手に持ったところに書く
2	157	255	一遍上人聖絵	単鉤カ	手	なし	数名で手に持ったところに書く
2	157	255	一遍上人聖絵	単鉤カ	手	なし	数名で手に持ったところに書く
3	67	371	西行物語絵巻	単鉤カ	板塀	なし	
3	67	371	西行物語絵巻	単鉤カ	板塀	なし	
3	93	397	当麻曼荼羅縁起	単鉤カ	机	あり	写経
3	188	457	石山寺縁起絵巻	単鉤カ	手	なし	経文を書く他注目される解説あり
3	188	457	石山寺縁起絵巻	単鉤カ	手	なし	経文を書く他注目される解説あり
3	188	457	石山寺縁起絵巻	単鉤カ	手	なし	経文を書く他注目される解説あり
4	14	501	親鸞聖人絵伝	単鉤又は双鉤	机	あり	絵に賛を書く
4	53	533	後三年合戦絵巻	単鉤カ	手	なし	
4	53	534	後三年合戦絵巻	単鉤カ	手	なし	
4	53	535	後三年合戦絵巻	単鉤カ	手	なし	
4	73	544	絵師草子	握る	畳	あり	子供が絵を描く
4	73	544	絵師草子	握る	畳	あり	子供が絵を描く
4	73	544	絵師草子	握る	畳	あり	子供が絵を描く
4	102	565	直幹申文	不明	手カ	あり	
4	102	565	直幹申文	不明	手カ	あり	
4	102	565	直幹申文	不明	手カ	あり	
4	102	565	直幹申文	不明	手カ	あり	
4	164	600	春日権現記絵	不明	手カ	なし	筆記セットあるも机無し
4	164	600	春日権現記絵	不明	手カ	なし	筆記セットあるも机無し
4	164	600	春日権現記絵	不明	手カ	なし	筆記セットあるも机無し
4	165	601	春日権現記絵	不明	手カ	なし	筆記セットあるも机無し
5	90	749	法然聖人絵伝	握る？	机	あり	写経
5	90	749	法然聖人絵伝	握る？	机	あり	写経
5	90	749	法然聖人絵伝	握る？	机	あり	写経
5	133	777	慕帰絵詞	不明	手カ	なし	筆記用具あるも机無し
5	167	798	慕帰絵詞	不明	畳	なし	絵を描く
5	170	801	慕帰絵詞	不明	机	あり	歌を詠む

筆の持ち方と筆

次に、筆の持ち方について若干確認しておきたい。

『信貴山縁起絵巻』に描かれた、筆の太さ・穂先の様子は今日我々が目にするそれとよく似ている。そして、筆の持ち方は、今日我々が小筆やペン・鉛筆などを持つ場合とほぼ同一の、いわゆる単鉤法である。また、『絵巻物による日本常民絵引き』や、そのほか絵巻類をみて、筆の持ち方を確認できるものでは、ほとんどが単鉤法であった。

絵巻物でみる限り、単鉤法が日本での筆の持ち方の主流の様子である。この見通しを補強してくれる記述を、貝原益軒がしている。『和俗童子訓』には「日本流は多く単鉤を用ゆ。」「日本流の筆の取りやうは、是にことなれり。単鉤にとりて、筆峰をさきへ出し、やはらかにして、上よりぬき取をよしとす」といった記述がみられる。貝原益軒は、双鉤法こそ筆にしっかり力がのって望ましい筆の持ち方であるのに、日本では単鉤法が主流で、また柔らかい書きぶりばかりだと批判している。

次に筆について少し確認しておこう。『信貴山縁起絵巻』に描かれた筆は、一見すると現代の小筆とよく似ている。穂が比較的長く、筆管も手に持ちやすい太さである。ただし、絵では確認できないが、今日の筆とは大きく異なる点がある。それは、穂に紙で巻いた芯がある、いわゆる「巻筆」であろう、ということである。中国では、宋代以降、芯のない筆が開発され、発展していったが、日本では江戸時代にいたるまで芯のある筆を用いていたとされる。(5) 芯があるため、比較的穂先を中心に使って文字を書く書き方になる。(6) この筆の特徴は、手先を中心に使って書いている『信貴山縁起絵巻』の書きぶりとよく合致しているといえるだろう。

絵画資料と、貝原益軒の記述、それに筆の様相をあわせると、前近代の日本では、巻筆を単鉤法で持ち、柔らかく、素早い書き方が日常的で主流だったということになる。手の動かし方は、腕を大きく動かすものではなく、指先や手首を中心に動かすものだった。

なお、現代日本では、さまざまな筆の持ち方が行われ、筆も変化している。これは、明治時代に入り、中国から導入した結果だとのことである。(7) 現代書道は、日本の伝統的な書、とくに日常的な文字の書き方とは、いささか距離がある様子である。

さて、以上、平安時代以降の日本の前近代の日常的な書写運動技術は、右手に筆（巻筆）を単鉤法で持ち、紙を左手に持ったまま、手先（手首および指の運動）で文字を書く、というものであった。それが「常識」であった様子は、中国・唐の宮廷を描いた『吉備大臣入唐絵巻』においてさえ、唐風の宮殿の中に集う唐の官人にこうした文字の書き方をさせていることからもうかがい知ることができるだろう。

むろん、文字を丁寧に書くような場面では机に紙を置いて書写していた。(8) 平安時代以降の前近代の日本人は、

Ａ　日常的な、紙を手に持って書く筆写運動技術

Ｂ　特別な、紙を台上に置いて書く筆写運動技術

の二つの筆写運動技術を身につけていたのである。そして、いずれの場合にも巻筆を単鉤法で持ち、文字を書いていた。

日本の筆写運動技法の遡及

では、こうした筆写運動技術は、いつ頃まで遡るのであろうか。

日本列島への文字の伝来は、その運用レベルを別とすれば、弥生時代まで遡る。(9) 古墳時代、倭の五王の時代になると、中国との外交文書の作成が行われる以外に、国内向けにも日本語を漢字で表記する行為が行われるようになって

いる。中国への外交文書はおそらくは紙に書かれたのであろう。国内で日本語を書き記した文字は金石文として遺品が発見されている。

その後、大きな画期となったのは仏教の受容である。経典など、膨大な文字がもたらされ、写経などによって日本列島内でも多くの文字の筆写が行われるようになった。経典書写であれば、おそらくは紙が用いられたと考えられる。

さらに、七世紀後半以降本格的に導入された律令制は、文字で記された成文法を、文字を利用して運用するものであり、文字の普及に大きな影響を与えた。これを反映するように、遺存する資料も、七世紀後半以降は木簡等の出土文字資料が爆発的に増大し、八世紀以降は正倉院文書や写経をはじめとする紙に書かれた文字が伝来する。

さて、八世紀代の写経類の遺品や、正倉院に残された戸籍・計帳をはじめとする公式帳簿類の文字をみる限り、これらが手に持って書かれた文字とは思えない。写経や律令公文（とくに帳簿）作成の場面では、台上に置いて書いていたと考えるのが妥当であろう。写経や帳簿は、正式な文書でもあり、特別な場面である。平安時代後期以降の「B特別な、紙を台上に置いて書く筆写運動技術」と場面も筆写運動技術も対応する。

また、これらの写経・帳簿での書きぶりは、「柔らかい」というより、とめ・はね・はらいをしっかりとした「堅く力の入った文字のようにみえる。ただし、単鉤法だと一切力の入った文字が書けない、というわけでもないと思われる。写経や律令公文作成時の筆の持ち方については、現時点では不明と考えておきたい。

じつは、こうした視点で捉えると、上記の流れのうち仏教伝来以前の文字書写の場面はいずれも外交文書や金石文作成など、「特別な」場面に限定される。当時の日本列島では、文字や文字書写運動技術は高度な文化に属しており、特別な場面でのみ用いられるものだった。文字が爆発的に普及し、「日常的」な書写の場面が展開するのは、七世紀後半以降の律令制導入以降である。

つまり、日本列島での日常的書写運動技術を考える場合、七世紀後半以降を考えればよいであろう。さらに、上記から考えると、日本に最初にもたらされた筆写運動技術は、Bタイプの技術であった可能性が高い。

では、七世紀後半以降平安時代後半までの間、日常的にはどのように書いていたのであろうか。残念ながら確実にその様相を明らかにする資料はみあたらないので、やや煩瑣になるが想定を重ねて考えてみたい。

可能性としては、

イ　七世紀後半以降、A・Bの書写運動技術がどちらも併存して存在していた

ロ　「台上に置いて書く」書写運動技術だけが存在し、日常的にも用いられていた。その後に、紙を手に持って書くという技術が発生し、日常的に用いられるようになった

という二つが想定される。まずは、紙を手に持って書くことと、台上に置いて書くことの、どちらが難易度が高いのか、という点を考えてみたい。

筆写運動技術としては、両手に神経を使う必要がある「手で持って書く」ことより、「机に置いて書く」方が容易なのではないだろうか。しかも、書写媒体が紙のように柔軟であれば、柔軟な書写媒体を一定程度以上安定した形状に保つために、左手（筆を持たない方の手）にはさらに特殊な運動・技術が要求され、難易度はよりいっそう高まるだろう。筆を持つ側の運動でも、筆圧のかけ方、筆の動かし方など、すべてにおいて「手で持って書く」場合と「机に置いて書く」場合では大きく異なる。

したがって、ロのように想定すると、比較的容易な運動技術がありながら、より困難な運動技術を独自に編み出し、それを日常的な技術として採用し、普及したということになる。むろん、台がない状況で文字を書く必要が生じれば、紙を手で持って書かざるをえない。だが、平安時代以降の日本では、机があっても文字を書く台としては利用せず、

物置台として使っているのである。あえて、より難易度の高い技術を、より日常利用の技術として、開発・取得させ、机があっても使わないほどにまで普及・浸透させる、というのは不自然に思われる。端的にいうと、「初めて紙と筆を渡された場合、あえて手で持って書こうとするだろうか」という疑問をもつのである。

そしてこうした観点から、木簡の文字をみると、総じてとめ・はね・はらいは弱く、筆の速度が速いようにみうけられる。とりわけ、「国」字などに典型的にみられるが、角づけが甘い文字が多い。これは「国衙様書体」と称される文字で書かれた木簡にも共通する。「木」という書写媒体が「にじみやすい」ということが影響している可能性も考慮する必要がある。だが、律令公文と同じ紙の裏に書かれた正倉院文書・写経所文書の文字は、やはりこうした文字の書きぶりの特徴が共通するように感じられる。書風の問題や、個々の資料ごとの状況の問題も考慮に入れる必要はあるが、天平写経に代表される文字の書きぶりが、必ずしも奈良時代の文字全般すべてに共通する標準的な書きぶりでないことは確かであろう。

以上より、

イ　七世紀後半以降、Ａ・Ｂの書写運動技術が併存して存在していたと想定できるのではないだろうか。平安時代後期以降に限定していた日本の文字の書き方のありようを、七世紀後半頃まで遡らせることは可能だと考えるのである。そして、おそらく日本木簡の文字の多くは、手に持って書かれたのであろうと推測する。木簡はいわゆる律令公文類よりも日常的な世界に属する上に、木は紙よりも手に持った際の安定性が高いのである。

だが、以上のように考えると、このＡの筆写運動技術は、日本列島でどのように発生したのであろうか。Ｂの書写運動技術をベースとして日本列島内で独自に生み出された可能性を想定しない場合、外部からもたらされたと考えざるをえない。律令制の導入と軌を一にして発生している点も示唆的である。そこで、東アジアでの筆写運動技術を概観しておきたいと思う。

2　東アジアでの筆写運動技術

中国での文字の書き方

東アジアで、もっとも古くから文字を書いていたのが中国であることは言をまたない。甲骨に文字を「刻み」[10]、青銅器に文字を「鋳る」。こうした段階を経て、本格的に文字を「書く」ことが全面的に展開したのは、秦漢帝国以降であろう[11]。

漢代の絵画資料をみると、そこでは簡牘を手に持ち、逆の手に筆を持つ人の姿が描かれる（図30・31）。漢代の絵画資料にみえる机は、高さが低く、文字を書くための台というより、硯等を置くための台のようにみうけられる[12]。

絵画資料によると、漢代の筆の持ち方は、親指と残りの指で持つ、「擫管法」であることが特徴的である。戦国時代の筆とされる「長沙筆」と称される筆の軸は、四ミリとごく細く[13]、その他の筆でも古いものはいずれも軸が細い。こうした細い軸の持ち方としては、単鉤法では持ちにくく、擫管法が適していると思われる。擫管法は、今日の我々、あるいは手首と指先を多用する日本の筆遣いからすると、一見、筆を自由に動かしにくい非合理的な持ち方であるが、こうした軸の極端に細い筆記用具とはよく適合しているといえよう。肩から腕にかけて全体を動かして文字を書き記す、「懸腕法」と称される筆写運動技術を用いていたのであろうか[14]。

甲骨に文字を刻む際には、甲骨を手に持って、釘状の道具を握りしめて（握管法）、甲骨の方向などを調整しつつ行ったとされる。古い筆の形状や、漢代絵画にみられる筆の持ち方は、こうした甲骨以来の伝統を色濃く残し、筆記に必要とされる力の入れ具合に応じて変化しているといえるであろう。簡牘を手に持って文字を書くことも、こうした流れで理解すると、ごく自然に身についた筆写運動技法だったと考えられる。

さて、こうした状況は、二つの点を明らかにし、一つの問題を示唆する。

一つは、漢代の簡牘筆写運動技術は、右手だけの技術ではなく、両手を駆使しての技術だった、という点である。そうすると、漢代簡牘で発達した書法を考える際、左手の運動を無視するわけにはいかないだろう。右手を安定させて左手を抜く運動なども、想定してよいのではないだろうか。

二つめは、道具や筆の展開である。甲骨以来の伝統を、形を変えつつも漢代の筆写運動技術や道具類は継承していた。筆を握りしめる持ち方は、今日でも幼児がまずペンを持った際にする持ち方であるが、より巧みに筆記具を扱お

図30　主簿図（河北省望都県1号漢墓出土）

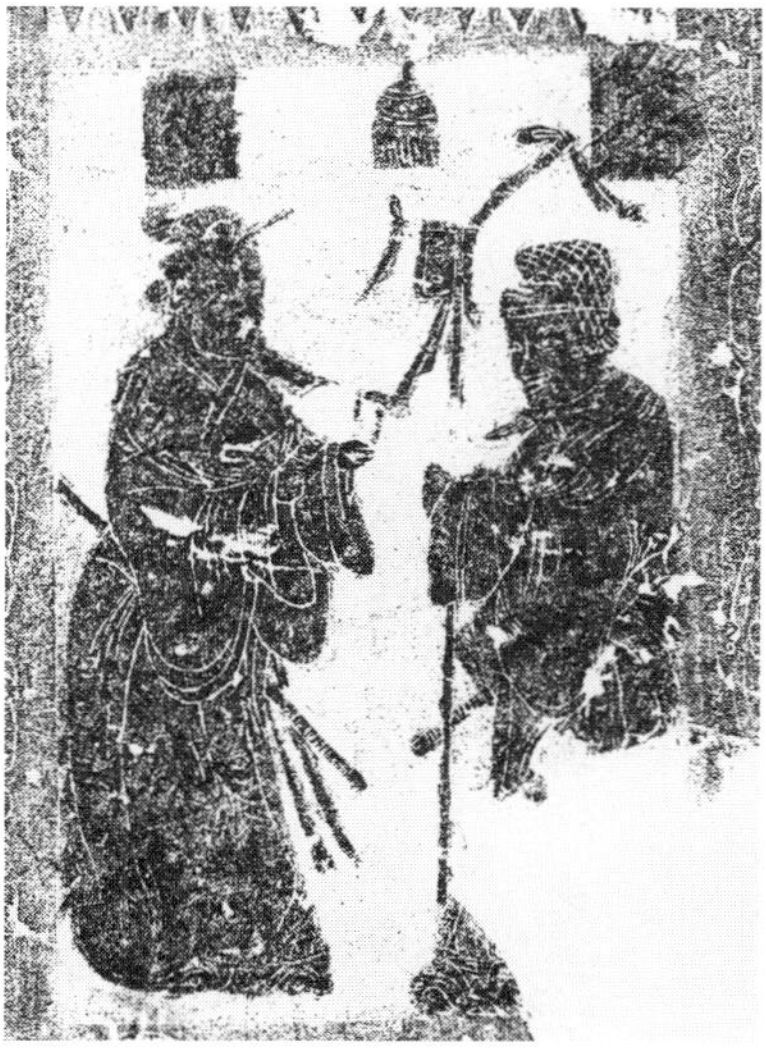

図31　沂南漢墓画像石（中室北壁中段画像）

うとする際に、持ち方に変化がみられる。一方、太さ四ミリの軸では、単鉤法などの持ち方では持ちにくい。出土した筆管は、時代が降るにつれより太いものもみうけられる様子である。(15) とすると、日常的に穂先のある筆で文字を書くという道具の変化が、持ち方など筆写運動技術の変化をもたらし、さらにその技術の変化が再び道具の変化をもたらした、という相互に影響しあっての変化や発展の姿が考えられよう。

そして、示唆される重要な点は、この「手で持って書く」書き方は、すべて簡牘＝木簡に書く場面のものとして残っている、ということである。帛書の場合ではない。

絹の布が手に持って書くのに、必ずしも適さないことはすぐに想像できよう。(16) また、典籍や帳簿に用いるため、編綴を前提に作成されたごく幅の狭い簡も、手に持って書くには必ずしも適していないかもしれない。だが、幅が広い両行等であれば、手で持って書くことには非常に適している。形状は安定しており、幅も持ちやすい。手に持って書く、という方法・運動・技術は、秦漢帝国が駆使した、簡牘に文字を書く場面にもっとも適していた、ということができるだろう。手で持って書く技術は、簡牘を用いた文書行政システムとともに、漢帝国において確立されたもの、と考えられるのである。

また、簡牘、とくに単独簡が、日常的な事務処理や文書行政で多用されるものであったことも重要であろう。日常的な文字筆写運動技術として、書写媒体を手に持って書く技術が用いられ普及したのである。一方、もし帛書や編綴簡を台上で書き記したとするならば、特別な場合には台上で文字を書き記したということができる。もしこの見通しが正しければ、日本の文字筆写運動のA・Bタイプの併存は、漢帝国で成立した文字筆写運動と同じ、ということになる。

ではその後、この技術はどのように変化したのか。管見の限りではあるが、絵画資料類は必ずしも豊富ではなく、具体的な様相はつかめていない。しかし、晋代における紙の普及、紙の普及に伴う書風の変化から考えると、筆の持ち方、書写媒体の取り扱いともに大きく変化した、と想像される。たとえば王羲之の書は、書写媒体を手に持って書いたとは思えない文字が多いように感じられる。(17)

だが、注意が必要なのは、いわゆる書風の変化で論じられるこれらの文字は、主として高度な文化に属する文字であり、特別な文字群である。日常的に、社会全体に普及した文字や筆写運動技術と同列に論じることができるかどうか、検討の余地が残る。

こうした制約をふまえつつも、注目したいのが『女史箴図巻』に描かれた、文字を書く様子である（図32）。ここでは、巻紙を左手に持ち、単鉤法で筆を持って文字を書く女性が描かれている。晋代には、紙を手に持って文字を書く技術が、確かに存在していたのである。

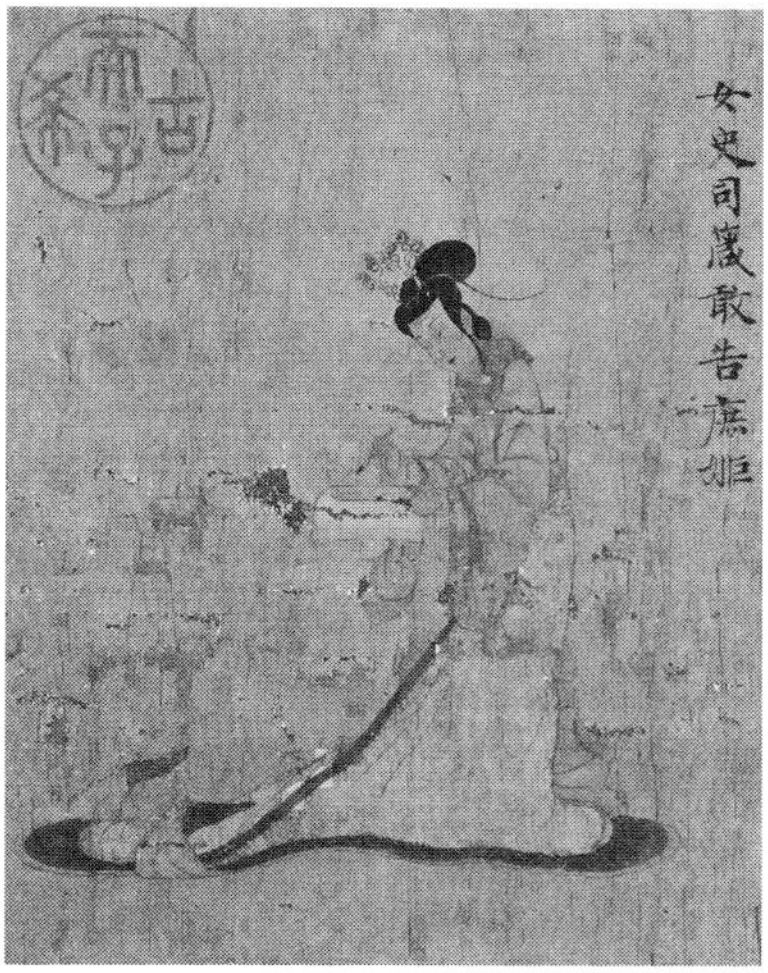

図32 『女史箴図巻』（部分）

このことを、書写媒体の変化とあわせて理解してみたい。紙は、まず帛の代用として普及し、後に簡牘も置き換えられていったと考えられている。(18)晋代には、帛の置き換えはほぼ完了し、簡牘利用も衰退していったと考えられている。ただし、紙が手に入りにくいような場面、たとえば地方社会などではまだまだ簡牘も利用されていた可能性も存在するという。(19)紙が日常的な筆写の場面にも浸透していった段階である。こうした中で、書写媒体が変化しても、書写運動技術がただちにそれに対応して変化せず、旧来の運動技術の援用で文字を書いた様子を描いたのが、この『女史箴図巻』だと捉えることができるだろう。

もう一つ注目されるのが、筆の持ち方である。漢代絵画で主流であった擫管法ではなく、単鉤法で筆を持つ。この変化は、筆管の太さの変化などをふまえると、後漢代には始まっていたと考えられると思う。後漢の絵画資料で擫管法ばかり描かれるのは、その持ち方が伝統的・正統的で、単鉤法はまだカジュアルであったため、墓室に描かれるにはふさわしくなかったためと想定しておきたい。

筆写媒体、とくに紙を手に持ち、単鉤法で筆を持って書くという、日本のAタイプの筆写運動技術とほぼまったく同じ筆写運動技術が、晋代中国に存在していたのである。それは、後漢代の簡牘文化をベースとし、晋代における紙の普及に対応して変化した運動技術であった。

さて、隋・唐代にいたると、家具のしつらえにも大きな変化が生じ、いすに座って机に向かって文字を書くようになり、さらに筆の持ち方も唐代の半ば以降には単鉤法から双鉤法へと変化するとされる。宋代に降るとすべて机に書写媒体を置いて文字を書くものである。

以上より、書写媒体を手に持って書く技術は、漢代に簡牘利用の体系化とともに完成し、紙の普及により徐々に衰退した。筆の持ち方は、漢代までは握るように持つ擫管法が広く存在したが、徐々に単鉤法へと移行し、さらに宋代には完全に双鉤法が主流を占めるにいたった。書写媒体の変化・書風の変化・筆の持ち方の変化が、相互に関連しあって、タイムラグを生じながらも関連しながら発展して展開していったのである。

朝鮮半島の様相

古代朝鮮半島の書写運動技術を伝える資料は非常に少なく、その詳細な様相は不明といわざるをえない。管見の限りでは、高句麗古墳の壁画三点のみであった。だが、そのわずかに残る三点の資料からうかがえる様相は、非常に示唆的である。

三点の古墳壁画は、四世紀中葉のものとされる中国吉林省集安市所在の舞踏塚壁画と四〇八年のものとされる朝鮮民主主義人民共和国平安南道南浦市所在の徳興里古墳壁画と六世紀後半のものとされる中国吉林省集安市所在の通溝四神塚壁画である（後の二例は図33・34参照）。舞踏塚壁画では「講道仙人」と呼ばれる画面に、台の上に座って左手には筆を、右手には簡牘のような筆記具を持ち、何かを書写する場面が描かれている。徳興里古墳壁画では、右手に筆を握るように持ち、左手に一定の堅さを有する書写媒体を持って何かを書こうとする人物が描かれている。通溝四

図33　徳興里古墳壁画

図34　通溝四神塚壁画

神塚壁画でも、同様に右手で握るように筆を持ち、左手に一定の堅さを有する書写媒体を持っているほか、横には机のような台上のものが描かれている。筆の持ち方や、堅い書写媒体を左手に持って書くという様相は共通しており、さらに、通溝四神塚壁画の事例からすると机がありながら筆写のための台としては用いておらず、先にみた中国の筆写運動技術の流れに当てはめると、漢代のものとよく対応する。

つまり、高句麗では、中国の基準でいえば、いわば時代遅れの筆写運動技術を採用していたということになる。六世紀代の古墳にも描かれていることからすると、高句麗では隋代にいたるまで、漢代の書写スタイルを保持していたのである。朝鮮半島に最初に体系的にもたらされた書写体系の影響力、つまりは楽浪・帯方両郡の設置、およびその支配の影響の大きさを示すものと捉えられるのではなかろうか。

さて、百済・新羅の様相を語る資料は、みあたらない様子である(20)。ただし、高句麗の筆写運動技術が、漢代の技術をほぼそのまま継承していることから推定すると、この両国の筆写運動技術も漢代の技術を基本にしていた可能性は高い。ただし、この両国に対しては、楽浪・帯方郡の影響の強さが、おそらくは高句麗ほどには強く決定的ではなかったと思われ、また百済の場合、南朝との濃密な交流が知られ、仏教をはじめとしてその文化を積極的に取り入れていたことが指摘される。したがって、百済では漢代以降に中国で展開した筆写運動技術を導入していた可能性も十分に考えられるであろう。

日本の文字を書く様子の意義

以上、古代東アジアの筆写運動技術を概観した。こうしてみると、古代日本の筆写の状況は、日本古代国家がモデルとした隋・唐代のそれとは、必ずしも完全には一致しない。もう少し古い、南北朝期ごろの筆写文化との親和性が高いと考えられる。しかも、九世紀以降も、唐文化の移入、さらに降って禅宗文化などの移入を経ても、社会全体では古い方法が根強く継承されていたことは、文字を書くという行為が習慣的技術に属し、一度身につけた方法からなかなか抜け出せないことをよく示しているように思われる。

この日本の筆写運用技術はどこから伝えられたのか。隋・唐代の筆写運動技術とのずれを考えると、中国大陸から直接伝えられたものとは考えがたい。そこで注目されるのが、朝鮮半島、とくに百済である。

筆者は以前、朝鮮半島と日本列島で、現在までに確認されている出土木簡の最古の時期や、その利用が広がる時期が大きくずれる理由を、「木簡の作法」という語をキーワードとして考察した(21)。木簡の利用とは、たんに木札に字を書く、というレベルの行為ではない。木簡が有効な道具として運用されるためには、作成者・受信者をはじめとして、社会全体で木簡をどのように作成してどのように利用するのか、どのように捨てるのか、何を書けばよいのか、どういった場面で木簡を使い、どういった場面は紙で、どういった場面では口頭での伝達のみなのか、といった巨大で体系的な共通認識が前提として必要なのである。これを「木簡の作法」と称した。さらに、木簡が、社会を動かす重要な道具として機能するためには、「木簡の作法」が限定的なひと握りの人々のみに占有されている状況ではなく、社会の隅々にまで共有された上で、日常的な実務レベルでの運用のノウハウをもつことが必要となる。「木簡の作法」の受容、あるいは社会全体での受容を可能にする社会的基盤の整備が、日本列島では朝鮮半島よりも大きく遅れたため、木簡の本格的運用も遅れる、というのが筆者の見通しである。そして、日本に「木簡の作法」の本格的な、社会全体での受容の展開は、実務レベルでの木簡運用の経験とノウハウをもつ百済遺民が、大量に日本列島に渡来したことで可能になった、と考えている。

この「木簡の作法」に、日常的筆写運動技術も含まれていたのではないか。

上述のように、百済の筆写運動技術の詳細は不明であるが、南朝の文字文化の影響を受け、筆写運動技術を取り入れている可能性は高い。一方、日本への文字文化の導入という観点でみると、七世紀後半以前から百済の影響が強い。七世紀後半以前に導入された文字文化は、日常的で広汎な利用のためのものではなく、それに伴う筆写運動技術も相応のものであったろうが、日本列島の文字文化が百済のそれと近似する見通しを得ることができる。ただし、この段階では、日常的な文字の運用を前提とする筆写運動技術は日本列島ではまだ必要とされていなかった。百済滅亡、百済遺民の渡来によって、百済文字文化の「日常的」な部分がもたらされたと考えると、東アジア全体の筆写運動技術の流れの中に非常にスムーズに位置づけられるように思われるのである（表22）。

この際、少し想像をふくらませると、中国大陸では手に持って書く筆写媒体として紙の存在が大きくなっていた様子だが、百済では紙の希少性や、中国の辺境では木簡の運用が残存していたことなどから、木簡を中心に運用する体系を発達させ、筆写運動技術としても紙のみならず木に書く技術を温存・展開していたのではないだろうか。八世紀の日本での木簡利用の興隆は、こうした展開の中で理解できると思う。

なお、百済の文字文化が、日本の文字文化に大きな影響を与えた、という指摘は縷々積み重ねられている。(22) ところが、残念なことに、新羅や高句麗のそれと混同して論じられる傾向にあるように感じられる。筆者のみるところ、朝鮮半島でも新羅・高句麗・百済では、文字文化のあり方に大きな違いがある。

その日本への影響という観点でも、三国を同一視することはできないと思われる。日本古代は金石文に乏しく、とくに石碑は少ない。著名なものとして、「上野三碑」や那須国造碑がある。これらは「渡来人」との関わりで説明されている。しかし、おなじ渡来人が多い地域でも、百済寺のある百済郡に石碑はない。一方、関東地方の渡来人は、高麗郡や新羅（新座）郡が示すように、高句麗・新羅系が多い。つまり、関東の石碑文化は、漠然とした「渡来人」

表22　日常的筆写運動技術概念図

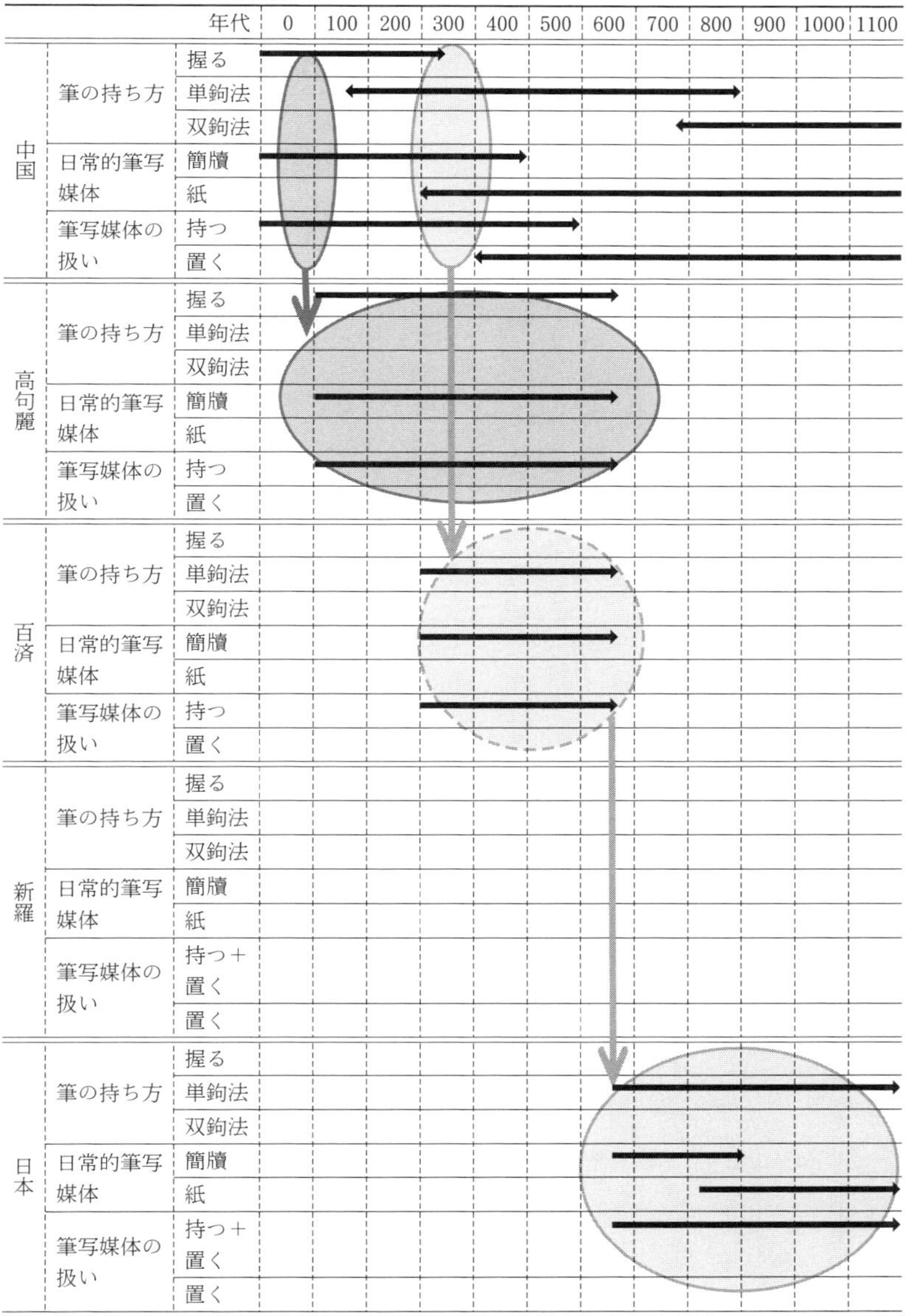

ではなく、高句麗・新羅の石碑文化が伝来していると考えるべきであろう。

朝鮮半島の石碑分布などをみると、高句麗・新羅は多くの石碑を建てるのに対し、百済はごく少ない。これはおそらくは中国南朝の影響によるのであろう。百済郡に石碑がなく、日本全国に石碑が乏しいのは、日本の文字文化がこの百済の流れにあるからで、一方関東に特異的に石碑が多いのは、日本全体を覆う百済系とは別の、高句麗・新羅系の文字文化が流入していたからと考えると、非常に理解しやすいと思う(23)。

おわりに

以上、雑駁ながら、日本の文字筆写文化の基底部分をみることができたと思う。

最後に二点、指摘しておきたい。

一つは、文字書写文化の重層性と多様性である。経典の書写は、仏教伝来と同時に伝わっていたであろう。しかしそれは、あくまで寺院やその周辺の特殊技術であった。律令公文の帳簿類の作成も、広い普遍性をもちえなかった。一方で、木簡の運用に代表される日常的な文字書写の世界・技術は、広く長く影響を及ぼしたのである。「ハレ」の特別な文字だけが移入されても、大きな文化的影響力にはなりえなかった。日常的な文字運用システムの導入こそが、大きな意味をもったと考えられる。

二つは、この基層が日本の文字文化にもたらした影響である。

手で持って書く技術が生み出した文字こそ、「ひらがな」だったのではないだろうか。『絵巻による日本常民絵引』532・533「よろいびつ・旗指物・手紙」の解説では、「写経者のような物をのぞいては机に向かって字を書いている姿はほとんど見られない。こうしたことが草書体の文字を発達させるのだと思う。机に向かっていると字はおのずからていねいになる。」と指摘する。手で、あり合わせの書写媒体に、素早く音声言語をとどめる技術として、とめ・はね・はらいが簡略で、筆圧の変化に乏しいひらがなが発達した、そう考えることは、あながち的外れではないと思うのだが、いかがであろうか。

一方、「机に置いて書く」技術体系は、必ずしも十分な市民権を得られなかった。この筆写運動技術がもっとも多く用いられたのは、経典を扱う寺院であろう。そして、この世界を中心に展開した文字が、カタカナなのではないだろうか。ひらがな・カタカナが、崩しと省画というそれぞれの方法から発達した仮名文字であり、そもそもはまったく別個のものではなかったにせよ、書写運動技術が二通りあったことが、二種類の仮名文字が併存するというあり方に大きな影響を与えたのではないかと推測する。

そして、前近代は「ひらがな」の時代であった。机の上で、硬い筆記用具＝ペンで文字を書くようになった近代が、カタカナ復権の時代であったことも、またよく理解できることのように思われるのである。

註

（1）『信貴山縁起絵巻』は、一二世紀の作とされ、写実的な描写に優れているとされる。

（2）書道関連の技術用語等については飯島春敬編『書道辞典』（東京堂出版、一九七五）・井垣清明他編『書の総合事典』（柏書房、二〇一〇）による。

（3）渋沢敬三編『絵巻物による日本常民生活絵引』1〜5（角川書店、一九六五〜六八）。今回は索引を利用しつつ文字を書いている場面を探した。ただし、たとえば『信貴山縁起絵巻』の筆写場面は収録してないように、あくまでも編者の関心の対象に限定されており、必ずしも網羅的とはいえず、また担当者ごとの差も大きい様子である。ただし、大まかな傾向は確認できると考える。さらに、解説文にも注目される指摘が多く含まれている。

（4）新川登亀男氏は、日本古代の公文机の主たる利用方法が、文書を乗せる台であり、それを運ぶものである、という指摘をしている点は興味深い（新川登亀男「公文机と告朔解」『日本古代の儀礼と表現』吉川弘文館、一九九九。初出一九八五）。
（5）田淵実夫『筆』（ものと人間の文化史30、法政大学出版局、一九七八）。
（6）書家・杭迫柏樹先生の口頭でのご教示による。
（7）書家・杭迫柏樹先生の口頭でのご教示による。
（8）先ほどの表21も参照。写経の場合、机に置いて書く事例が多い様子である。
（9）以下、日本列島の文字文化普及の見通しについては、馬場基「漢字文化からみる弥生人の知識レベル」（『歴史読本』二〇一三年一二月号）でまとめたものによる。
（10）甲骨にも文字を書いてから刻み込んでいたとのことである。
（11）末端の行政レベルでまで文字を使う支配は、文字の必然的利用範囲を爆発的に増大させると考えられる。秦漢帝国で簡牘利用が高度に発達し、字体の統一も含めた整備が行われ、その全国支配を支えたという点から、この時代が全面的な文字書写の普及の画期と考えたい。阿辻哲次『漢字の社会史』（吉川弘文館、二〇一三）など。
（12）絵画資料類をみると、漢代の机は総じて低い。正座した場合、机の下に膝が入らないほどのものが多いようにみえる。作業台として適しているとはいいがたいように思われるほどである。
（13）筆の大きさは註2書による。なお、このように筆管が細いのは、文字を刻む釘状の道具の先端に毛を付けたという筆発生の状況の名残ではないだろうか。
（14）呉恵霖原撰・高畑常信監訳『木簡手帖』（木耳社、一九八二）。なお、おそらくは、棒状の道具で文字を刻み込んだ動作の名残であろうと推測する。道具が毛を伴う筆に変化しても、運動方法はただちには変化しなかったのではないだろうか。
（15）註13と同じ。
（16）研究会席上での籾山明氏の口頭でのご教示によると、馬怡氏は帛書も手で持って書くことを想定しておられるとのことである。帛書には、文字だけでなく図なども描かれるので、台上もしくは床面での筆写を想定した。
（17）王羲之も木に文字を書いたらしいことは、「入墨」の故事からも想像される。ただし、木に三寸も墨がしみこむほど、筆が強かったとのことであり、日常的な文字書写運動技術とは大きく異なる技術だった。三寸も墨がしみこんだとしたら、大抵の簡牘は裏まで墨が浸透してしまう。

（18）籾山明「簡牘・縑帛・紙―中国古代における書写材料の変遷―」（籾山明・佐藤信編『文献と遺物の境界―中国出土簡牘史料の生態的研究―』六一書房、二〇一一）。

（19）研究会席上における、藤田高夫氏・鷹取祐司氏らのご教示による。

（20）研究会席上における、李成市先生のご教示による。

（21）拙稿「木簡の作法と一〇〇年の理由」（『日韓文化財論叢Ⅱ』独立行政法人国立文化財機構奈良文化財研究所・大韓民国国立文化財研究所、二〇一一。本書第Ⅱ部第二章）、「木簡研究現場에서의 2가지 試図」（『木簡과文字』八、二〇一一）、「「木簡の作法」論から東アジア木簡学に迫る為に」（『東アジアの簡牘と社会―東アジア簡牘学の検討―シンポジウム報告集』中国政法大学法律古籍整理研究所・奈良大学簡牘研究会・中国法律史学会古代法律文献専業委員会、二〇一二。本書第Ⅱ部第四章）、「資料学と史料学の境界」（『木簡研究』三四、二〇一二。本書第Ⅱ部補論1）。

（22）たとえば、平川南編『古代日本　文字の来た道』（大修館書店、二〇〇五）、三上喜孝『日本古代の文字と地方社会』（吉川弘文館、二〇一三）など。

（23）李成市氏は、中国大陸から朝鮮半島を経て日本列島への文化移動について、朝鮮半島は単なる経由地ではなく、そこで独自の展開を経ており、その展開があるからこそ日本列島での受容がスムーズであった、と繰り返し指摘される。今回の見通しからすると、朝鮮半島での受容・展開も単一的・画一的なものではなく、高句麗・百済・新羅で異なっており、それぞれが日本列島に影響を与えていた、というように補強できるのではないかと考える。その意義は、今後考察していきたい。

（補註1）本章脱稿後、馬怡「中国古代書写方式探源」（『文史』二〇一三年第三輯）に触れた。先行研究の博捜、資料の引用とも本章の比ではなく、圧倒的なもので、恥じ入るばかりである。馬先生のご研究をご教示くださった、籾山明先生をはじめとする国際シンポジウム参加者の方々、さらに馬論文をご教示くださった侯旭東先生・鄔文玲先生に心より御礼申し上げる。また、脱稿後のことであり、直接反映させていない。この点、お詫び申し上げる。

だが、古代中国の筆写運動技術の変遷に関する全体的な見通しは、本章とほぼ同じ様子である。大変心強く感じている。ただ、『女史箴図巻』での筆の動かし方について、氏は「懸腕書写」と表現されている。これはただ腕を上げて書写するという意味で、本章における「懸腕法」と同じである。日本語でいう「懸腕法」は手首を固定し腕ごと動かす運動を指す。
なお、蛇足であるが、馬論文で漢字を上から下、右行から左行へと書き進めることについて、左手で持って書くことと関連させながら触れられている。イギリス・ヴィンドランダ出土のローマ木簡は、左から右、上行から下行へと書き進めている。この場合は、木簡は台に置いて書いたのであろうか。東西の文字文化・筆写運動技術の比較という点で、大変興味深く感じた。

（補註2）本章の中国語翻訳を引き受けていただいた方国花氏より、三五七年に作られた高句麗古墳壁画（安岳三号墳壁画）にも書写場面が描かれているとのご教示を得た。墓主を中央にして向かって左側に、左手に札状のものを持ち、右手に筆を持つ人物が描かれている。『女史箴図巻』の女性と同じように単鉤法で持つ人物が描かれている。この人物の左上には朱筆で「記室」の職名が書かれている。墓主の向かって右側に描かれている人物は両手で罫線が書かれている方形の書写媒体を持っている。それは紙のようにみえるが、編綴簡である可能性も否めない。大変興味深い資料であるが、脱稿後のことでもあり補註にて言及するにとどめる。氏のご教示に感謝する。ただ、高句麗の資料は不明なところが多く、今後さらなる検討が必要である。

（付記）本章は、奈良文化財研究所平城宮跡資料館で邢義田先生をご案内中に、先生から頂戴した質問から着想を得ている。また、本章執筆にあたり、京都大学大学院人間・環境学研究科の陳馳氏から有意義な助言を得た。なお、同研究科講義において、参加者からも有意義な意見を得た。記して感謝の念を表する。

第六章　日本古代木簡を中心にみた文字・文字筆記・身体技法

はじめに

木簡をみる際に、文字を「読む」という観点で接することが多い。しかし、そもそも誰かが文字を「書いた」からこそ、その木簡は存在している。この文字を書くという行為に着目して、木簡を考えたとき、新しい視点や事実がみつけだせる可能性があるのではないか。

こうした観点から、文字に関するいくつかの問題を検討し、日本の文字文化について若干の考察をめぐらせてみたいと思う。

1　木簡への文字筆記

「木簡の作法」論と文字筆記

筆者は、木簡の分析・研究の方向性として「木簡の作法」というものを提唱している。この考え方の根本は、木簡をある社会で利用された「道具」として捉えることにある。従来、木簡の検討の方向性として「木簡のライフサイクル」を考える必要性が説かれてきた。非常に重要な指摘ではあるが、問題点も存在する。木簡は自ら生まれて成長するような生命体ではなく、自発的な意思ももたず主体的な活動も行わない。こうした物体である木簡について、「ライフサイクル」という表現を当てはめることは必ずしも適切ではない。たんに、言葉としておかしいというだけではなく、あたかも木簡が自ら変化していったかのような誤った印象を与えてしまう恐れがある。(1)

木簡のさまざまな変化は、人間の手が加えられることによって生じる。木簡は、あくまでも人間が何らかの意図・目的のもとに作成し、利用し、廃棄したものである。つまり、木簡は文字という伝達手段を内包した道具なのである。文字資料を道具と捉えることは、たとえばスマートフォンをはじめとする、文字による意思伝達を支えるものが「道具」に違いないことを考えれば、ごく自然であろうと思う。

さて、木簡が道具であれば、道具には使い方も存在する。道具の作成方法や取り扱いにも、不文律や慣習も含め、膨大な「決まりごと」が存在していたであろうことは想像にかたくない。そもそも、ある場面で道具を使うか使わないかの判断から、この「決まりごと」は始まる。これら「決まりごと」の総体を「木簡の作法」と称している。(2)

一点の木簡が存在する背後には、木簡を作成・利用する必然性からスタートして、材や形状の選択、言葉の選択、文字の選択といった多くの選択が重ねられ、利用の場面でも、見せ方、渡し方、括り付け方、言葉の添え方などさまざまな選択があり、その後も追記の仕方、保管や再利用等のやはり選択が積み重ねられて、最後に「廃棄」という選択がなされて遺跡に埋まったという、「木簡の作法」の世界が存在する。こうした「木簡の作法」を想定し、その利用された社会的諸条件、コンテクストの中で資料体としての位置づけを理解しなければ、木簡のもつ歴史情報を十分かつ正しく引きだすことはできないと考える。

さて、こうした理解の中では、文字は木簡が道具としての機能を果たすためのもっとも重要な要素である。「木簡の作法」に則って道具を目的の状態に整えるためには、目的とする文字を目的とする形状で——図像として——木片状の目的とする場所に定着させせなければならない。この作業が、木簡に文字を書く行為であり、文字を書く行為は、こうした観点から製作過程、文字を書く技術は製作技法ということができるであろう。(3)

一方、文字の書記も「身体技法」の一つである。これは「書道」のような高度で芸術的な場面に限らない。日常的な、ありふれた文字の書記もまた、身体技法によって支えられている。さらにこの身体技法は、利用する道具と密接な関係にある。どのような筆記用具で書くことが得意か、どのような紙が書きやすいか、という経験は、多くの人がもっているであろう。スマートフォンの事例をもちだすと、スマートフォンでのフリック入力に熟達した若者が、一方でキーボードでの入力を苦手とする事例があるように、文字入力でさえも「身体技法」としての側面をもち、またそこで使う道具との密接な関連性が存在するのである。

文字筆記という「製作技法」は、身体技法と利用する道具から成り立っている。そして文字筆記という製作技法が、「木簡の作法」を実現させる手段として、木簡の作法を支えている。(補註)このように考えてくると、木簡から歴史情報を引きだす上で、文字をめぐる身体技法や道具について考えておくこと——どの程度具体的に復原できるかは別として——は、大切で意義のあることだと思われてくるのである。

日本古代の文字筆記技法と文字文化

筆者は前章で、こうした文字をめぐる身体技法や道具との関連性という視点から、日本列島の文字文化について論じた。(4)中国では漢代に手上筆記（主として文書・書状等。牘等）と机上筆記（主として典籍等。帛書等）の二つの技術が存在し、その後書写媒体や筆の変化を経ながら唐代には机上筆記が主流となっていったことを指摘し、日本の文字の筆記身体技法は中国晋代のものと近く、机上筆記と手上筆記が併存しており、両者の筆記場面による使い分けは漢代のものと共通すると考えられることを論じた。中国では失われた古い身体技法や道具（巻筆）が、日本列島では近世にいたるまで温存されていたのである。

日本に二つの筆記身体技法がもたらされた理由は、日本の文字の筆記技術が、漢代には直轄郡が設置されて漢文化の影響が強く、その後も中国南朝と深いつながりのあった百済から導入されたこと、とくに文字が爆発的に必要になった「文字の時代」は「木簡の作法」の体系を身につけた百済遺民（百済滅亡によって日本に渡来した人々）によってもたらされたことによる。(5)

さて、前章では、身体技法については、主として中国・漢代の古墳壁画、中国晋代の絵画、日本中世の絵画などから検討し、道具については出土した中国古代の筆（長沙筆・居延筆等）をはじめ筆に関する研究を参照し、書写媒体については料紙に関する書家のコメントを参考にした。

一方、実際に書かれた文字、墨跡の評価は十分には行えなかった。正倉院文書の公文類に典型的にみられる楷書にくらべ、木簡の文字のトメ・ハネ・ハライが甘いという経験的な印象や、木簡の文字は楷書風に書かれていても筆圧や筆速の変化が乏しいようにみえるという、経験的な印象を指摘し、木簡の手上筆記の可能性との関係を指摘するにとどまった。これらの印象は、実際に木札に自分で墨書した際に、筆圧や筆速の変化がすぐに文字の「にじみ」をもたらすという経験をふまえて観察していた中で得たもので、体系的な観察や書の観点からの観察によるものではない。いうなれば典型的な経験知である。

その後で木簡の筆跡については、和田幸大・宮﨑肇両氏によって書の観点からの分析が行われた。その成果によると「楷書」はほとんどなく、ほぼ行草体と評価でき、さらには隷書も混ざるという。また筆圧・筆速の点については、筆者の印象を裏づける検討結果が呈示された。

また、筆の持ち方については、和田氏が積極的に検討を進めている。筆者が「単鉤法」と大ざっぱに括った日本における筆の持ち方について、より詳細な観察を呈示した。また筆を持つ際、筆管のどのあたりを持つか、という点についても、穂先付近などではなく、筆管の中央付近を持つことが主流であることを明らかにした(6)。

そして、筆者が注目した晋代の筆の持ち方も、再度『女子箴図巻』の画像を観察した結果、和田氏が指摘する日本の筆の持ち方と一致するといえそうであると考えている。墨跡の点からも、筆の持ち方の点からも、前章はより具体的に強化されたと考える。前章では筆者の経験知・暗黙知に依拠していた部分が、両氏の研究によって顕在化され、検証され、私見を強化してくれたのである。

2　身体技法と文字文化

二種類のカナと筆記技法

こうした研究の進展により、前章では展望として可能性を述べるにとどまったカタカナ・ひらがなの成立と展開における筆写運動技法の重要性について、明確に提案できるにいたったと考えている。

日本では、外来の表意文字である漢字とともに、固有の表音文字として二種類のカナが使われている。ひらがなとカタカナである。二種類の表音文字を編みだし、維持し続けているという状況は、世界的にみても珍しく、日本文化のユニークな特性である。したがって、その理由を考察することは日本文化のあり方を考える上でも大きな意味があろう。

カナはどちらも漢字をもとに発展した文字である。カタカナは漢字を省画したもので、ひらがなは漢字の草体から展開したものであることは、ほぼ常識に属するであろう。カタカナは経典への註記という場面で生みだされ展開したものであり、角筆（尖った棒などで紙に凹凸を付けて記号や文字を記す方法）との関係も指摘されている。一方、ひらがなは、役所・役人の世界で発展したとする見解も示されている。(7)

このように、二つのカナは、別の「場面」で、それぞれに適応して生みだされた文字であることは、国語学が明らかにした。一方、中世のひらがな・カタカナの併存については、歴史学からの研究もある。中世文書の中にはカタカナで書かれたものがあり、その位置づけをめぐって議論が展開している。

網野善彦氏は、カタカナは音声言語をそのまま紙に定着するための文字であり、ひらがなは目でみるための文字である、とした。そして、カタカナで書かれた文書が、神仏に関わる場面で多く用いられるとして、それは神仏に音声言語で語りかけるという宗教的な行為と深く関わるという見方を示した。(8)これに対し、黒田弘子氏は網野氏の議論を丁寧に反証した上で、中世社会では文字習得はまずカタカナを学び、ついでひらがなを学ぶという順番であり、カタカナ文書は識字レベルとの関係で説明できるとした。さらに、寺院周辺でカタカナ文書が多いことは、寺院が文字習得の場であることと関係する、とした。(9)

以上の議論をふまえた上で、筆者はカナの発生した場面での書記身体技法の違いに注目したい。日本古代において、典籍は机上書記技術と関わりが深い一方、役所・役人は机上での公文作成も行ったが、日常的には木簡などへの筆記が圧倒的に多かったと考えられ、手上筆記と関わりが深いことは、既にみたとおりである。場面との関係で考えると、カタカナは机上筆記時のカナとして生みだされ、ひらがなは手上筆記時のカナとして発展したとみることができる。

この対応関係は、カタカナ・ひらがなの筆画の特徴とも合致する。直線的な筆画が多いカタカナは、角筆との関係も含め、机上での筆記によく適合する。[10] 一方、行草体に由来し、連綿に近い筆画をもつひらがなは、筆圧や筆速の変化が乏しく素早く連続的に書く手上筆記の結果としてふさわしい。[11]

つまり、二つのカナが生みだされた理由として、文字が利用される場面の違いだけではなく、文字「作製」のための技術、筆記身体技法が異なっていたことが重要であろうと考える。日本語の音を素早く記そうとする際に、そこで用いられていた筆記身体技法が強く影響した結果が、二種類のカナなのである。ひらがな・カタカナは、手上筆記・机上筆記という身体技法と、分かちがたく結びついて成立し、展開したと考える。

こう考えれば、中世におけるカタカナ文書の分布にも一定の見通しが得られる。寺院（および神仏習合状況での神社）では、机上筆写技術とそれに伴うカタカナが大きなウエイトをしめていたことは想像にかたくない。僧侶や儒者がカタカナを多用するという指摘も、楷書体の漢籍や経典を机上で取り扱うあり方に鑑みて、至極当然の現象ということができる。寺社周辺でカタカナの頻度が高いことも同様である。黒田氏が重視する文字の習得という観点で考えても、寺社周辺で習得すればカタカナの使用頻度が高まり、一方で地域有力者——古くは古代地方役人につながるような世界——で文字を習得すれば、ひらがなの使用頻度が高まることは、容易に想定できる。

こうして、結果的に神仏の世界とカタカナが深く関わるようにみえることになる。さらに進めば、そこに書かれた内容が、机上筆記的世界＝経典・漢籍や神仏の世界であることを表示するコードとして、積極的にカタカナが選択された場面も存在した、と推定する。音声言語とカタカナの結びつきの指摘も、こうした流れから理解できる可能性があるのではないかと考えている。なお、これらは、僧侶や儒者がひらがなや手上筆記を用いない、ということではない。

さて、黒田氏がカタカナから学びはじめるという想定をした根拠の一つが、『堤中納言物語』の「虫めづる姫君」

の一節で、

「いとこはく、すくよかなる紙に書きたまふ、仮名はまだ書きたまはざりければ、片仮名に　契りあらばよき極楽にゆきあはむまつはれにくし虫のすがたは福地の園に」

という部分である。[12] 仮名＝ひらがながまだ書けないので、片仮名で書いた、ということである。この部分だけみると、当時の貴族の姫君が、まずカタカナを学び、次にひらがなを学んだと解釈できる。ただし、この姫君は、虫を愛し、眉も抜かずお歯黒もしない「奇人」として描かれる。この場面も、男性に文を返す場面であり、本来なら風流な紙にひらがなで相応の歌を書いて送るのが通例なのに対し、かたくごわごわした紙にカタカナで、死後の世界の歌を書いて送り返すという「奇行」である。本来なら、ひらがなを学ぶのが普通なのに、カタカナしか習得していない、というのが奇妙で、当時の世間一般とは異なっていたという可能性も十分あるだろう。この事例だけから、貴族の子弟の文字習得が、カタカナ→ひらがな→漢字という順序だったと読み解くことはできないと考える。むしろ、ひらがな＝風流な紙、という組み合わせに対し、カタカナ＝かたくごわごわした紙、という組み合わせ、さらにはそこに記された歌が死後の世界であることに注目したい。ごわごわした紙は、筆の滑りが悪く、ひらがなには向かないのである。しかも死後の世界がカタカナで書かれていることは、おそらくは仏教的・宗教的雰囲気をまとわせるコードとして機能したであろう。料紙（ごわごわ）・文字（カタカナ）・内容（死後の世界）は組み合わせとしては非常に適切であり、それ故に男女の歌の贈答にはまったく不適切だったのである。

筆記身体技法・カナからみた日本文化

やや議論が細かくなってしまったが、日本で二種類のカナが生まれ、併存した背景には、手上筆記と机上筆記という二種類の書記身体技法の併存があった。そして、二種類の書記身体技法の併存が近世まで長く続いたことが、二種類のカナが併存して展開し続けた第一の理由であると考える。また、書記身体技法の使い分けが、経典・漢籍など特別な意味合いと結びついていたため、二種類のカナにそれらに対応する役割分担が生じたことも、二種類のカナが併存した第二の理由として挙げることができよう。場面―身体技法―文字の対応関係が、二種類のカナを生みだしたのである。

この特徴は、日本文化のあり方を考える上でも、重要だと思われる。前近代において、日本列島に海外情報やさまざまな先端技術は、シームレスにもたらされたわけではない。波状にもたらされたり、偏りがあった。たとえば、八・九世紀の日本では鏡の文様は常に唐の流行を意識していた。だが、不思議なことに、九世紀になると唐の流行にそぐわない文様が日本で生みだされる。それは、盛唐期の唐鏡の図像と形状を組み合わせて、日本人が想像して生みだした「唐風最先端」もしくは「最も唐風」な鏡であった。(13) 偏った情報を得られない中、日本列島では手持ちの情報を最大限に生かす努力を積み重ねていた。

文字文化でいうと、当初は外交などきわめて限定的な文字受容が行われた。残念ながら、この時点での筆記技術は不明である。次の大きな波として、仏教伝来に伴って、経典書写などに用いられる机上筆記技術がもたらされる。これは、寺院内部での文字使用を中心としており、社会全体を文字で動かしたり、支配したりするものではなかった。その後、百済滅亡に伴って渡来した人々の中に、文字による行政運用を実務レベルで身につけていた人々が多数含まれており、文字が社会全体で運用されるようになった。この際に、木簡書記などで用いられる、手上筆記技術がもたらされ、社会全体に広まった。(14) 二つの身体技法が波状に、違う場面で用いる技術としてもたらされ、定着したからこそ、二つの身体技法は独自の意味をもちながら維持された。

一方、中国では筆や、その持ち方、身体技法も変化し、同時に記される図像としての文字も変化している。こうした新しい文字の図像も、日本にもたらされ、強い影響を与えてきた。ところが、一部の知識階級では、中国の最先端の道具や技法を導入した可能性もあるが、全体としては日本列島でははるか昔の晋代の筆・身体技法を維持し続ける。中国の最新の文字図像を日本で再現する場合、古い技術でそれを試みたのであろう。

前近代の日本列島は、異文化や、先端技術が、恒常的・安定的・網羅的にはもたらされない状況に置かれていた。この点は、東アジア世界における、日本列島の大きな特徴である。そのため、一度身につけた技術や知識は、徹底的に利用された。こうした古い技術・知識を、根底から覆し、変更を迫るほどの強力なインパクトをもった網羅的で相対的な技術や情報の伝来は、ほとんど存在しなかった。むしろ、新たにもたらされた情報にも、さまざまな偏りがあった。そこで、古い技術や、既存の知識を駆使して、対応を模索していく。

こうした過程で、独自の文化的様相が作り上げられていった。これが日本文化の一つのありようではないかと考える。(15)

おわりに

東アジア世界は、漢字文化を共有する。漢文を用いた表現の世界では、かなりの均質性が認められると思われる。一方で、各国・地域で漢字を含めて独自の文字文化も形成している。こうした独自文化の背景には、文字にとどまらない社会・文化全体の独自性・特性が潜んでいると考える。

本章では、主として日本列島を対象に検討してみた。これを、より広く東アジア世界・漢字文化圏を対象としつつ、比較検討をも加えれば、おそらくはさらに大きな成果が期待できるであろう。今後は視点を広げつつ、研究を進めていきたい。

註

(1) 拙稿「資料学と史料学の境界―籾山明・佐藤信編『文献と遺物の境界―中国出土簡牘の生態的研究―』によせて―」(『木簡研究』三四、二〇一二。本書第Ⅱ部補論1)。

(2) 拙稿「「木簡の作法」論から東アジア木簡学に迫る為に」(『東アジアの簡牘と社　会―東アジア簡牘学の検討―シンポジウム報告書』中国政法大学法律古籍整理研究所・奈良大学簡牘研究会・中国法律史学会古代法律文献専業委員会、二〇一二。本書第Ⅱ部第四章)および註1論文。

(3) ただし、たとえばスマートフォンで文字を入力して送信する行為は製作過程とは位置づけがたいと思われ、文字の書き込みも純粋な意味では製作過程とはいいがたい点もある。とはいえ、文字が書き込まれて木簡が完成する、という観点からは、製作の一段階という理解も十分成り立つと思われる。

(4) 拙稿「書写技術の伝播と日本文字文化の基層」(角谷常子編『東アジア木簡学のために』汲古書院、二〇一四。本書第Ⅱ部第五章)。

(5) 拙稿「木簡の作法と一〇〇年の理由」(『日韓文化財論叢Ⅱ』独立行政法人国立文化財機構奈良文化財研究所・大韓民国国立文化財研究所、二〇一一。本書第Ⅱ部第二章)。なお、これ以前の日本列島の文字受容状況についての私見は、拙稿「漢字文化からみる弥生人の知識レベル」(『歴史読本』二〇一三―一二、二〇一三)で述べたが、掲載誌の性格上先行研究の引用等はできていない。

(6) 和田幸大「日本の中世書状における料紙の扱い方と執筆体勢に関する考察」(『大学書道研究』八、二〇一五)。

(7) 坂梨隆三・月本雅幸編『放送大学教材　日本語の歴史』(放送大学教育振興会、二〇〇二)。

(8) 網野善彦「日本の文字社会の特質をめぐって」(『列島の文化史』五、日本エディタースクール出版部、一九八八)。

(9) 黒田弘子『ミミヲキリハナヲソギ―片仮名書百姓申状論―』(吉川弘文館、一九九五)。

(10) たとえば角筆は、筆圧が必要であり、また「引っ掻く」という行為からも直線的な筆画が卓越する。

（11）書写媒体を手で持って書く場合、筆圧が変化すると書写媒体が不安定になりやすく、筆圧の変化は少ないが望ましい。筆速の変化も筆圧やにじみの変化に繋がり、避けた方がよい。したがって、連綿した書き方は、手上筆写に適している。
（12）堤中納言物語は、『新日本古典文学大系』によった。
（13）中川あや「金属器の受容」（上原真人・白石太一郎・吉川真司・吉村武彦編『列島の古代史5　専門技能と技術』岩波書店、二〇〇六）。
（14）註4論文。
（15）日本文化における道具と身体技法の関わりについては、川田順造『〈運ぶヒト〉の人類学』（岩波書店、二〇一四）などを参考にした。

（補註）近年、スマートフォンなどの媒体への「入力」という表現方法が、言語それ自体の変化を引き起こしている現象が、「打ち言葉」という概念で指摘されている。これも、言語表現を支える道具と、そこで用いられる言語や言語の表示（あるいは表記）方法が密接に関係していることを如実に表す事例といえるだろう。

〔付記〕本章は、石塚晴通監修、高田智和・馬場基・横山詔一編『漢字字体史研究二　字体と漢字情報』（勉誠出版、二〇一六）所収の「歴史的文字に関する経験知・暗黙知の蓄積と資源化の試み」から、科学研究費補助金による研究内容紹介の部分を削り、「はじめに」「おわりに」を追記し、体裁を変更したものである。旧稿出版後、入口敦志『漢字・カタカナ・ひらがな―表記の思想―』（平凡社、二〇一六）が出版された。本章の内容と深く関連し、また問題意識も近い。合わせて参照されたい。

補論　資料学と史料学の境界

――籾山明・佐藤信編『文献と遺物の境界―中国出土簡牘史料の生態的研究―』によせて

はじめに

本書は、籾山明氏を中核として、若手研究者による簡牘史料の購読を行っている研究会の成果に基づく論集である。二部構成で、第一部「調査篇」は研究会による簡牘出土遺跡の実地踏査の記録とそれに伴う遺跡に関する考察を、第二部「研究篇」は研究会参加者を中心とした研究論文を収録する。

大学を越えた若手メンバーによる研究会を維持し、さらに助成金を獲得して活動を展開し、一書にまでまとめるという努力は並大抵のことではない。まず、この点に深く敬意を表する。また、こうした研究会の活動に理解を示し、研究助成を行った三菱財団・東京外語大学の見識の高さにも、多く感じるものである。

以下、ごく簡単に紹介した上で、若干の意見を添えたいと思う。

1　第一部「調査篇」の概要と若干の意見

第一部「調査篇」は三本の記録・論考からなる。

中村威也「額済納調査報告記」は、二〇〇九年八月に研究会が行った額済納地域の漢代烽隧遺跡・城壁遺跡の見学・調査全体の略報。行程や、各踏査地での観察記録を記す。観察に際して、中国作成の各種図面との比較を行ったが、総じて二〇世紀初頭のベリィマンによる平面図の方が現地に即していた、とする。そして、この地域の遺跡について、さらに詳細な検討が必要である、と述べる。

髙村武幸「K710遺跡の性格について―「居延県城と漢代河西社会」再考―」は、二〇一〇年三月刊行『三重大史学』掲載の筆者の論文に、補足を行ったもの。最初にK710遺跡の状況について、調査所見を記す。そして、この調査所見で、K710遺跡に鉄滓が多く存在することを重要な根拠として、この遺跡で小鍛冶（鉄素材から鉄製品を作る作業）が行われたと推測する。また、K710の性格について、従来からの有力な居延県城とする見方を強く支持する。重要な根拠は、法制史料から「鉄官」以外で鉄器の生産に関わる可能性が高い地方行政機関は「県」と想定され、K710遺跡で小鍛冶＝鉄製品生産が行われたと考えられることである。また、K710遺跡が県城としては規模が小さい点について、県城説の「弱点」とはみなさず、K710遺跡周辺に遺物が分布するような遺跡の空間的広がりと併せて、居延県の特質を現すものと理解する。

片野竜太郎「漢代辺郡の都尉府と防衛戦―長城防衛線遺構の基礎的研究―」は、衛星写真や遺構調査データを既往の研究成果と組み合わせることで遺構の分析を行う。まず、遺構の規格を分析し、烽燧遺構は塢（居住区）とからなること、規模は塢の（※評者註）基底部が五〜八㍍四方に収まり、これを規格として抽出する。次に、烽燧遺構に規格性が認められることから、都尉府にも規格性があると想定する。そして、確実に都尉府とみられるA35（肩水都尉府）遺構を分析し、一四〇×一九〇㍍の規模をもち、塢とそれを取り囲む城壁の二重の構造をもつとした。この「規格」をもとに、K688遺構・T14遺構について実地調査の成果を盛り込みつつ分析を行い、それぞれ都尉府であろうと指摘する。さらにこうした諸施設の配備と防衛線を検討し、都尉府が管轄する烽燧線の中央付近に位置することや、防衛線がたんなる「線」としてだけではなく、ときに領域を取り囲むように形成されること、こうした特徴が疏勒河流域とエチナ河流域で共通することを指摘し、個別の遺構と防衛線上の役割を合わせて遺構を理解する可能性と必要性を論じる。

次に上記三論文に対する若干の意見を述べる。

まず、こうした調査記録やそれに直接基づく研究を公表したことは、大変意欲的な成果といえるだろう。研究会などで遺跡の現地踏査や見学に参加することはしばしばあるが、その記録が公表される例は必ずしも多くないように思う。とくに外国の場合、当該国の調査機関との関係もあり、つい二の足を踏んでしまいがちではないだろうか。ただ同時に、「二の足」を踏みがちな評者にとっては、現地の調査機関に対して十分に礼を尽くした上での公表なのか、若干の懸念ももってしまうことを申し添えておく。

次に個別論文について述べる。

中村論文では、多くの観察記録が載せられており興味深い。推論を示す場合、根拠も明示されている。炉跡かどうかの検討、柱穴と窯穴の問題など、慎重にしっかりと論が展開されている。なお、「塼敷の暗渠」は、あるいは漢長安城などで多くみられる「散水」と呼ばれる排水溝の可能性もあるのではないかと思う。長安と辺境で、似通った構造の排水溝が存在していた可能性を指摘しておきたい。

ただ、そうした観察成果がすでに何らかの報告書で報告されている内容なのか、今次調査での新知見なのかが、一読しただけでは判別しがたいように感じた。また、人との出会いや現地の現代の道路事情など、遺跡の観察と直接関係のない内容も本文中に紛れ込んでいる。旅程のままに起こったこと・観察したことを並べているような印象を受けてしまい「調査旅行記」の風がある。せっかく貴重な情報をしっかりと書いているのだから、「調査報告記」という題にあわせて、調査の報告を軸に情報の整理をしてもらった方が理解しやすいのではないだろうか。すなわち、調査旅程はその調査の精度や特徴を示すためのデータとして、研究史的解説は調査の前提として示し、その上で調査所見を記す、というのが通常の調査報告の書き方だと思う。

髙村論文は、「鉄滓」から一気に辺境社会の実情、遺跡の意義へと展開する、非常に魅力的な論を展開する。遺物と遺跡を、法制度等と結びつけて社会の実情に一気に迫る、醍醐味に満ちた論考である。あえて無理を承知で希望を添えるならば、各遺跡における鉄滓の量的な把握と、K710と烽燧遺構との、鉄滓の量や形状、また出土状況の比較が欲しい。K710遺跡では炉跡は確認できていない。通常、鉄滓が出土すれば、周辺での鉄生産等を想定するが、本論文では、烽燧遺跡での鉄滓出土を羊頭石として用いる可能性を指摘し、「鉄生産と切り離された鉄滓」を想定してしまっている。同様の目的で、県城でも備蓄していた（県城で利用する場合・烽燧に供給する場合含む）可能性も浮上してしまう。この可能性を否定するために、鉄滓の量が圧倒的な差、あるいは出土状況の違い（ストックされていたのか廃棄されているのか、など）が確認できれば心強いであろう。筆者がいう「少なからぬ」だけではいささか心許ない。

なお、鉄滓の成分分析や、大きさ・形状から、鉄生産のどの段階での副産物かや、作業の内容が推測できる可能性が高いという（川畑純氏のご教示による）。自然科学的な成分分析は困難かもしれないが、大きさの傾向の調査や、他の冶金関連遺物の探索も、有力な手がかりを提供するであろうと思われる。

さて、本論文では鉄滓を軸に展開する本論と、K710の調査記録を一本の論文中に収めようとしたためか、K710遺跡に関する記述で本論と関係のない部分が多い。K710観察記録と、鉄滓を軸とした論文は別稿の方が読みやすかったと思う。

片野論文は、地表面での現地調査を、衛星写真と結びつけるというダイナミックな手法で分析をしている。近年中国では、外国人が測量データを保持することに対して非常に厳しい。外国人が測量機材に触れることは、学術目的・共同研究の発掘現場でさえ厳禁で、それどころか遺跡の地図や精確な位置情報・座標を外国人が入手することさえもできない。こうした状況で、手持ちの情報の精度をより高め、研究を展開する手法として衛星写真の利用は非常に効果的で、有効であろう。また、遺構の性格分析において、「規格性」の抽出を試みる手法も高い有効性が認められると思う。

そこで、さらなる「追加要求」と、若干の疑問を述べたい。

まず、烽燧遺構の規格では、塢と塼からなるという構造と、塢の規模が共通する、という二点が指摘されている。そして塢の規模が、そこに勤務（居住）する人数と関連している可能性を述べる。勤務内容、勤務人員の画一性が、遺構の画一性とリンクしていることは非常に理解しやすい。ただ、現状では塢の大きさの共通性までしか説明されていない。烽燧規格におけるもう一つの要素、塼の多様性についての言及が欲しい。評者は、隣接する烽燧との視通線の確保等の個別の地形や状況に起因する多様性ではないかと想像する。個別の烽燧相互の距離や地形の分析を加えて、塼の個別性の理由をみいだすことは、やはり衛星データからだけでは困難であろうか。

若干の疑問としては、「五〜八㍍」という幅が、十分に「共通する」といいうるのかどうか、という点である。評者は不勉強で、漢代建築の「許容範囲」を知らないのだが、五㍍と八㍍では一・六倍であり、ずいぶん差が開くように感じる。この点、筆者も述べるように風蝕の影響や測量の誤差もあるだろうが、他の漢代遺構の事例と比較できればよりいっそうありがたいと思う。

なお、筆者は「遺跡」という語を用いず、「遺構」という語を徹底的に用いている。推察するに、「大地に刻まれた痕跡」のみで論じるということを強調し、表現するためであろうと思われる。ちなみに、後述する李均明論文では「遺址」という語が、日本でいう遺跡全体という意と、一つの遺構という意との両方で用いられている。中国考古学ではこのような「遺址」という語の使い方が通常の様子だが、日本的な感覚でいうと遺跡全体を論じる場合と個々の遺構を論じる場合では、用語の使い分けが欲しいと感じる。こうした中国側の状況をふまえての用法と思われ、注目すべき重要な方向性の表明である。ただ、たとえばA35遺構の説明では出土簡牘にも触れざるをえないように、各遺構は出土遺物との関連性も有しているので、そこまで頑なにならなくてもよいようにも感じた。

2　第二部「研究篇」の概要

第二部は分量も多いので、概要と若干の意見を分けて述べる。

籾山明「序論」では、まず本書の題名を説明するかたちで、問題関心の方向性が示される。既往の簡牘研究では、形態や動きに関する検討が不十分であり、その背景には、簡牘を「出土文献」と呼び、伝世文献と同様に扱う姿勢がある、と指摘する。そして、「木簡が考古遺物であること」を重視し（=「文献と遺物の境界」）、簡牘史料個々固有のライフサイクルを研究すること、また「ある書面のはたらきを決定するのは、書面自体の属性ではなく、他の書面や置かれた環境などとの関係である」との認識から、出土簡牘の世界を個々の簡牘それぞれのライフサイクルが「相互に重なり合い補完し合って形成している一個の生態系」（＝「生態的研究」）として捉えることを提唱する。

次に、第二部所収論文に関する適切な要約が記される。この籾山氏による要約があるので、評者があらためて各論文の概要を記す必要は、ほとんどない。しかし、概要をまったく記さないというのも書評としてふさわしくなく思うので、評者なりの各論文の概要を以下に記す。

李均明「簡牘文書の種類と遺址諸要素の関係」では、まず、筆者が既報告の簡牘文書を簡牘自体の特徴と使用方法から分析・抽出した、簡牘の分類・「六大分類」を提示する。そして、簡牘が行政の運営や個人の事務処理の過程で産出されたもので処理した当事者・機構・業務内容と密接に関係すること、文書の種類の区分・発展・変化は行政の実践や社会の需要を反映していること、したがって遺址の種類・性格・時代等によって簡牘の様相が異なることを指摘する。その上で、具体的な出土例を挙げて、議論を展開する。

たとえば、房屋城垣遺址出土簡牘の場合、簡牘の時期は長期にわたり、種類も多様である。一方、井窖遺址出土簡牘は、簡牘の時期は短期間に収まり、種類も特定の種類に偏る。このほか、遺址の性質・行政等級の違いによる差異、時代による差異などを鮮やかに示す。

そしてこうした簡牘の差異から、遺址の性格を分析する。封検・函封や往来文書、大規模な簿籍群から、遺址の性格を絞り込むことができる事例を述べる。その上で、遺址の性格等と関連する、出土簡牘の様相の差異は、六大分類中のどの種類の簡牘が多いかという「比率」として現れるとし、こうした観点からさらに遺址の性格を分析することができるとする。

邢義田「漢代簡牘文書における正本・副本・草稿と署名の問題」は、署名を中心としつつ多様な角度から出土簡牘を分析し、文書の正本・副本・草稿の弁別やそれぞれの行政上の役割分担を解明する。

まず、法制等の分析から、漢代において署名は公文書作成の内部作業＝意思決定段階で各自の意思表明として重要であるが、一度決定した内容を外部に伝える際には璽印によって信憑性と権威性が保証され、署名によらないこと、つまり各役所などで起案される「底本」には自署が必要であっても、施行・発送される文書には署名（自署）が必須でなかった、と指摘する。

この視角を前提に、辺塞出土簡牘の「筆跡」の詳細な分析、編縄の痕跡や出土遺跡なども総合的に、かつ筆跡から書き手を具体的な人物（甲渠候官尉史）に特定して検討する。そして、正本は長官が自署するはずだ、という既往の見解に対して、多くの出土簡牘では本文と同一の筆跡で署名されていること、これは長官自らが全文を書き上げたのではなく、属吏が署名まで書いていること（属吏による署名の代行）、これはルーティンな文書作成ではごく一般的であったことを明らかにする。さらに、署名欄や日付が空欄のままの簡牘を正本とみる見解や、標題簡と正本・副本の関係等を詳細に論じる。そして漢代において「副」＝副本は簿籍の抜き出しや文書の控えなど多様な性格をもつもので、広範に作成されたこと、その作成が正本と同時であった可能性を論じる。そして、副本は正本に準じる効力を有していたことや、時に正本と副本の役割が重なったり転換したりする現象すら生じる、と指摘する。つまり、正本と副本の区別は、非常に困難である。

一方、草案と副本も、草案が副本に転化するような場合も存在するように、区別が困難であるとする。ただし、代替符号・書き足し・削除痕跡等があれば、草稿と確定でき、こうした点から出土簡牘を検討すると草稿と断定できるものはきわめて少なく、これは草稿は保管されなかったことや、草稿が作成されるのは内容が複雑な場合が中心で、ルーティンな事務では作成されなかったことなどによる、とする。

また、今回検討した簡牘の中にしばしば書式・形式の「逸脱」＝イレギュラーなものが存在すること、これは辺境の混乱期の資料という特性を反映している可能性があること、これらから考えると辺境資料でどこまで中原を語れるかは検討が必要だ、と指摘する。

青木俊介「侯官における簿籍の保存と廃棄―A8遺址文書庫・事務区画出土簡牘の状況を手がかりに―」は、A8遺址（甲渠侯官）出土簡牘を、出土地点ごとに整理し、その出土地点の性格とあわせて分析する。出土地点ごとの簡牘を、ゴミ捨て場に捨てられたもの（塢内南部・塢外部）、生活の素材（籌木等）として利用され廃棄されたもの（塢内東部の大半）、文書庫に保管されていたもの（塢内東部F22）、不明（塢内西部・塢内北部）に分類する。

この不明とするもののうち、塢内西部の出土地点は「複壁」「隔道」「夾道」と称される施設で、こうした施設は文書・書籍を収める施設でもあったとする説を紹介する。そして、事務区画と隣接することからも事務区画に存在した文書庫からの出土である可能性をまず示す。その上で、F22の文書庫出土簡牘との違いを分析する。F22出土簡牘が、甲渠官から上級官司への上行文書の控えで、冊書の状態のものも多く、時期は遺跡内では新しい時期に集中する。一方、塢内西部出土簡牘は、甲渠官への上申文書類とみられ、ほとんど断簡類で、時期の幅は広い。この特徴を、甲渠侯官に報告された内容をもとに上申文書が作成され、その副本は一定期間保管されるという業務体系に照らして、文書庫出土簡牘はまさに保管された簡牘であり、塢内西部出土簡牘は甲渠侯官にもたらされて不要になった簡牘であるとする。さらに、不要になった簡牘がまとめられていた状態について、「再利用に供するため」のストックであろう、と結論づける。

また、上記の検討によって、甲渠侯官にもたらされた「原本」が廃棄されたと考えられる点について、文書処理のあり方を検討し論を補強する。さらに、甲渠侯官で不要になり、出土した「再利用目的で蓄積された簡牘」の量が、甲渠侯官にもたらされたであろう簡牘の量に比べはるかに少ないことを指摘し、その主要な理由の一つに「異処簡」の存在を掲げ、侯官配下の部燧で必要な「素材としての「簡牘」」として供給された可能性を指摘する。

髙村武幸「簡牘の再利用―居延漢簡を中心に―」は、居延漢簡を事例として、簡牘材料の製作や再利用の状況、また木製品への墨書などを分析する。「記載内容」ではなく「記載媒体素材」に注目した論考である。新品の簡牘素材について、購入する場合もあったが、木の伐採段階から官司が行うことが中心とみられ、県級の官司から下級官司へと供給されていたことを明らかにする。そして、一度利用された簡牘が、書写材料として再び簡牘として再利用されたり、たんに木質材料として木器に再利用されたりする場合を整理する。この整理の中で、使用済簡牘が再利用を目的として、書写面削除処理がされないまま他の烽燧などに運ばれた事例＝「異処簡」の存在や、籌木としての再利用が広範であり出土簡牘の中で少なくない比率を占めるであろうこと、また破損した木器へ文字を書く（主として習書として）事例が存在することを指摘する。以上の検討をふまえて、簡牘の製作から廃棄までの流れを総括する。

鈴木直美「馬王堆三号墓出土簡にみる遣策作成過程と目的」は、壙墓に副葬品のリストとして収められる遣策が、実際に葬送のどの段階で作成され、どのような役割を果たし埋納されたのかを考察する。文献にみえる遣策作成状況、遣策自体の詳細な観察と、遣策とともに出土した副葬品との照合といった検討を、盗掘被害の可能性がなく遣策も含めた全体像が判明している馬王堆三号墓を事例として行う。

この検討から、遣策記載と副葬品が完全には一致しないこと、一方で一部の副葬品では完全に一致すること、この一致する部分は喪家で準備した品々と考えられ、一致しない部分は贈品などの影響によることなどを指摘する。そして、「遣策は喪家で作成した葬送に必要な副葬品は祭奠の準備リストがその骨格をなして」いるとし、また一部に物品との照合記録がみられ、本来はリストと物品の照合を行うはずだったとも述べる。そして、遣策は最終的な清書や編集はされないまま、副葬されたが、その理由は今後の検討課題とする。

佐藤信「日本古代文書木簡の機能と廃棄」は、日本古代の文書木簡について、制度的背景、各木簡の機能、出土遺跡との関連を概述する。そして木簡が移動し、廃棄されたものであり、そうした特性をもつ木簡の分析では「形態や使用痕跡、そして出土遺構・出土地点・出土状況に注目する必要がある」ことの重要性を強調する。

籾山明「簡牘・縑帛・紙―中国古代における書写材料の変遷―」は、紙の発明の契機とその改良の実態、利用目的と普及、簡牘との関係を論じる。

まず、防寒などに用いられる、真綿を四角いマット状に加工した「漂絮」というものがあり、漂絮の真綿の代わりにより安価な麻を加工した「紵絮（麻絮）」というものも存在した。この「紵絮」から麻を原料とする麻紙が生みだされ、さらに蔡倫が安価で多様な原材料を用いるように改良した、という過程を明らかにする。こうして誕生した紙は、高価な帛の代用品として普及し、書信と書籍といった帛が用いられていた用途で、広まったことを指摘する。そして楼蘭では、紙文書と簡牘がともに出土するが、紙文書は帛の代用＝書信に用いられ、公文書には簡牘が用いられていた点を確認し、これは蔡侯紙発明当時の「棲み分け」を引き継ぐこと、こうした棲み分けは、紙は帛に比べると安価だが依然高価であり、大量使用される公文書ではコストの面から簡牘が選ばれた結果であろうと述べる。また、紙の書信に対応した、送達方式も確立していったと想定する。

本論文では、中国における書写材料の変遷が「簡牘から紙へ」ではなく、「〝簡牘と縑帛〟から〝簡牘と紙〟へ」であったと結論づける。なお本文中では、この次の段階に「〝簡牘と紙〟から〝紙〟へ」という段階を想定してるらしい記述もあるが、一方で縑帛が完全に使用されなくなったわけではない点も指摘している。

劉増貴「下層の歴史と歴史の下層―台湾における「中国社会史」研究の回顧―」は、台湾での中国社会史の研究史を整理紹介し、現在の状況と今後の方向性を述べる。歴史研究の方法論的要素の強い論文で、本書の中では異彩を放つ。社会的「上層」を中心とする研究から、社会的な「下層」を対象とする研究への変化、さらに「歴史の下層」研究への展開を、経済史・生活礼俗史などをキーワードに論じる。「歴史の下層」は、日本では「基層文化」「歴史の古層」などと呼ばれるものに相当しよう。

陶安あんど「書写材料とモノの狭間―日本木簡学との比較を通じてみた中国簡牘学のジレンマ―」は、簡牘研究のもつ弱点と、それを日本木簡学的手法で補おうとした場合の限界を論じる。

まず、簡牘研究が「簡牘がモノとして古代社会に果たしていた役割」への関心が薄く、日本木簡で用いられる分類記号（型式番号）のような「形態上の情報を客観的に記述する道具」をもっていないこと、分類記号は「形態と機能」を区別して論ずる「鋭利な分析道具になり得る」ことを指摘し、髙村武幸氏の日本木簡学を参考とした形態分類体系構築の試みが「中国簡牘学に大きな方法論的インパクトを与えることが期待される」と述べる。

モノへの関心がヒトへの関心につながり、それらの具体的分析がその先にあるコトの世界の入り口となりうるとし、モノへの関心の重要性を再度強調した上で、モノとしての簡牘の分析から導きだされた「視覚的木簡」という概念をカギとする冨谷至氏の研究を、簡牘の内、とくに木簡を中心に据えて歴史を再構築しようとする試みとして紹介する。そして、こうした木簡を簡牘学の中心に据える視点は、日本木簡学の影響があるのではないか、と指摘する。

一方、こうした日本木簡学的な簡牘学の、「端的にいえば、中国古代の簡牘には、日本における紙と木簡と比較できる明確な使い分けがなく、簡牘が普遍的書写材料として用いられていたことに起因する」限界について、冨谷説の批判を通して展開する。編綴簡を排除して単独簡のみで議論を展開することの問題点、単独簡と編綴簡の境界の問題点を挙げ、さらに簡牘の時代＝文書行政の時代という見方を批判し、「中国の歴史という視点から見ても、書写材料と歴史現象との間には、必然的な結びつきは想定しがたい」とする。

上記の簡牘研究の問題点と日本木簡学的な中国簡牘学双方の問題点を指摘し、「簡牘からありとあらゆる情報を読み取りつつ、いつまでも閉じた体系を形成しない」ことが、「基礎史料学としての中国簡牘学の運命かもしれない」と述べる。

3　第二部「研究篇」に関する若干の意見

まず、中国語の論文の翻訳者（青木俊介氏・中村威也氏・鈴木直美氏）の仕事を賞賛したい。翻訳作業は、「業績」として評価されにくいように感じるが、原著者の意図を十分に理解し、日本語での学術用語に訳す、あるいは中国語の用語をそのまま使うことを選ぶなど、高度な学術的実力と、多大な労力を必要とする作業だと思う。中国語は挨拶程度しか扱えない評者が、本書収録の李氏・邢氏・劉氏の高度な業績を理解できたのも、翻訳を担当した三氏の能力と努力があってこそ、と深甚の謝意を表する。

次に、各論文に関する若干の意見を述べる。ただし、李均明論文と陶安論文は籾山氏の「序論」で述べられた問題意識と直接関わる議論が含まれていると感じるので、節を改めて意見を述べる。

邢論文は「目から鱗」というのが正直な感想である。署名による意思表示が、行政事務のどのレベルで求められていたのか、という着眼点は鮮やかである。邢論文で明らかに示された、意思決定段階で関係者の署名が必要で、一度決定してしまえば外部に伝達する場合にはより上位の権威表現手段（＝璽印）により、署名のある文書は意思決定の正当性を担保するものとして保管される、という体系は、現在評者が勤務する研究所での、書類作成の手続きともよく合致する。おそらく、現在でも広範に存在する書類の扱い方であろう。また、属吏による署名代行も、長官の意（あるいは委嘱）を前提としつつ、円滑に日常業務を行う知恵として、非常に理解しやすく、納得がいく。さらに、副本の世界の広がり、正本との関係に関する議論も鮮やかである。「ルーティン」の仕事という観点も含め、簡牘が実際に使用された行政事務作業を見事に復原している。

検討の手法も、筆跡の観察、編紐痕跡から記載と編綴の時間関係の考察など、実物に即した丁寧で堅実な方法を用いる。自説と反する通説に有利な史料・仮説の検討に多くの紙数を割く点もまた、筆者の誠実な研究姿勢と人柄を示しているであろう。

青木論文も、出土地点の遺構としての特性の差、出土簡牘の差を、見事に関連づける。遺跡の解説も過不足なく、議論の進め方も明快で、手法も木簡（簡牘）研究のお手本のような鮮やかさを感じる。

内容も、再利用のための簡牘を、事務空間に隣接する場所に蓄積していたという、簡牘利用の実態的様相を再現しており、大変興味深い。日本木簡の研究では、木簡が再利用されることは「自明」だが、再利用されるべき木簡の保管状況など、再利用の実際的な運用方法は、ほぼ「不明」である。これらの点に関する日本木簡研究の問題点については、「異処簡」の問題と合わせ、髙村論文で併せて述べたい。

髙村論文の、とくに「新品」の簡牘も「中古」の簡牘も、上位の官司（県や侯官）から下位の官司（烽燧など）へと供給された、という指摘は大変興味深い。「中古」の簡牘が、書写面削除処理をなされないまま下位官司へ供給された場合に「異処簡」が発生するわけだが、日本での類似例として、評者は正倉院文書写経所文書の紙の調達を連想した。

日本では、「異処簡」のような問題は、正面から取り上げられてきていない。また、書写面削除処理が、どの段階でどのようになされていたのかについても、本格的には検討されていない。これまでの出土例では、同一遺構から出土する木簡と削屑（表面削除処理の結果発生する）とに強い親和性が認められることから、木簡の利用が終了した場所で再利用された（したがって、削屑の内容と再利用されず廃棄された木簡の内容は近くなる）と考えられ、「削屑の内容＝その遺構に近接する場所に関連する」ことが不文律となっているように思われる。中古の木簡がストックされ、その記載内容と無関係の別の官司に運ばれ、そこで削られる、というような場面は想定してきていない。この見通しは、おそらく大枠において正当であると考える。ただ、たとえば〇一五形式の木簡の具体的な作成・再利用・廃棄の過程を考察する場合、「異処簡」のような動き方の可能性も考慮に入れる必要はないだろうか。この点、若干後で述べることにしたい。

かつての「木簡は焼却処分しない」という「常識」が、近年の発掘で「木簡を焼却した痕跡」が遺構・出土木簡双方から確認できて覆ったようなことを思うと（『奈良文化財紀要　二〇〇九』）、日本木簡でもより慎重に再利用の具体的過程、「場面」を想起しつつ検討を進める必要があると感じる。

鈴木論文に関しては、評者の知識があまりに不足しているので、感想的なことを述べる。遺策の記載を、具体的な副葬品と詳細に比較する手法は、堅実でかつ魅力的だと思う。ただ評者には、結局そのような照合リストとしても、埋納リストとしても不十分な遺策を埋納する理由がよくわからなかった。伝世文献からの想定に、引きつけつつ議論をしているような印象も、すこし受けてしまった。

佐藤論文は、基本的には佐藤氏がこれまでも繰り返し主張してきている木簡研究の方向性を、再確認したものといえる。ただ、紹介されている事例の中に若干の問題があるので指摘しておきたい。一つは宿直札に関する解説で、式部省関連出土の宿直札に関して「各官庁からの宿直札が多数出土した」とあるが、式部省関連木簡として出土した宿直札はいずれも式部省被官の官司（大学寮・散位寮）からの木簡である。出土地点と合わせると、各官庁からの報告ではなく、式部省内での事務処理木簡と考えた方がよいであろう（『平城宮木簡』四〜六）。したがって、宿直札を「それぞれの官庁は人事担当の式部省に宛てて毎日報告しなければならなかった」という記述にも問題があろう。また、考課・選叙木簡に関する記述で、「式部省において廃棄された」とした後に三点木簡を挙げるが、このうち二点目の高屋連家麻呂の成選簡は、式部省関連遺構からの出土ではない。

なお、考選木簡は、このほかにも長屋王邸などからも出土している。こうした出土状況をどのように理解するのか、たとえば各官司は所属官人の考選文を紙の文書で提出するときに、考選作業や儀式で必須な考選木簡も併せて作成して提出した可能性（＝考選木簡は各官司で作成され、式部省に提出され、式部省で利用された可能性）なども含めて想定すると、異処簡に類する問題に広がるかもしれないと思われる。

籾山論文は、蔡倫前後の紙の実態の解明、それをふまえて書写材料の変遷の解明とともに、論旨明瞭で大変興味深い。「紙木併用」という語が示すように、つい簡牘と紙とだけで書写材料の変遷を考えてしまいがちであるが、縑帛もまた書写材料として重要な位置をしめていたこと、紙はまず縑帛の代替品として普及することなど、重要な指摘である。多様な書写媒体の中での、紙や木の位置づけを考えていく必要をあらためて感じた。

劉論文については、評者の知識があまりにも不十分で、感想めいたことしか述べることができない。

日本史分野では、「基層文化」などを掘り起こして「日本文化論」を考えるという方向性は、近年低調だと思う。これは、研究の細分化と詳細化によって全体を見渡しにくい状況に陥っている点や、日本における歴史学研究の特性など、さまざまな要因が重なり合っているであろう。一方、海外の日本研究者は、どうもこうした「基層文化」的分野に大きな関心をもっているようである。このような関心にどう答えていくのか。また台湾では、歴史の基層部分を考えるためにこそ、伝統的な史料を徹底的に分析する学問手法の重要性が認識されている、という。台湾における研究史と研究状況の整理は、日本史研究の今後の方向性を考える上でも、重要な示唆を与えると思う。

4　本書の目指した方向性について

最後に本書が提示する方向性に関して、李論文・陶安論文と籾山氏による「序論」への意見を示しながら述べたいと思う。

本書の問題意識・方向性の出発点は、簡牘研究における簡牘の形態や動きに関する分析の欠落であり、この問題点を解決するために、①「物に即した精密な考察」と、②簡牘それぞれの「ライフサイクル」の検討が必要である、と籾山氏は述べている。これをふまえて、李論文を読んでみたい。

李論文は、碩学にふさわしく豊富な材料から的確に議論が展開されているが、遺構の特徴と遺物（この場合は簡牘）の性格の相互的関連性の指摘は、日本木簡を学ぶ評者にとって、一見ごく当たり前のことを述べて、それに合致する事例を並べているだけのようにも感じられる。ところが詳細に読むと、李氏の簡牘へのまなざしは、まさに本書の方向性と合致する一方、じつは籾山氏への反論ではないか、とも読めるのではないか。

遺構と簡牘の相互有機的関連の分析と研究は、その事例を多様に列挙できるほどに積み重ねてきている。六大分類を用いれば、遺構と簡牘の関係を分析するための基礎的条件はすべてそろう。つまり、中国簡牘学はしっかりと「モノ」として簡牘を捉え、簡牘に関する有効な分類方法も有する。それは確かに純粋に「形態」に基づくものではないが、形態も要素に入っており、簡牘研究には非常に有効なツールで、これと別に「形態」だけの分類の必要性は存在しない。遺跡との関連も十分配慮し、そこでは簡牘の移動やライフサイクルも視野に入れた調査と研究を積み重ねている。

つまり、籾山氏の簡牘学に対する問題意識は、杞憂にすぎないのだ、と。

李氏も含めた優れた中国の簡牘研究者や、実際に現物簡牘の整理に当たっている研究者は、これらの問題関心ももちつつ、研究を進めているとしても、評者の狭い経験ではあるが、中国の「簡牘研究者」の全体的傾向は、確かに籾山氏の指摘どおりのように感じた。したがって、テキスト情報以外の情報を総合する分析方法の提示という意味で、本書の役割は重要であろう。また、先に述べたように、本書所収の個々の論文は、籾山氏の提示する方向性に基づく研究の魅力を示している。

さて、籾山氏は、①②の必要性を述べた上で、③簡牘の生態系、という概念を提示する。簡牘資料はそれぞれ単独で存在したわけではなく、他の簡牘や、他の資料（モノといってもよいだろう）とともに存在していた。この事実を確認し、意識することで、簡牘の存在を相対化し、より正確な資料としての位置づけが可能になる。

この点には評者も強く賛成する。ただ一方で、ここに、非常に大きな問題点が――おらくは籾山氏の意図と反して――、含まれているように感じられる。もっとも気になるのは、「生態系」という語で、これは「簡牘研究の方法」としての①②の位置づけとも関わってくる。

「生態系」という捉え方は、じつに魅力的である。簡牘の森にさまよい込み、見上げると多様な過程を経てそこに存在するさまざまな簡牘が繁茂しているさまが目に浮かぶような気がする。だが同時に、評者が「生態系」という語から想起したのは、正倉院文書の研究で近年積み上げられている蓄積であり、そこでの資料体との向き合い方の指摘である。

杉本一樹氏は「機能という言葉の魔術、文書の物神化」として「文書それ自体が、独立した主格としてあたかも「自らに課せられた機能を果たす」ような錯覚」「文書自身の意思、のような幻想」の存在を指摘し、それを振り払い「文書に機能を与えているのはあくまでも人間である」という点を強調する（『日本古代文書の研究』吉川弘文館、二〇〇一より。以下杉本氏の引用はすべて同書）。

簡牘が、作成されてから廃棄されるまでの過程を「ライフサイクル」と称し、その集合を「生態系」として捉えるような、つまり簡牘を一個の生命体のように捉える見方は、杉本氏の指摘する「幻想」と隣り合わせの危険性をはらんではいないだろうか。

この危険性は、①②の必要性の「意義付け」と関わっている。いま一度、杉本氏の見解を引用すると、「対象となる文書」にどのように接するかは、「歴史再構築のため研究者によって調理される素材」である「「史料」という範疇で捉える把握」と、「誰が、何の目的で、どのように文書を書き、誰が使い、そのとき何と呼ばれたか、その現場が見てみたい」という接し方の二つがある。

簡牘を史料として捉えるとき、①モノに即した観察や②ライフサイクルの検討は、「史料批判」の手続きとなる。よって、簡牘を史料として扱う際には「手続き」として踏んでおかなければならない。その結果、日本木簡研究の場合では、議論に不必要な（たとえば、「遺跡の理解は報告書に従う」という一文で済むような場合でも）延々と遺跡・遺構や供伴した遺物の叙述が並ぶ論文も見受けられる。まるで「免罪符」のようで、一種の形骸化といえるのはないだろうか。

一方、「簡牘の現場」を考えようとするとき、①②はあくまで「方法の一つ」となる。ある簡牘（木簡）で、その方法を試みてみても、論文中で必要とする情報が得られないのであれば、わざわざその方法での分析を叙述する必要はない。だいたい、たいていの木簡では「ライフサイクル」全体の復原などできやしない。「ライフサイクル」の検討も、そもそもは「可能な木簡では有意義」だ、という一手法である。多くの簡牘・木簡の分析にとっては、「ライフサイクル」の検討は、その「ライフサイクル」全体を思い描いて、今簡牘・木簡から入手できる情報はその一部分だということを意識しつつ情報を意義づけ引きだす、というような範疇に属しているだろう。

推察するに、籾山氏が目指したのも、この「現場が見たい」という方向性なのではないだろうか。籾山氏は簡牘が存在した「空間」への思いを明記している。さらに明瞭に述べているのは陶安氏で、「モノへの関心」が「『ヒト』の視点」を生みだし、「抽象的な『コト』の世界が広がる」と指摘する。もし評者の推察が当を得ているとすると、「ライフサイクル」「生態系」という表現を強調することは、問題意識矮小化への危険性を潜ませているように思う。

もう一つ、本書のタイトルの顰みに倣って「研究と調査の境界」という点を指摘しておきたい。「生態系」という語の危険性は、「研究」の方向に結びつくものだが、たとえば「形態」の分析のような①「物に即した精緻な考察」は調査現場と密接に関連する。

現状では、「調査」と「研究」の間に、役割分担というか、分業体制というか、微妙な温度差が存在しているように感じている。奈良文化財「研究」所の都城発掘「調査」部の、史料「研究」室で仕事をする「研究」員であり、発掘現場では「調査」員であるという、調査と研究をこまめに往来している身にとっては、なかなか切実な問題である。

調査と研究は「車の両輪」であることはいうまでもない。よい研究を目指し、そのために必要な内容をしっかりと調査するのがよい調査であろう。本来、両者の峻別は不可能だと思う。ただ現実的な問題として、すべての研究者が、すべての現物資料の調査者となることは、遺物の保管など多様な問題もあり、困難だ。そこで、多くの場合、調査機関が公表した調査データをもとに研究を進めていく。一方、調査機関の「研究者」は、「調査データ」の公表を第一義に務めることが求められる。よい調査には、最先端の研究の問題関心の方向や、必要なデータを十分知っている必要があり、つまり「よい調査者＝よい研究者」であることも求められるのだろうが、「資料の私物化」は厳に慎まなければならない。また、公表する簡牘・木簡の点数は膨大で、公表に供せるスペースや時間には制約が伴う。全研究者の多様な問題関心にすべて応えることには困難が伴い、「最大公約数」的な関心に基づくデータの提示、という選択も視野に入れざるをえない。さらに、中国では簡牘の基礎的なデータを現物から取り出しているのは、「研究」には従事しない調査者の場合もあるようである。

さて、形態の分析を広範に進めていくためには、形態の広範な調査が必要である。一方、上記のような調査現場の事情を考慮に入れると、形態の観察が研究上欠くべからざる要素であり、その詳細な記述が簡牘の報告に添えられるべきである、という学会の共通認識がまず前提として必要で、その共通認識をふまえて調査・報告にも形態情報が十分盛り込まれるという展開が期待されることになる。こうした観点からすると本書の目的はどこに設定されているのであろうか。この点、目的の設定がみえにくいと感じるのが陶安論文である。

陶安論文の形態に関する記述での疑問点は大きく二点、日本木簡の型式番号に関する評価と、髙村氏による形態分類体系に対する評価であり、おそらくこの二点には共通する問題点が存在しよう。

陶安氏は、日本木簡の型式番号（奈文研方式・木簡学会方式）を、形態を「客観的に記述する道具」とする。しかし、型式番号の定義は、純粋に形態にのみ注目しているわけではない。また、型式を分類する際には――「何と何を別のものとし、何をおなじとするのか」という「線引き」をする際には――、形態とその意義（機能）双方に目配りをしている。さらに、実際に現物の木簡に木簡番号をあてがう作業でも、観察者の判断等が入り込む。つまり、日本木簡の型式番号が形態を記述する際の「客観性」には、一定の限界がある。こうした限界性を考慮せず、形態観察において形態分類が「客観的」で万能だ、と過信することは非常に危険だ。ちなみに、両方式とも、型式番号だけで形状情報を表現しているのではなく、法量の部分のパーレンや、釈文中に記号も併せて用いていることも申し添える。

次に、髙村氏による簡牘形態分類の体系構築について述べよう。昨年度、髙村氏は木簡学会研究集会で簡牘の形状分類についての報告をされた。『木簡研究』三四号で文章化されているが、内容は同じであるので、今回は木簡学会第三五回研究集会での口頭報告に基づいて考えたい。

髙村氏の分類は、非常に詳細であった。そして、確かに形態観察を中心に分類され、構築されていた、といえるだろう。だが、まずあまりにも詳細すぎる。これでは、現物の簡牘にあたったとき、分類しがたい多くの「例外」を生み出すのではないだろうか。さらに髙村分類自身、想定される簡牘の用法＝機能に依拠する部分もある、というような弱点もあわせもっている。

だが、もっとも問題だと感じたのは、この分類の有効性がまったく示されていない、という点である。

評者は大会報告で、髙村報告の補足報告を担当していたので、分類の目的＝「分類によって何がわかるようになる見通しがあるのか」を事前に問い合わせたが、そういった見通しはない、という返答であった。また、当日の報告でも、「簡牘を髙村分類で分類すると、研究上有意である」というメッセージは聞かれなかった。せめて「即効性はないが、蓄積すればこういう展開が期待できる」というような見通しだけでも知りたかったのだが。

簡牘研究に形態の分析が必要だということは明らかだ。だが、髙村分類の有用性が示されなければ、その存在意義はなくなってしまうのではないか。たとえば、冨谷至氏による形態分類も存在する。髙村氏は冨谷氏の分類の問題点を指摘するが、冨谷分類はその分類による研究によって有効性が示されている。しかも、冨谷分類の方が包括的で、例外が出にくく、運用しやすいと思う。結局、なぜ冨谷分類ではいけないのか。見通しを持たない髙村分類が、「中国簡牘学に大きな方法論的インパクト」を与えられるのだろうか。

冨谷分類は不徹底で、不十分だ、という批判があるのかもしれない。また、「形態を客観的に記述する道具」――「客観的」ではありえないのだが――としての役割を主張するかもしれない。そこで、日本における型式番号について、もう少し補足しよう。

奈文研方式・木簡学会方式の日本木簡の型式番号は、上記の問題点があるにもかかわらず、学会共有の財産として普及している。それは、A現物の木簡から帰納された分類で、Bこの分類が木簡研究に有効であることで広く受け入れられた、C圧倒的な点数を管理する（=報告する）奈良文化財研究所で考案されて木簡学会（=全国の木簡情報を集積して報告する）で改良・採用されたことで多くの木簡の報告で利用され標準化した、の三点によるだろう。

一方、奈文研・木簡学会方式以外の型式分類も存在する。たとえば『長岡京木簡　二』で試みられた形態分類と表現などがある。これらは、形態の記述では奈文研方式・木簡学会方式よりも現物に即しているといえるかもしれない。しかし、学会共有の道具とはなっていない。まずは、その分類方法が詳細で、かつ必要とされる形状判断が困難であるなど詳細ゆえの問題点が多く、一方でそれでも表現できない部分が残ること、すでに奈文研・木簡学会方式が普及していた、などの理由が挙げられよう。また『長岡京木簡　二』の分類による研究が、その後展開しなかったという点、『長岡京木簡　三』が編集されず報告書として継承されていないという点も、見逃せない。BとCの要素に欠けていた、と評しうるかと思う。高村分類もまたしかり、ではないだろうか。

簡牘の調査報告で、髙村分類による形態情報が用いられ、蓄積されなければ、簡牘学会全体で髙村分類を「分類記述の道具」として使っている状況にはなりにくい。新たに髙村氏が、報告済みの簡牘を分類し直し続けるとしたら、その分類方法はあくまでも髙村氏個人の分類方法にとどまってしまう。中国簡牘を、まず調査・報告するのは中国の調査機関であり、また簡牘研究者たちであろう。だが、中国の簡牘研究者は、いわゆる「形態」への関心は必ずしも高くない。まず、この点を説得しなければならない。また、中国簡牘では、同時代の呼称を用いた分類や、独自の体系が存在している。これは、李論文でも示されているように、そうした分類で遺跡の理解まで十分カバーできる、と考えられている。そうした人々に、別の新しい「形態分類」を求めるのであれば、相応の説得力が必要となる。十分な説得力をもっているだろうか。

「木簡の現場」を考え、先に引用した杉本氏の「そのとき何と呼ばれたか」という言葉を思うとき、まずは当時の用語に当てはめていく伝統的な分類の上に、必要な形態観察情報を添えるような手立てなど、別の道の方が簡牘そのものに近づけるように思うがいかがであろうか。たとえば、土器の分類で使われる「坏A」は、出土した土器を当時の用語の「坏」に相当すると判断した上で、大きさ等から区分した呼称だという（青木敬・小田裕樹両氏のご教示による）。

話題がそれてしまったが、かれこれの事情を考えると、少なくとも現時点では、高村分類は中国簡牘の報告書を席巻する形態記述になりうる見通しは暗い。したがって、調査報告などでの道具という方向性からも、陶安氏の期待する「中国簡牘学に大きな方法論的インパクトを与える」ことはなかなか難しいように思う。

なお、付言しておく。調査と研究が乖離すること、調査者と研究者が分離していくことは、決して望ましいことではないと考えている。ただ一方、資料の数や担当者の人的資源の限界を考えると、一定の役割分担もやむをえないとも思う。今日では調査機関公表データには、現物調査に迫りえる鮮明な画像データも含まれるようになってきている点も重要である。写真資料なども含めてぎりぎりまで検討を重ねた上で「どうしても現物でなければわからない」ということで調査される研究者たちは、現物調査で非常に大きな成果を挙げる。一方、「現物を見ないと調査・研究できない」という感覚では、大きな成果は期待できないように感じる。肩が痛いといったら、触診やら聞き取りなどもせず、すぐに「レントゲン」という医者は、たいてい藪医者である。

一方、籾山氏の見解の調査現場との距離感は慎重な様子である。それは、端的には、物に即した精密な「考察」という語に示されているように感じる。日本木簡の紹介にある「観察・記録」の語句を盛り込まず、「考察」に絞ったのは、まずは研究レベルでその必要性と有意性を積み重ねよう、という決意表明のように思ったのだが、いかがだろうか。

この籾山氏の鋭い見通しを伴う慎重さは、さらに簡牘資料分析の方向性を述べる中に散見され、重要な課題を投げかけている。簡牘は「考古資料」であるとする一方、「かねてより古文書学の世界では（中略）生成・機能する場面に即して関係論的に資料を把握する必要が強調されてきた」として「簡牘の場」の重視を説く。簡牘は、考古資料であり、古文書である、という理解の表現だろう。

翻って考えてみると、籾山氏の提示する①と②の方向性は、何も簡牘学・木簡学に限った視点ではなく、古文書学でもその伝来過程や、形、様式など、その重要性が認識されているものである。すると、中国簡牘学・日本木簡学のどちらの場合でも、ことさらに考古遺物であることを強調する必要があるのか、疑問に感じなくはない。木簡実物の取り扱いや、出土時の記録の取り方などは、考古学的調査技術に属するが、「技術」のレベルで、調査や研究で求められる方向性や観点の問題ではない。たとえば「出土状況」を例にとると、文書調査では文書が収められ、伝来してきた「函」ごとに整理・調査を行う。さらに、ビデオで函の中での収納状況記録をとりながら文書を取り出すような調査も行われる場合がある。より詳細に伝来過程の状況を記録しようという試みであるから、方向性としては出土状況の記録を求めるものと同じである。こうしてみると、極論すれば、木簡や簡牘は、古文書学の体系の中だけで分析することができるようにも感じられる。

だが、それでも「考古遺物」である点を強調するのは重要だと思う。それは、木簡・簡牘とも考古学的調査で発見され、考古学者の手によって掘り出され、保管・管理され、時には報告されるという、考古学者と文献学者の連携によって扱われる資料だからである。古文書学の手法を拡大・発展させるだけでよい、というスタンスをとるとき、考古学者を排除するという方向性に進んでしまう恐れがある。だが、文書調査で函を開けて文書を取り出すのが文献学者だとしても、遺跡を調査し、簡牘を掘り出すのは考古学者である。排除するより、双方がそれぞれの学問的手法や技術を持ち寄った方が、連携もスムーズに進み、成果も大きいに違いない。簡牘を考古資料と称するのは、遺跡からみつかったからという単純な問題ではない。ヨーロッパでは金石文研究は考古学の専門に属するらしい。考古学的分析と文献学的分析の境界は、本来資料学全体の中では曖昧なものかもしれない。資料学全体を視野に入れ、現実的な研究連携や研究成果の拡大を目指しての、籾山氏の主張だと感じた。

本書の主題は、個々の簡牘の記載内容を個別に追うのではなく、「簡牘の場」を想定して簡牘たちを総合的に捉える研究の方向性の提唱だと思う。手法としては、即物的で詳細な観察と考察の積み重ねを求め、文献学者と考古学者がそれぞの手法を磨きあいながら調査と研究を共同で、高めあいながら行うことも求める。さらに本書や、今後の研究の進展によりこうした方向性の有効性・必然性を示し、簡牘学の「あり方」を変化させ、発展させようという目論見も秘めているだろう。ただ、用語の用法や、まだ練り上げたりない部分も残っているように感じた。

最後に、本書のこの目的・方向性から、冨谷至氏の『文書行政の漢帝国』に集約された、「視覚」の観点などは、どのように位置づけられるのだろうか。本書の陶安論文では、「編綴簡排除」や「文書行政」という語の用法を軸に、冨谷氏の見解を批判する。ただ、籾山・陶安両氏とも、「簡牘」に対する向き合い方や、研究の方向性には、一定の共感をもっていると理解した。

本書が、「簡牘学」を指向するのに対し、冨谷氏は制度や国家の特徴を明らかにしようとしているという根本的な差が存在する。したがって同列には論じられないが、冨谷氏の見通しは非常に示唆に富むと思う。陶安氏の冨谷説の批判は、むしろ冨谷説の可能性を示唆しているのではないだろうか。陶安氏は、冨谷説批判を、「編綴簡の排除」「編綴簡と単独簡の峻別の困難さ」等を挙げつつ展開する。ただ、陶安氏の言を借りれば「日本の木簡と違って、中国の簡牘は、普遍的な書写材料」である中で、紙への代替も可能なより「普遍的な書写材料」である性格のつよい編綴簡よりも、漢帝国が特徴的に発達させた単独簡の世界を中心に議論して漢帝国の特徴を抽出するのは、当然だろう。単独簡と編綴簡の峻別が困難である、という指摘はそのとおりであろうし、単独簡と編綴簡の「行き来」は魅力的な研究課題である。だが、冨谷説をふまえて展開すべき課題でもあるのではないか、とも思う。こうした行き来もまた、簡牘の魅力であり特性だろう。簡牘では、木に竹が接げるのだ。だが、木にも竹にも紙は接げない。

なお、冨谷氏のいう「文書行政」は、評者の理解によれば国家のあらゆる要素を「文字を記す媒体（=実際には簡牘が用いられたが、理論上は紙でも、布でも、石でもよい）」に積み込んだ行政体系、という意と理解した。その完成度が高ければ高いほど、依拠した書写媒体の特性と不可分となる。だから、融通がきかなくなり、書写媒体が簡牘から紙へと変化したとき、「文書行政」は実現不可能になった、という見通しだと理解した。すると、その批判に「どの時代でも文書が行政に利用されている」というだけでは、反証力不足は否めないであろう。

なお、評者は力量不足で、陶安論文の最後の二段落の、意図するところがいまひとつ理解できなかった。簡牘学、典籍学、古文書学、あるいは資料学、こういった諸学の相互関係をもう少し評者なりに整理して、「基礎史料学」、ではなくできれば基礎資料学について、考えをめぐらせたいと思う。

おわりに

専門外の評者が、浅学も顧みずに書き散らかしてしまった。読み間違いや、考えの浅はかさを露呈している点も少なくないと思う。評者が本書の書評を引き受けたのは、編者の籾山氏から「ご指名」を頂戴したからである。光栄の限りと張り切って読み始めたが、書評のためと思うと楽しい知的冒険も楽しくなくなってしまった部分もあった。また、多く共感するがゆえに、「問題点」を必要以上に強く感じてしまい――ちょうど音叉が共鳴するような感覚だろうか――、感情的な書評になってしまっているのではないかと恐れる。こうした諸点、心よりお詫び申し上げるとともに、是非本書を熟読の上、評者の言の是非を見極めていただきたいと思う。

書き散らかしついでに、もう少し。

簡牘の研究方法についての批評で、正倉院文書研究での方法・姿勢を援用した。日本古代史では、法制史料や六国史とは異なる一次資料として、正倉院文書と木簡は並び称される。研究手法的にも、両者は相互に影響し合いながら発展してきた。たとえば、佐藤信氏は「書写の場」の重要性を掲げる。佐藤氏の議論で、あたかも「手順」のごとく列挙される出土遺構・モノとしての観察などの語句は、「書写の場」＝「木簡の現場」に収斂することで、「書写の場」に迫るツールという位置づけに変化している。そしてこの「書写の場」という視点が提示された時期は、正倉院文書のとくに写経所文書研究が進展し、杉本氏らが上述の方向性を打ち出した一九九〇年代後半で、その影響は否定できないであろう。そして「場」を重視する視点は、本書全体でも重要な役割を果たしていると思う。

ただ、この「場」という捉え方には二つ難点が残るように思う。一つは、どうも日本人ならではの曖昧な概念で、中国人研究者には理解しがたいらしい。そのあたりをどのように解決するか、という問題である。もう一つは、「場」という視点は、やや静態的ではないかと思われる点である。木簡も、正倉院文書も、「ヒト」が作り、機能を付与し、行使したもので、さまざまな「行為」と組み合わされている。こうした観点から、杉本氏は「場」の考え方からさらに進めて、写経所文書を「しごと」の道具として位置づけた。ただ、写経所文書の場合、「しごと」の目的がほぼ一つ（写経事業）で、その全貌がおよそ見当がつくのに対し、木簡が道具として利用された世界はより混沌としており、つかみどころがない。

ある理由・必要性（陶安氏の表現でいう「コト」）から木簡が作成された（再利用も、作成の一形態である）。木簡にするのか、口頭報告にするのか。形はどうするか。新品を用意するのか、再利用ですませるか。相手は字が読めるのか、読めないのか。読めないなら、どう伝えるのか。使用後、どう処理するのか。木簡を道具として用いる「当事者」になったと仮定して考えると、じつにさまざまな規則・慣習や、判断の積み重ねが存在することに思いいたる。それは、今日を生きる我々が、上司への報告を口頭にするか、メモにするか、メールにするかを迷い、先方から申請書をもらうのか口頭処理ですませるか、誰の印をもらうかで先例を調べる、そういう体験の中からも、自然に想像できるだろう。

これらの一連を、作る方法であり、また先例やノウハウの塊であり、また相手方との関係であり、「木簡」というモノ単独ではなく、所作や音声まで含めた周囲の諸要素と相まって使用方法が決まる、ということで、評者は、「木簡の作法」という考え方を提唱している、という宣伝で擱筆することにしたい。

結

以上、二部にわたり「木簡の史料学的研究」という観点での検討を行った。本書の目的、要約、今後の課題は「序」で述べたので繰り返さないが、改めて上記の視点から振り返ると、本書の中で「史料」と「資料」の語義に揺らぎがある。これは、私の木簡に対する「視線」や用語に関する考えの変化を反映したものである。

木簡の研究に着手した当時は、「木簡は、記載された文字のテキストとしての情報のみならず、その全体を考える必要があるという視点から「史料」ではなく「資料」、あるいは「出土文字資料」という用字をする」という考え方に大いに感銘を受けた。そして木簡について——時にはその他の文献史料に関しても——「資料」という文字・用語を使うよう心がけた。

考古学と文献史学の二つの学問領域だけで考えると、確かに「資料」「史料」という使い分けにも意義があると思われる。だが、考古学・文献史学という二つの分野だけで考えて良いのかという疑問を感じるようになった。考古学と文献史学は、どちらも歴史学の手法であり、その目的は歴史＝過去の人間の行動・社会を復原することにある。目的は同じであり、手法に違いが存在するものの、研究を深めていくとその境界は曖昧になっていく。

考古学・文献史学はどちらも「歴史学」の中の分野である。そして、「史料」という用語には、「文字で記載された歴史情報」という定義のほかに、さまざまな学問の素材である「資料」のうち歴史学の研究素材を「史料」と呼ぶ、という定義が存在する。前者が「歴史学」の世界だけでの用語の使い分けであるのに対し、後者はさまざまな学問の中での用語の使い分けであり、より視野が広い。歴史研究においても、動物考古学・環境考古学・土壌学・年代学、民俗学・人類学・言語学など、多様な学問分野との共同研究が盛んになり、必須となっている今日、用語も「歴史学」内部にのみ目を向けた定義ではなく、より広い学問分野との協業を前提とした広い視野に立った定義を用いるべき段階だと考えた。

そして、「考古学的資料」が考古学の研究素材であるということは、「考古学的手法による歴史研究の素材」だということになるから、「資料」の中でも「史料」と位置づけられる。つまり、「文献資料」という語句を用いない一方、「考古史料」という用語・用字を提案すべきではないか、と考えるにいたったのである。

これは、たとえば建築学や建築史という分野にも視野を広げると理解しやすい。建築史を、歴史学の一分野と捉えるか、建築学の一分野と捉えるかによって、その研究素材——たとえば古建築の建築部材——の呼び方も変わると思われる。建築史を歴史学の一分野と考えた場合は「史料」、建築学の一分野としての側面を強調すれば「資料」になるのではないだろうか。同様のことは、国語史と国語学や美術史と美学などの立場からもいえるであろう。

あるいは、以下の事例も参考になるだろう。発掘調査で採取した土壌のサンプルは「試料」である。この「試料」を分析して、粒度や組成等データを整えると「資料」になる。この「資料」を元に、人工的な積土か否か、人工的ならばその土としての特徴はどのようなものか、等を検討して歴史を研究すれば、「史料」になる。「試料」が「資料」になり、そのデータを歴史学研究の観点から分析してはじめて「史料」になる。

本書に所収した論文の中で、「資料」「史料」の用字に揺らぎがあるのは、上述のような考えの変遷の各段階での考え・理解、さらに現時点でも若干の迷いがあることを反映しているためである。本来、統一することも考えたが、試行錯誤の過程を示す意味でも、あえて初出時の用字方法をそのまま踏襲することを原則とした。

そして、本書では木簡を歴史研究の素材として扱うことしかできなかったため、「史料学」としての研究にとどまった。木簡という「試料」を、「史料」からもう一度「資料」に戻して、多様な学問分野との共同研究の素材とすること、一方でそれらの共同の作業・検討・研究を踏まえた上で、歴史学者としてより鋭く「史料化」（試料―資料―史料という流れ）に取り組んでいくことが、今後の課題であると考えている。

あとがき

本書は、私の木簡に関するこれまでの論考（一部新稿）を史料学的研究という視点からまとめたものである。木簡の研究に本格的に取り組んだのは、二〇〇〇年に奈良国立文化財研究所（当時）に奉職してからであるから、二〇年近くが経っている。二〇年間の成果の集大成だと意気込んでみたものの、自分が思っていたよりも研究成果が少なく、恥じ入るばかりである。

言い訳代わりに、本書で目指した研究の方向性に、どのようにしてたどり着いたのかを簡単に記したい。一九九三年四月、古代史研究を志して文学部に進学し、佐藤信先生に師事した。佐藤先生から、日本古代史の基礎的な研究方法のみならず、遺跡やその保存に関する教えも頂戴したことが、後になって大変有り難かったのだが、その当時はまだよくわかっていなかった。大学四年生になり、進路を考えたとき、果たして自分は研究者に向いているのだろうか、また日本史の研究という営為は、社会にどのように役立つのだろうか、といったことを思い、随分進路に迷い、佐藤先生や周囲の諸先輩、さらには内定を頂戴していた会社にも大変ご迷惑をおかけしてしまった。とにもかくにも大学院に進学したものの、決して勤勉で優秀な学生だったとは言いがたい。だが、先生からお教えいただいた方向性・視点が、今日にいたるまで私の研究の基本的な視点・感覚になっている。とりわけ、奉職してからの研究や、地方自治体との共同研究などで、迷った時に常に立ち返ることのできる場所、いうなれば「母港」である。

さて、その当時、「有り難みがわかっていなかった」のは、佐藤先生のお教えだけではない。大津透先生の令集解ゼミをはじめ、石上英一先生の正倉院文書ゼミなど充実したゼミ・講義で「律令学」をしっかり学び、また「史料学」に触れることができたことに加え、鐘江宏之助手（当時）を筆頭にした優秀な先輩や仲間たちに囲まれての大学院生活は、振り返れば贅沢で有り難いものだったと思う。

「本物」の木簡との出会いは、修士課程一年の夏、奈良国立文化財研究所での木簡の水替えのアルバイトに参加した時のことである。刺激に満ちた経験だったが、木簡はむしろ嫌いになった。扱いにくい上に、文字情報は少ない。木簡を研究せよと言われたとしても、何から始めたらよいのか見当も付かない。「木簡」というものの全体像は漠としてつかめない、という印象が強かった。

二〇〇〇年四月に奈良国立文化財研究所に奉職し、否が応でも木簡とつきあわざるを得なくなった。また、発掘調査にも従事し、「遺跡」と直接向き合うことになった。とりわけ、入所二年目の二〇〇一年に担当した興福寺中金堂の発掘調査は凄まじい現場で、ここで川越俊一氏・次山淳氏・清水重敦氏ら当時の上司・諸先輩たちにさんざんしごかれたことは、貴重な経験であった。

発掘現場の「思考」を身につけたことは、歴史研究の方法にも影響を与えてくれた。その影響は多岐に及ぶが、とりわけ「虚心坦懐にモノ――遺構も遺物も――と向き合う」ことが習慣化したことが大きい。「何かを知りたい」と思って木簡を見る場面より、仕事として「この木簡を理解せよ」というような、いうなれば「モノ・ファースト」的な環境に置かれたこともあって、木簡を扱う場合でも、文字を読もうとか、内容を知ろうとする以前に、とにかく「なんなんだろう」と全体で受け止めるような感覚が身についた。

こうした経験・感覚から、木簡からできる限りの情報を引きだそうとするクセが身についた。さらに、いつも「遺跡」という古代空間に接しながら、「木簡」という古代の人の触ったそのものを見ていたこともあって、一点一点の木簡を具体的に古代社会に位置づけて落とし込む、つまり「人との関係の中で木簡を捉える」という本書の基本的な方向性に行き着いたのである。

ただ、正直に白状するならば、木簡の文字を読むことに長け、その記載内容を理解するための知識も豊富で、研究の推進力も高い上司や同僚――渡辺晃宏氏や市大樹氏（当時）がその典型なのだが――と真正面から張り合っても勝ち目がない、と判断して、自分なりの「生き方」を探した結果として見いだした方向性、という側面もなくはない。ただ、歴史の遺物そのものから歴史を学ぶこと、つまり「モノ」から歴史を語ることは、魅力に満ちている。物語、ということばがしみじみと素敵だと感じている。

本書をまとめるにあたっては、編集担当の吉川弘文館岡庭由佳氏のほか林白篇氏（京都大学大学院生、当時）・萬谷順子氏の多大な協力を得た。記して感謝の意を表する。また、常に助言や刺激を与えてくれる奈良文化財研究所の上司・同僚たちにも深く感謝する。

さて、本書での史料学的研究は、まだまだ小さい。だがこの小さな泉からこんこんとわき出た水――分析手法や検討事例――が集まって、やがては帆に目一杯の風を受けた船――研究の船たち――の行き交う、知の海に注ぎ込む日を夢見ている。本書が、知を祐け研究の船を浮かべる海の、その津々浦々にまで香り立つ成果をもたらす一助となれば、ありがたいと願って、やまない。

本書は、科学研究費補助金基盤研究（A）「歴史的文字に関する経験知の共有資源化と多元的分析のための人文・情報学融合研究」（課題番号二六二四四〇四一）他による研究成果の一部である。

二〇一八年四月

馬場　基

初出一覧

序　新稿

第一部

第一章「荷札と荷物のかたるもの」（『木簡研究』三〇号、二〇〇八年）

第二章「二行書きの隠岐国荷札」（西洋子・石上英一編『正倉院文書論集』青史出版、二〇〇五年）

第三章「文献資料から見た古代の塩」（奈良文化財研究所編『塩の生産・流通と官衙・集落』奈良文化財研究所研究報告第一二冊、二〇一三年）

第四章「二条大路出土京職進上木簡三題」（奈良文化財研究所編『文化財論叢Ⅲ』奈良文化財研究所創立五〇周年記念論文集、奈良文化財研究所学報第六五冊、二〇〇二年）

第五章「平城京の鼠序説」（奈良文化財研究所編『文化財論叢Ⅳ』奈良文化財研究所創立六〇周年記念論文集、奈良文化財研究所学報第九二冊、二〇一二年）

第六章　新稿

補　論「難読木簡釈読の実例」（渡辺晃宏編『推論機能を有する木簡など出土文字資料の文字自動認識システムの開発』平成一五～一九年度科研費基盤（S）成果報告書、二〇〇八年）

第二部

第一章　「木簡の世界」（田辺征夫・佐藤信編『古代の都2　平城京の時代』吉川弘文館、二〇一〇年）

第二章　【日本語版】「木簡の作法と一〇〇年の理由」（『日韓文化財論叢Ⅱ』奈良文化財研究所学報第八七冊、二〇一一年）／【韓国語版】「木簡の作法と一〇〇年の理由」（『韓日文化財論叢Ⅱ』奈良文化財研究所学報、大韓民国国立文化財研究所、二〇一〇年）

第三章　新稿

第四章　「「木簡の作法」論から東アジア木簡学に迫る為に」（『東アジアの簡牘と社会―東アジア簡牘学の検討―シンポジウム報告集』中国政法大学法律古籍整理研究所・奈良大学簡牘研究会・中国法律史学会古代法律文献専業委員会、二〇一二年）

第五章　「書写技術の伝播と日本文字文化の基層」（角谷常子編『東アジア木簡学のために』奈良大学、二〇一四年）

第六章　「歴史的文字に関する経験知・暗黙知の蓄積と資源化の試み」（石塚晴通監修、高田智和・馬場基・横山詔一編『漢字字体史研究二―字体と漢字情報―』勉誠出版、二〇一六年）

補　論　「資料学と史料学の境界―籾山明・佐藤信編『文献と遺物の境界―中国出土簡牘史料の生態的研究―』によせて―」（『木簡研究』三四号、二〇一二年）

結　　新稿

索　　引

さ　行

た　行

な　行

は　行

ま　行

や　行

ら　行

わ　行

図 表 一 覧

著者略歴

一九七二年、東京都に生まれる
一九九五年、東京大学文学部卒業
二〇〇〇年、東京大学大学院人文社会系研究科博士課程中退
現在、奈良文化財研究所都城発掘調査部史料研究室長

〔主要著書・論文〕

『平城京に暮らす』（吉川弘文館、二〇一〇年）
「古代日本の動物利用」（松井章編『野生から家畜へ』ドメス出版、二〇一五年）
「都城の造営と交通路」（鈴木靖民ほか編『日本古代の道路と景観』八木書店、二〇一七年）

日本古代木簡論

二〇一八年（平成三十）六月一日　第一刷発行

著　者　馬《ば》場《ば》基《はじめ》

発行者　吉川道郎

発行所　株式会社　吉川弘文館
郵便番号一一三―〇〇三三
東京都文京区本郷七丁目二番八号
電話〇三―三八一三―九一五一〈代〉
振替口座〇〇一〇〇―五―二四四番
http://www.yoshikawa-k.co.jp/

印刷＝株式会社 理想社
製本＝誠製本株式会社
装幀＝山崎　登

ISBN978-4-642-04647-3

馬場　基著

平城京に暮らす　天平びとの泣き笑い

（歴史文化ライブラリー）四六判・二五六頁／一八〇〇円

八世紀に栄えた寧楽の都・平城京で、人々はどのような暮らしを送っていたのか。発掘された膨大な数の木簡から、下級官人が生活の様々な場面で記した出勤簿、休暇届け、食料の支給伝票、物品の送り状などを読み解く。飲食や宴会のたのしみ、労働や病気の苦しみ…。時代と向き合い、格闘し、天平の繁栄を支えた彼らのリアルな姿を浮き彫りにする。

（価格は税別）　吉川弘文館

奈良国立文化財研究所編集・発行

平城京木簡 〈いずれも僅少〉

※(3)のみ奈良文化財研究所編集・発行

平城京跡の発掘調査が進行するなか、奈良時代の貴族の生活を彷彿とさせ、政治・制度・経済・生活など、多方面に新たな問題を提起する膨大な木簡が発見された。日本古代史研究に画期をなすこの最重要史料を、最新鋭の高精細印刷を駆使し、原寸大で完全復元。その全容を紙上に再現する、待望の正報告書。詳細な別冊「解説」付。Ｂ４判

(1) 長屋王家木簡一　一四八頁・原色口絵一丁・解説三三六頁／二九〇〇〇円

(2) 長屋王家木簡二　二〇四頁・原色口絵一丁・解説五二八頁／四七〇〇〇円

(3) 二条大路木簡一　一八四頁・原色口絵一丁・解説三八六頁／二六〇〇〇円